中央编译局文库出版工作领导小组（编委会）

主　任：贾高建
副主任：魏海生　陈和平　柴方国　季正聚
委　员：崔友平　沈红文　杨雪冬　冯　雷　陈家刚
　　　　赖海榕　郝卫东　张文成　葛海彦

中央编译局文库出版工作领导小组办公室

主　任：薛晓源
成　员：徐向梅　苗永姝

中央编译出版社文库编辑中心编辑小组

葛海彦　贾宇琰　苗永姝　杜永明
李媛媛　盛菊艳　薛迎春　董　妍

马克思主义经典著作研究读本

主　编　杨金海　李惠斌

马克思《克罗茨纳赫笔记》研究读本

王旭东　姜海波

《马克思主义经典著作研究读本》顾问委员会

贾高建　俞可平　柴方国　庄福龄　陈先达　赵家祥　詹汝琮
李洙泗　张钟朴　冯文光　安启念　韩庆祥　李小兵　张曙光

《马克思主义经典著作研究读本》编委会

主　编　杨金海　李惠斌
副主编　薛晓源　林进平
编　委　(按姓氏拼音排序)
　　　　曹典顺　冯　章　韩立新　江　洋　姜海波
　　　　李百玲　吕梁山　苗永姝　聂锦芳　闫月梅
　　　　杨学功　姚　颖　张　盾　张云飞　郑　锦

总　序

呈献给读者的这套"马克思主义经典著作研究读本"丛书，旨在立足于 21 世纪中国和世界发展的现实，对马克思、恩格斯、列宁重要著作以及有关专题思想重新进行较为深入的研究和解读，供广大读者特别是致力于深入研究马克思主义经典作家原著的读者阅读使用。计划出版 40 种，三年内陆续完成编写和出版工作。

马克思主义经典著作是学习和研究马克思主义理论的基础文本，历来为人们所重视。在我国学术史上，曾编写和出版过不少关于经典著作的读本，包括各种注释性读本和导读性读本，对学习和研究马克思主义理论发挥过重要作用。然而，随着时代的发展，这些读本也越来越显出历史局限性。比如，以往对经典著作的解读视角较旧，对马克思主义理解不够全面；解读的经典著作范围较小，视野有限；解读所依据的文献不足，深度不够等。进入新世纪以来，特别是自 2004 年中央实施马克思主义理论研究和建设工程以来，马克思主义经典著作的教学、研究以及普及工作不断加强，这就迫切要求对经典著作重新进行解读。

同时，这些年我国学界有关经典著作的翻译和研究成果不断推出，为更好地解读经典著作提供了可能。改革开放以来，特别是进入新世纪以来，随着我国社会主义现代化建设以及人类文明的深入推进，我们对马克思主义的理解以及对经典著作的研究不断深化，解读视角发生重大转变，对马克思主义的理解更加全面。例如，以往由于受革命实践的影响，我们较多地从社会主义"革命"视角去解读，而较少从社会主义"建设"视角去解读，因此，较多地注重研究其中的阶级斗争、无产阶级革命和无产阶级专政等理论，而较少研究社会和谐发展、人的全面发展等思想。革命胜利后，仍然沿袭了这种解读模式。这就造成了对马克思主义理解的片面性。实际上，马克思主义经典著作中有丰富的新社会建设思想，恰恰是这些长期被忽视的思想对我们今天的社会主义建设实践来说更有意义。近些年来，我国学者自觉地从"建设"视角研究经典著作基本观点，取得了一系列可喜成就。又如，过去对经典著作的解读主要限于对若干重要经典著作的解读，如对《共产党宣言》等五六部名著有较为详细的解读，对其他著作的解读不多。即使有收文较多的导读性读本，但常常由于篇幅所限，也只能对这些著作进行简要介绍，不可能对每一部著作展开研究。近些年来，这种情况在逐步发生变化。研究经典著作的专题成果越来越多。再如，近年来新的经典著作编译成果和相关研究成果不断推出，大大拓宽了人们对经典著作基本观点的理解。加之这些年我国学界一大批优秀的中青年学者成长起来，他们的外语水平较高，知识储备较多，研究方法较新等，对经典著作的研究和理解也更有新意。这些都为更好地解读经典著作提供了新的时代条件。

为了继承前人研究的成果，弥补以往研究的不足，总结这些年我国学界编译、研究经典著作的成果和经验，比较全面系统地解读和阐释经典著作的基本观点，中央编译局专门成立了"马克思主义经典著作及其重大理论问题研究"课题组，并对该项研究提供了基金资助。课题组不仅在局内组织力量进行研究，而且向社会公开招标，争取到社会力量的支持，一批有造诣的中青年专家参与到课题研究中来。经过课题组同仁两年多努力，已经形成一批研究成果，并将继续补充、完善并陆续推出。这套"马克思主义经典著作研究读本"丛书就是这些成果的集中体现。

本丛书力求体现如下特点，这也是丛书编著工作所力求遵循的原则：第一，体现全面性和系统性。本丛书不仅对经典作家的名著进行解读，也对其他重要著作进行解读，还要对经典作家的一些重要思想，如马克思的人类学思想、列宁的新经济政策理论等，进行专题梳理和解读。不仅从"革命"视角，而且从"建设"视角，全面、系统地梳理经典作家的思想观点。力求使这套丛书成为收文最全面、解读最系统、最能够反映经典作家著作全貌的学术成果。第二，突出文献性和考证性。每一研究读本的写作，力求充分反映国内外有关研究成果，特别是要充分反映我国新时期在经典著作翻译和研究方面所发现的新文献、取得的新成果。在此基础上，要对经典著作形成的历史背景、国内外传播、原著重要思想观点及其流变，以及后人对这些观点的理解等，进行考证研究。如果说过去的解读主要是"注"的话，那么，这套读本则要进一步体现"疏"的特点。通过这种"注疏"性考据研究，不仅使读者知其然，也知其所以然。这样，也能够为学界进一步研究提供尽可能丰富的文献资料。第三，力求权威性和准确性。一方面，研究读本所依据的经典著作文本力求具有权威性和准确性。主要依据中央编译局所编译的最新译本，如《马克思恩格斯全集》第二版、《马克思恩格斯文集》、《列宁全集》第二版、《列宁专题文集》等。对还没有新译文的文本，可以采用旧译文。同时，适当参照外文版本，进行比较研究。另一方面，所依据的其他文献资料，也力求具有权威性和准确性。要选择国内外在该研究领域最具权威性的专家学者的最具代表性的观点和最有影响力的文章。

基于上述考虑，本丛书采取大致统一的研究和写作框架。除导论外，各个读本均有五个部分组成。一是历史考证部分，其中包括写作背景、国内外主要版本和传播考证等；二是研究状况部分，包括对国内外已有的研究情况进行梳理；三是当代解读部分，包括对经典著作的内容简介，对已有研究观点的疏正，对重要理论观点及其当代意义的阐述；四是原著选编部分，根据经典著作的不同情况，或采取全选的形式，或采取节选的形式，均采用中央编译局的最新译本，个别读本同时选编原著的旧文本，以方便比较研读；五是附录部分，包括3到5篇关于本著作的国内外有一定权威性的研究文章，以及进一步研究需要参考和阅读的文献资料。

需要说明的是，对于经典著作的研究，往往会有仁者见仁、智者见智的情况。所以，尽管我们在组织编写工作中努力体现上述原则，但这些读本的观点不一定都具有代表性，更不可能与每一位读者的观点完一致。加之作者研究角度不同，水平各异，每一读本的结构、篇章、内容、观点都不尽相同，其权威性程度也不尽一致。其中很可能有疏漏和错误之处，谨请读者批评指正。

该丛书在编写和出版过程中，得到了各个方面的大力支持。中央编译局对此项工作高度重视，始终给予鼎力支持。国家出版基金将该丛书列入2012年资助项目。中央编译出版社为该丛书申报国家出版基金项目并最终立项，以及为丛书出版做了大量工作。本丛书中收入的译著和文章的译者、作者和出版者同意我们使用相关的著作版权。该项目顾问委员会的专家对丛书的编写工作给予热情指导，编委会成员和课题组同仁为丛书的编写付出了辛勤劳动。在此一并致以衷心的谢意！

《马克思经典著作研究读本》
编辑委员会
2013年6月16日

目　录

导　论 ……………………………………………………………… 1

第一部分　历史考证 ………………………………………………… 13
　第一章　写作背景 ……………………………………………… 15
　第二章　国内外主要版本和传播情况 ………………………… 32

第二部分　研究状况 ………………………………………………… 45
　第三章　国外研究状况 ………………………………………… 47
　第四章　国内研究状况 ………………………………………… 62

第三部分　当代解读 ………………………………………………… 77
　第五章　《克罗茨纳赫笔记》各分册的主要内容 …………… 79
　第六章　《克罗茨纳赫笔记》的内容解读 …………………… 107

第四部分　经典著作选编 …………………………………………… 149
　卡尔·马克思　《克罗茨纳赫笔记》第二笔记内容索引 ……… 151
　卡尔·马克思　《克罗茨纳赫笔记》第四笔记 ……………… 154

第五部分　附　录 …………………………………………………… 233
　附录Ⅰ　研究文献精选 ………………………………………… 235
　附录Ⅱ　延伸阅读书目 ………………………………………… 305

1

导　论

　　《克罗茨纳赫笔记》是卡尔·马克思于1843年在克罗茨纳赫对23本历史和政治类著作所做的摘录笔记，这些摘录笔记反映了马克思早期思想发展的一段历程，记录了马克思早期思想的一个重要阶段。

　　马克思在1859年《〈政治经济学批判〉序言》中说道："1842—1843年间，我作为《莱茵报》的编辑，第一次遇到要对所谓物质利益发表意见的难事。……为了解决使我苦恼的疑问，我写的第一部著作是对黑格尔法哲学的批判性的分析，这部著作的导言曾发表在1844年巴黎出版的《德法年鉴》上。"① 马克思在这段论述中提到的对"黑格尔法哲学的批判性的分析的著作"指的就是1843年《黑格尔法哲学批判》，② 这部著作是他克罗茨纳赫时期研究的一个理论成果，但是还需要指出的是，《克罗茨纳赫笔记》的创作时间也是在1843年，因此，笔记应该也是为了解决马克思表述的"为了解决使我苦恼的疑问"的研究成果的一部分，所以，《克罗茨纳赫笔记》在马克思主义发展史上应该是不能被忽视的具有重要地位的笔记之一。

---

　　① 《马克思恩格斯文集》第2卷，北京：人民出版社2009年版，第588—591页。
　　② 1841年11月至1842年9月，马克思已经开始从事写作黑格尔法哲学批判的文章，并且企图把这篇文章发表在《德国科学与艺术年鉴》或《德国现代哲学和政治评论轶文集》上，但遗憾的是文章没有流传下来，在退出《莱茵报》之后，马克思重新进行黑格尔法哲学批判研究，写作了《黑格尔法哲学批判》，序言中提到的这部著作的导言应该指的就是《〈黑格尔法哲学批判〉导言》，所以，从时间上和文献上都证明了序言里提到的那部有关黑格尔的著作指的应该是《黑格尔法哲学批判》。

然而,《克罗茨纳赫笔记》的命运是非常曲折的,一方面,马克思在世的时候并没有提到过《克罗茨纳赫笔记》,另一方面,恩格斯、列宁、梅林、普列汉诺夫等早期马克思思想研究者的著作中也都没有利用这部"笔记"来解读马克思的思想。可以说,笔记长期以来不被世人所知,它陷入了将要被埋没的命运。而《马克思恩格斯全集》历史考证版①拯救了笔记的命运,它第一次向世人提到了《克罗茨纳赫笔记》的存在,强调了它对马克思思想发展的意义。

在一定意义上,《马克思恩格斯全集》历史考证版奠定了这些笔记的研究水准与理论高度。MEGA¹《克罗茨纳赫笔记》卷的编辑者梁赞诺夫高度评价了这部笔记。他认为马克思走向市民社会研究,即是《黑格尔法哲学批判》的研究成果所促进的,也是通过历史和政治研究——《克罗茨纳赫笔记》——所发现的。而且,二者的研究是同时进行的,对黑格尔法哲学的研究引起了历史和政治的研究,这是马克思被他思想本身和理论体系的内在矛盾的限制而决定的,"在这种历史与政治的研究过程中,对黑格尔法哲学的逻辑的批判分析转变为对资产阶级社会和资产阶级国家的历史的批判分析。所以,《克罗茨纳赫笔记》在其中的重要意义在于:它体现了马克思创立唯物史观过程中的一个阶段"②。MEGA²的编辑者鲁缅彩娃把这部笔记看作是马克思为了解决国家起源和发展的理论产物,这是他在批判黑格尔法哲学的过程中所遇到的新问题,而笔记包含的材料表明,马克思不是简单地堆积经验的材料,"而是以一种完全确定的观点对不同国家和不同时期的历史进行了研究和对比"③,因而,《克罗茨纳赫笔记》是马克思思想转折开始的标志。除此之外,拉宾、巴加图利亚、费多谢耶夫、莫洛索夫、马雷什、吕贝尔、麦克莱伦等众多的马克思思想研究者都对《克罗茨纳赫笔记》的意义做了较高的评价,在解读马克思早期思想时把笔记当成一个重要的文本

---

① 《马克思恩格斯全集》历史考证版至今共刊行两版,本书分别简称为 MEGA¹ 和 MEGA² (die zweite historisch-kritische Marx-Engels-Gesamtausgabe)。
② MEGA¹I/1(2).Marx-Engels-Verlag G.M.B.H.Berlin 1929.einleitung S.25.
③ MEGA²IV/2.Dietz Verlag Berlin 1981.einleitung S.13*.

予以对待。

《克罗茨纳赫笔记》代表的是马克思思想发展历程中一个重要的阶段，在马克思主义发展史上具有不可替代的重要地位：

首先，《克罗茨纳赫笔记》是马克思思想转变的要素之一，笔记的研究促进了他向唯物史观思想的过渡。马克思为什么摘录《克罗茨纳赫笔记》？换句话说就是《克罗茨纳赫笔记》的创作目的是什么？对这一问题的回答关系着评判笔记的理论意义，如果说笔记的研究是清算之前的思想，那么笔记只能被看作是以前思想的"谢幕"，是一段思想的尾声，但是如果笔记的创作是为了解决新的问题，那么他就是一段新思想的起点，是"序幕"。回顾一下马克思思想研究史可以知道，1842—1845年对于现实中的马克思来说可能是平常的几年，但是对于思想史中的马克思来说确是有重要意义的时期，后世的马克思主义研究者分析、理解、把握马克思思想的独特意义就是依据这一时期马克思创作的主要著作去进行解释的，从这个时期马克思创作的一系列著作中可以明显地看到马克思思想的激烈变化，每个思想家都依据不同的文本解释其中的原因。比如，列宁认为在《莱茵报》时期马克思已经从唯心主义转向唯物主义，从革命民主主义转向了共产主义，即"两个转变"说；我国一些学者认为是在巴黎时期经过研究笔记之一的《穆勒评注》部分的洗礼，开始从外在的社会关系视角解释人和社会，奠定了马克思一生所具有的思想特质；而法国学者阿尔都塞和日本学者广松涉都把《德意志意识形态》看作是马克思思想转变的关键文本，是马克思思想断裂的标志。所以，"马克思思想转变的契机是什么"对于每一个研究者而言都是他们十分感兴趣的问题。而现在有一种普遍流行的观点就是以《克罗茨纳赫笔记》为经典文本回应这个问题的，主要是以俄国马克思主义研究者为代表的一些思想家提出的，这似乎是由于俄国马克思主义研究者掌握着《克罗茨纳赫笔记》原文，对于这个文本他们是"情有独钟"，他们辛勤地耕耘在这块土地上，结出了丰硕的果实。他们认为《克罗茨纳赫笔记》对马克思思想转变产生了重要的影响，在对历史和政治著作的阅读中，马克思理解历史和国家的本质，并且受到费尔巴哈思想的深刻影响后，发现了黑格尔法哲学的问题，对他进行了彻底的批判，而这个批判的直接后果就是马克思转向了经济学的研究，开启了一个新的思想阶段，逐渐走向了唯物史观，所以，《克罗茨纳赫笔记》为历史唯物主义的形成提供了前提条件。

其次，《克罗茨纳赫笔记》深刻地影响了马克思同一时期的著作。马克思退出了《莱茵报》之后就开始了新的研究征程，这是他在《〈政治经济学批判〉序言》中就已经明确地说明的了，在这个研究时期他分别创作了《黑格尔法哲学批判》、《论犹太人问题》和《〈黑格尔法哲学批判〉导言》这三本著作及有关历史和政治领域的《克罗茨纳赫笔记》。《黑格尔法哲学原理》中体现的国家认识在一定意义上成为了当时青年黑格尔派讨论的重点问题，马克思在《莱茵报》编辑部的种种经历让他意识到：黑格尔国家观如果仅仅在纯粹思辨的领域去进行讨论的话，是不能找到其问题的根源的，现实与理论一旦脱节就会置理论于不利的境地，所以应该从历史现实中发现国家的本质，在此基础上才能对黑格尔进行彻底的批判。在研究中马克思发现，解释国家和历史发展的不应该是黑格尔体系中的普遍性、特殊性、君主立宪制、长子继承权等要素，而应该是一些诸如所有制、阶层等级、财产关系、社会关系等现实的因素，而马克思在反思《莱茵报》的经历时使他更加坚信自己的这种认识，所以可以这样说，在他进行有关著作摘录时得到的认识，应该影响了《黑格尔法哲学批判》的一些部分。所以，马克思运用从《克罗茨纳赫笔记》中提炼出来的历史性因素置换了整个黑格尔法哲学体系中国家部分的概念，发现了黑格尔法哲学头脚倒置的实质，市民社会相比于国家具有根本的意义，并揭示了问题的根源在于他的思辨哲学的神秘性和封闭性。而在之后的《论犹太人问题》和《〈黑格尔法哲学批判〉导言》中，马克思所要解决的问题与市民社会有着紧密的联系，讨论了"政治解放"和"人类解放"的区别以及发现了"无产阶级"的历史意义，得出了"人类解放"的实质是要在市民社会中完成人的特殊性和普遍性的统一，而这种统一任务是由无产阶级担负的结论。那么笔记又是怎么影响这些文章的？一方面，笔记中的原文直接援引在了这两篇文章之中；另一方面，这两篇文章的主题和意识明显地是从《克罗茨纳赫笔记》中得来的。因此可以说，笔记对于这些著作而言，不仅是为它们在论证上提供了史实的证明，在笔记中得到的历史和政治方面的认识也深刻地影响了马克思著作中的主要观点，在这个意义上，《克罗茨纳赫笔记》应该被纳入研究这一时期马克思思想形成的文本群之中。

再次，《克罗茨纳赫笔记》中摘录的主题表现了马克思对经济学的关注正在逐渐增强。从马克思亲笔留下的几处意见和评论以及笔记所涉及内容中可以看出，马克思在那时对于经济学抱有了怎样的态度。从早期马克思思想发展看，他并没有对经济学研究有多大的兴趣，如1837年8月20日左右马克思的父亲亨利希·马克思在给他的信中提到，"从你的初步计划来看，你认为没有必要学习官房学"①。这里的官房学就是德国意义上经济学的别称，因此表明了他早期阶段对经济学所持的是一种冷漠的态度，而随着他研究的深入和现实的经历，马克思逐渐地发现了经济学在理解社会和历史方面具有重大作用。从现有的马克思留下的材料中很难找到他是受了什么影响转向经济学研究的，一般学者都会把《1844年经济学哲学手稿》看作是马克思经济学研究的开端，但是从《克罗茨纳赫笔记》第二笔记的索引中占据中心地位的《所有制及其后果》这个标题可以看出，马克思在克罗茨纳赫时期接触到了大量的有关所有制方面的历史材料，推动着马克思思想走向了怎样的发展轨道。对所有制的研究促使马克思开始思考财产和政治法律之间的内在联系及其影响等问题，而且他采取的也是一种历史式的研究方式，即研究所有制的产生和发展以及在历史上表现的主要形式。正如俄国学者马雷什回顾马克思的克罗茨纳赫时期研究所做的评价那样："马克思作为研究者，在研究德国、英国、法国、瑞典和美国的历史时，直接接触到这些国家当时的经济问题，他开始把经济看

---

① 《马克思恩格斯全集》第40卷，北京：人民出版社1982年版，第867页。

作是理解历史内容的钥匙。"① 所以，马克思经济学研究的开端似乎是从《克罗茨纳赫笔记》开始的。

最后，《克罗茨纳赫笔记》中对于所摘录内容的处理上，表现了马克思研究的方法论特征。对于《克罗茨纳赫笔记》这样一部只留下很少评述的摘录笔记而言，从笔记摘录形式上进行分析或许是理解马克思思想的重要方法。从一些摘录中可以看出他的研究方法和研究方式的特征。从处理史料性的资料来看，马克思更多的是从自己的具体问题意识出发进行摘录的，《莱茵报》时期的经历让他更多地接触到了社会的现实情况，使他发现了很多现实的具体的社会问题：任何等级的活动都是受到物质利益驱使的，德国制度并非是符合理性的，贫困问题来源现实的制度，等等，这些问题成为了马克思思考的对象。所以，在笔记中马克思并不是按照原书的页码顺序进行摘录的，而是从一定的问题的角度出发摘录了有关的内容，并且《克罗茨纳赫笔记》留下的为了指示他日后阅读、对著作内容进行概括的提要也证明了这一点：马克思的摘录是依照一定的原则进行的，这些原则是他之前就已经得到了，它们体现在他在笔记中所使用的提要词汇和主题索引中。而在摘录像卢梭、孟德斯鸠和马基雅维利的这类有关国家理论方面的著作时，从笔记的形式上看，体现了他日后理论与历史的研究方法相统一的特征。马克思首先是从每个国家的具体的历史事件入手进行分析的，之后勾勒出这些国家某个阶段的历史发展过程，指出重要的历史事件，并对这些历史事件进行相应的分析和评判，找到他们发生的原因，指出他们的影响，从而揭示出历史发展的规律所在。因此，马克思是以一种批判的观点来看待这些著作的，从历史事件到历史规律是马克思历史性研究的思路，而理论研究的开展是德国思辨思想的特征，任何思想在德国思想家那里都会被升华为范畴体系，去解释世界和历史。马克思一生都保持着这个传统，因此，进行国家理论

---

① 〔苏〕阿·伊·马雷什：《马克思主义政治经济学的形成》，刘品大、马健行等译，成都：四川人民出版社1983年版，第31页。

的研究是马克思论证过程的必要环节，而研究结论反过来也会在解释历史和社会问题上产生巨大的影响，促使马克思能抓住问题的本质，所以，历史与理论相统一的研究是马克思哲学方法论的特征所在，这在《克罗茨纳赫笔记》中就深刻地表现了出来。

同时，本书的写作还遵循着一种"笔记型"文本的研究范式①，或者说，建构一种"笔记型"文本的基本研究思路与方法。具体而言，本书将如何利用《克罗茨纳赫笔记》对马克思进行思想解读呢？

在我国，运用"摘录笔记"阐释马克思思想的工作很早就已经开始，在早期马克思主义思想史类型的著作中对一些重要的笔记进行了介绍和诠释，但是基本是从笔记的理论意义层面进行阐释，很少在理论内容和实质方面进行系统的解读，究其原因，一方面，是由于当时资料占有方面的限制，而且我们没有参与到国际马克思主义理论界的讨论中，不了解国际研究状况；另一方面，理论界对《马克思恩格斯全集》历史考证版的理解和对它的意义估计不足。随着张一兵《回到马克思》一书的出版，笔记的研究进入了一个全新的阶段，我国学者逐渐开展了运用经济学和哲学视角对马克思思想进行解读的工作，尤其值得注意的是，该书对马克思不同类型笔记的使用开始突破传统意义层面的研究，深入到了马克思思想实质的层面，从而看到了摘录笔记在马克思思想阐释方面的重要价值，逐步恢复了笔记的本来面目，使"笔记型"文本开始为人们所接受。

清华大学韩立新教授的新著《马克思〈巴黎手稿〉研究》一书是重视"笔记型"文本的另一代表。韩教授认为，不能再无视《巴黎手

---

① 在马克思的全部著述中，摘录笔记构成了其中的重要组成部分，马克思进行理论研究的特殊之处就表现在对阅读的相关著作进行大量的笔记摘录，这个习惯马克思保持终生。这些摘录笔记数量十分庞大，据布鲁门伯格编纂的《马克思手稿和读书笔记目录》（荷兰阿姆斯特丹国际社会史研究所收藏）统计，马克思读书笔记共有155本之多；内容涉及广泛，涵盖马克思一生研究的几乎所有的方面，包括哲学、历史、政治、宗教、经济等诸多的类型。这些摘录笔记是马克思在撰写著作之前或之中创作的，所以，从内容上与这些著作有很多的联系，有时马克思阐发的思想甚至直接记录在笔记之中，因此，结合这些笔记对马克思著作进行解读是十分重要的。

稿》的文献学研究，而对《1844年经济学哲学手稿》进行思想解读，需要按照《巴黎笔记》与《1844年经济学哲学手稿》交叉写作的顺序（即《第一手稿》→《穆勒评注》→《第二手稿》→《第三手稿》）进行研究，还原《1844年经济学哲学手稿》的创作过程，才能理解《1844年经济学哲学手稿》对于马克思来说是具有思想转折性意义的著作。这部著作也使我国对摘录笔记的研究进入了一个新的篇章，其核心就是在笔记和著作之间的文献性关联基础上的思想解读，这种解读方式的特点是将笔记和著作置于马克思创作时的原始语境中去进行思想研究，这种方式从时间性的角度上考察了马克思思想的形成过程，描绘了马克思的思想轨迹，避免了在逻辑层面过分夸大马克思思想的问题，为我们揭示了马克思思想形成的复杂性特征，在这种时间性的基础上对马克思的著作进行逻辑层面的解读。在这种研究范式中，"笔记型"文本具有全新的意义。

从上述研究中可以看出，"笔记型"文本的研究可以成为一种研究范式，并带来全新的解读结论，更新以往研究框架中的误读。具体而言，即形成"笔记+著作"的解读范式。一方面，要注重笔记和著作之间的文献学关联。马克思著作的创作过程有时会跨越一个很长的时间段，而且一些极为重要的著作本身就是以未完成的形态存在的（例如马克思三大手稿：《1844年经济学哲学手稿》、《德意志意识形态·费尔巴哈章》、《1857—1858年经济学手稿》），这即带来了解释的开放性，但同时也会陷入解读过度的困境，尤其是未完成的手稿类著作，未完成不仅表现在著作本身的不完整性和内容的未完成性，而且表现在手稿本身形态的未完成性，最典型的就是涉及手稿的编排问题，比如《1844年经济学哲学手稿》的写作顺序问题，《德意志意识形态·费尔巴哈章》的纸张页码的编连问题，《1857—1858年经济学手稿》的"第二循环开始的问题"等。写作过程的中断，页码的错乱与不完整，马克思运用了自用符号等等有关手稿本身的问题都为理解著作增添了难度，而考察这些著作的创作过程是理解它们的关键，每一部著作都不是一个绝对的统一体，写作也绝对不会是一气呵成的，应该是一个类似地层式的、渐进积累成的"层积式的结构",因此,这种结构就决定了要把思想过程还原成一个个的思想环节,考察这些环节之间的联系与差别,在分析的过程中才能理解每一部分思想之间的关联性,时间上的前后顺序印证了马克思思想发展的轨迹,而修改删除的部分体现着马克思分析中的具体过程,这些差异性就是理解文本的关键所在,因此,所有的问题都关涉如何正确地判定著作的"写作时间"和"成书经过"。笔记是著作的先导,"笔记型"文本决定了摘录最初目的是积累资料,形成有关专题问题的资料性文本,在这个过程中了解问题的事实,把握问题的关键,在此基础上进行思想性的创作,这种"笔记型"文本的创作目的就已经决定了它与著作文本之间表与里、主与次的关系。但长期以来,"笔记"被置于无关紧要的地位,甚至是可有可无的,与之相反,当前对于马克思思想的研究必须在笔记和著作的关联中展开,需要克服"笔记"自身的缺陷使其具有文本的合法地位,由此重新出发去解读马克思的著作。

另一方面,要注重"笔记型"文本之间的思想连续性问题,而对于这个问题的回答会进一步引申出"笔记在什么意义上影响著作本身的形成"的讨论。一般而言,笔记的研究工作是围绕着一定的主题展开的,这些主题具有整体性的关联,在马克思研究中处于基础性的地位,在著作创作过程中发挥了引领的作用。虽然也有马克思离题之外的发挥的地方,但是,笔记在马克思著作中处于"源头性"的地位是很多研究者都认可的,研究者也是沿着这个方向进行笔记研究的,笔记为著作的研究做了思想性和资料性的准备,成为建构马克思思想的一个环节。并且有些笔记中马克思在创作时就留下了思想性的评述,在思想形式中具有重要的地位,因此,有时笔记中蕴含的原创性的思想比著作本身还要重要,著作只是继承了笔记中的思想才形成的。所以,研究者在研究过程中更加注意笔记对于著作而言的源流性意义,研究笔记对著作思想形成的影响,就这点而言,符合马克思摘录笔记的原初目的,笔记就是为了创作著作而进行的准备性的材料。但是还有一点我们需要注意,笔记本身也有形成的过程,摘录的内容有时是相互矛盾不统一的,究竟是哪一类观点还是哪些观点影响著作都是需要讨论的，这就要对笔记本身做出评价，研究笔记本身的问题，用研究著作的方式和态度研究笔记，在通观笔记的基础上去进行著作解读。如果说利用笔记解读思想是批判性研究的话，那么对笔记本身的研究就是批判的批判，是考察批判工具本身是否具有合法性。因此，在这个意义上研究方式就需要转向，从"外证研究"转向"内证研究"。"外证研究"就是前面提到的那种在源流性的角度运用笔记对于著作进行研究和解读的方式；"内证研究"就是对笔记本身进行研究，将笔记看成是一个完整的文本，研究笔记中的一些问题。这里需要强调的是，不能割裂二者之间的联系，"内证研究"的目的就是为了更好地"外证研究"，所以，"内证研究"要成为"外证研究"的基础才有意义。但是"内证研究"还需要说明的一个前提是，笔记类型的文本在何种意义上具有思想连贯性而能被看成一个整体。马克思研究笔记的特殊之处在于每本笔记都遵循着一定的摘录原则，比如，有的笔记是按照内容的前后顺序进行摘录，有的则是按照一定的主题进行摘录的，这就为笔记摘录提供了一定的关联性；有时在之前的笔记摘录中发现的人或书目，马克思会马上在之后的笔记中进行研究，或者补充到之前的笔记中，从而使得笔记摘录具有了一定的联系，并且可能推测出马克思集中进行这个问题摘录的目的所在；有的笔记摘录从形式上看是马克思在同一印张上并列进行的，他运用这种对比的方式所得出的结论就说明了马克思是在何种意义上处理材料的。笔记摘录形式上的关联性可以反映马克思在处理这些材料时的思想变化和目的，所以，通过摘录形式上的关联性就可以把握思想上的关联性，而这一切都是通过研究笔记本身得到的。

本书对《克罗茨纳赫笔记》的研究与解读是按照以下三个步骤展开的：

（1）从著作到笔记，即从著作的视角看待笔记。著作的形成过程会受到很多方面的影响，这一点在马克思的著作中表现得尤为突出，这就增添了理解著作的难度。而怎样分离马克思自己的思想和对他有影响的思想是首要的工作，这就需要仔细地考察他的著作本身，具体分析著作的类型。我们会发现这些思想有时是受到一些思想家著作的影响，有时也会含有论战对象的思想，有的来源于摘录笔记，有的直接来源于手稿类著作，还有的从直接阅读的著作中而来，这要求我们按照类别去区分对待。而笔记类型的思想与其他类型的思想相比较为不同，因为它们是马克思亲手加工汇成并带有他的思想特质，其他的来源要么是涉及他人思想，要么只是马克思阅读没有留下思想痕迹的一些文本，所以，笔记中所渗透的马克思的思想与著作中所表现的马克思思想之间会有一定的思想张力，这就需要把握笔记与著作的结合点，而著作受到笔记影响的事实提供了这种可能。从文本出发回溯到思想形成的源头，通过源头解释文本中的思想，这种方式与通过他人的观点解释文本中的思想相比具有指示性的特点，在这里我们把这个阶段著作的思想称为"著作I"，把笔记中的思想称为"笔记I"，这个解读分析的过程就是从"著作I→笔记I"。

（2）笔记的批判性研究，即还原笔记的创作过程。这个环节要求对笔记本身进行研究，笔记的写作形式也是不一致的，有些经历了很长的创作时间，有的是和著作交叉在一起进行写作的，还有的笔记部分已经遗失，这些笔记情况决定了研究者面前的笔记是一个复杂的文本。从思想层面上解释笔记与著作之间的联系，讨论二者彼此的影响这种研究视角是无可非议的，这符合马克思进行笔记研究的最初目的，笔记是为著作研究服务的，但是这里的问题在于，这种方式割裂笔记的整体，将笔记分解成为重要的和非重要的部分。现实中，马克思为了研究，创作的是一个笔记群体，目的是为了解决研究中的问题，因此，他会从一定的问题意识出发，笔记的创作基本是一种"有问题意识的无意识的摘录过程"，这就决定了他不会为一部未完成的文本先验地预设重点和非重点，因此，笔记的每个部分在创作过程中体现的观点应该是慢慢形成的，将那些与著作有联系的笔记重点部分置于笔记的整个语境是客观评价这些思想的前提，只有在这个基础上提炼的笔记重点才是符合文本事实的，才是客观的。所以，从考察笔记的生成史的角度入手对笔记进行研究，使笔记的思想运动起来，结合成为一个思想性的网络，以这种方式得到的笔记思想再进行著作研究，揭示二者之间的联系。我们把这种方式得到的笔记思想称为"笔记 II"。

（3）从笔记到著作，即从笔记本身回归对著作的解读。在前两个步骤的基础上理解笔记与著作的关联，之后再一次回到著作中去进行对比研究，阐释著作的真实的含义，我们把这种方式得到的著作的思想称为"著作 II"。现在一般解读的基本过程是"**著作 I→笔记 I→著作 II**"，它体现了笔记作为"源头"的作用。在此，对于笔记本身的研究过程同样是不可或缺的，因为"源头"角度的问题在于突出强调笔记里与著作有直接或间接联系的部分，目的还是在于单纯地解释著作，这样会更多地包含研究者的主观判断，而对于笔记本身进行研究的目的在于尽可能地减少主观性。因此，这种方式的解读过程应该是"**著作 I→笔记 I→笔记 II→著作 II**"，从"笔记 I→笔记 II"的过程是为了客观地提炼和评价笔记的思想，用"笔记 II"渗透的客观性去矫正"笔记 I"的孤立性和主观性的问题，在这个基础上对著作进行思想解读就是从"文本"出发，有可能避免夸大和过度诠释马克思的思想，按照马克思思想的生成过程的步骤进行思想解读，简言之，即"像马克思那样去思考"。

本书是在中文语境中对马克思《克罗茨纳赫笔记》所做的导读性的介绍和阐释，全书包括写作背景、传播过程和主要版本、研究状况以及内容解读等方面内容。在附录中，除了列出研究者可以延伸阅读的文献目录外，我们还汇集了《马克思恩格斯全集》历史考证版（即 MEGA 版）中一些重要的《克罗茨纳赫笔记》的介绍资料，因为 MEGA 版《克罗茨纳赫笔记》是在综合性研究成果基础上编辑的最佳版本，每一卷都是编辑者严谨考证的成果，代表着笔记研究的高度，因此，通过阅读这些材料可以使读者了解笔记的更多方面的综合性的信息。

第一部分　历史考证

第一章　写作背景

克罗茨纳赫时期是马克思思想发展史上一个重要阶段，是一个"承前启后"的关键环节。如果再一次回顾《〈政治经济学批判〉序言》中马克思对自己研究政治经济学过程的自述的话，我们会发现马克思思想中的很多"第一次"都是与克罗茨纳赫时期的研究有着千丝万缕的联系。"……1842—1843年间，我作为《莱茵报》的编辑，**第一次**遇到要对所谓**物质利益**发表意见的难事……我以往的研究还不容许我对**法兰西思潮**的内容本身妄加评判……为了解决使我苦恼的疑问，我写的**第一部著作**是对**黑格尔法哲学**的批判性的分析……"① "物质利益"、"法兰西思潮"和"黑格尔法哲学"这些主题在《克罗茨纳赫笔记》中变成了"不同形式的财产"、"法国大革命"和"国家问题的讨论"，所以，《克罗茨纳赫笔记》是马克思思想形成过程中一个不能忽视的重要文本。而从马克思现实的经历来看，《莱茵报》时期的实践经历和青年黑格尔运动的影响恰恰是他创作《克罗茨纳赫笔记》的直接动因，《莱茵报》时期的实践经历与青年黑格尔运动中对国家问题的讨论促使马克思重新考虑黑格尔的国家问题，其直接的理论成果就是《黑格尔法哲学批判》手稿，如果说批判黑格尔法哲学是从理论上找寻解决问题的钥匙的话，那么同一年《克罗茨纳赫笔记》中的历史摘录毋宁说是从历史的角度寻找这个问题的答案。所以，《克罗茨纳赫笔记》的写作背景应该从马克思《莱茵报》时期的政治经历与他对黑格尔法哲学的认识谈起。还需要提及

---

① 《马克思恩格斯文集》第2卷，北京：人民出版社2009年版，第588—591页。加粗部分是本书主编为了强调而添加的。

的是费尔巴哈，他的思想对当时整个德国理论界产生了巨大的影响，马克思也从费尔巴哈那里继承了很多的东西，费尔巴哈是马克思早期思想的领路人。所以，这里需要阐明的理论线索是：马克思对黑格尔法哲学的态度走过了怎样的一个过程？费尔巴哈的思想对马克思思想的转变起到了怎样的作用？马克思在《莱茵报》时期的政治评述反映了他思想怎样的特点？

一、对黑格尔法哲学的批判性反思

19世纪的德国是资产阶级逐渐觉醒并开始追求自己权利的时代，资本主义生产方式的优势显示出的无与伦比的力量渐渐被德意志民族所认识并接受，而落后的封建制度成为了资本主义发展的阻碍，所以，那个时代是以资产阶级反封建斗争为时代主题的。英法两国通过资产阶级革命之后建立的资本主义国家被当时世界上其他的国家当作了理想的范本，成为了整个欧洲知识界探讨的对象。尤其在德国，黑格尔通过哲学把握了国家的实质，建立了完善的国家学说并影响了整个欧洲思想界，但有思辨特质的德国知识分子围绕黑格尔法哲学的争论似乎是自1820年10月《法哲学原理或自然法和国家学纲要》出版以来就一刻也未停止的，黑格尔国家观被做出了不同的理解和阐释，使其陷入了众说纷纭、莫衷一是的境地。

青年黑格尔派中黑格尔法哲学批判一支集中分析了黑格尔国家观，马克思正是其中杰出的代表之一，他们的理论研究与当时德国的现实情况紧密地联系在一起，其根本目的是找到"德国应该建立怎样的国家"这个问题的答案，他们从黑格尔的基本思想出发，弥补黑格尔国家观中缺失的"人的因素"，追求建立一个理性构成的国家，这个理性国家的特征是自由彻底地实现，这种国家的形式应该是君主立宪制的，这种主张集中反映在了1841年年底青年黑格尔派一些代表人物的政治评论中。但是到1842年年初，青年黑格尔派中对德国国家问题的讨论出现了与上述观点相对立的异质声音,① 他们认为黑格尔的君主立宪制的主张并不适用于现在德国的国情,所以,资产阶级民主主义的理论是不可能以此为基础的。在他们看来,这是因为在现实中弗里德里希·威廉四世不可能是新兴资产阶级的代言人,并且德国是不可能建立君主立宪制度的,因为在当时新势力的力量不足以战胜旧的势力,即使德国建立起君主立宪制度,由于二者之间的矛盾也只能使其流于表面,最终它也会被这种矛盾弄得支离破碎,并且人民根本没有民主可言。所以,一些青年黑格尔分子抛弃了君主立宪制幻想,转向了资产阶级民主主义,这其中也包括马克思本人。

在马克思早期的思想发展中,黑格尔法哲学一直是他所关注的对象。在1839年至1841年之间,他对黑格尔哲学的基础有过深刻的分析。1841年底,马克思打算为布鲁诺·鲍威尔创作的《对黑格尔、无神论者和反基督教者的末日审判的宣告》(以下简称《宣告》)撰写续篇的一部分,这是他试图证明黑格尔的宗教哲学的实质是无神论的体系的一次尝试。这篇续篇原拟定的题目是"从信仰的观点批判黑格尔的宗教与艺术的学说",鲍威尔撰写了"前言"和《黑格尔对圣史和圣史著述的神圣艺术的憎恨》那一部分,马克思写作了《论基督教的艺术》这一章,在这一章中他分析了黑格尔关于艺术与宗教的学说以及黑格尔法哲学的某些部分。但是"由于萨克森书报检查的突然恢复"② 或者他对与布鲁诺·鲍威尔一起进行的理论论战的内容与目的产生怀疑,他没有履行与出版商奥托·维干德在1842年2月10日后数日内交稿的约定,而是于1842年3月5日请求卢格将这一著作收录于将在瑞士出版的《现代德国哲学和政治评论轶文集》(以下简称《轶文集》)里③。因此,1842年5月末或6月初在莱比锡公开发表的《从信仰的观点批

---

① 从1842年1月起,《莱茵报》中发表了布鲁诺·鲍威尔、弗里德里希·威廉·卡洛夫和莫泽斯·赫斯的通讯与文章,他们共同的特点是表达了对君主立宪制的批判,认为它是"混合物"、是不彻底的。

② 《马克思恩格斯全集》第47卷,北京:人民出版社2004年版,第23页。

③ 后来,马克思还打算彻底改写《论基督教的艺术》一文,用"宗教和艺术,特别是基督教的艺术"作为标题打算发表在《轶文集》中。

判黑格尔的宗教与艺术的学说》这本小册子中只含有鲍威尔撰写的部分。

1842年1月起《莱茵报》上发表了青年黑格尔派一些代表人物批判君主立宪制的文章和通讯，从当时马克思的一些通信①中可以看出，他主要是对黑格尔自然法中涉及内部政治制度部分进行了研究。1842年夏天和秋天，马克思公开表明了与布鲁诺·鲍威尔和埃德加尔·鲍威尔的决裂，而作为自己对黑格尔法哲学批判的补充，马克思在当时还计划对埃德加尔·鲍威尔的《论中庸》②一文进行深入的批判，从而与柏林青年黑格尔分子彻底决裂，并且在这个时期马克思思想中有了一个明确的认识：对于具体的政治问题从抽象的原则出发是不能得到解决的，只有深入地研究现实关系和实际的政治斗争才能解决这些问题，依据具体的现实解释理论著作才是正确的方式。

1842年2月初，马克思把自己的第一篇政治评论文章《评普鲁士最近的书报检查令》寄给了卢格，希望在他负责的《德国科学与艺术年鉴》（以下简称《德国年鉴》）中尽快发表，但是由于当时萨克森的检查官对《德国年鉴》的严厉审查，促使卢格根本没有把马克思的文章交给检查官，而是建议马克思以及《德法年鉴》上将要发表的文章的有关作者③，希望以《德国现代哲学和政治评论轶文集》为名在瑞士出版，马克思表示了同意。④ 马克思还打算在《轶文集》中发表一篇关

---

① 参见1842年3月5日致卢格的信，MEGA²III/1.DietzVerlag Berlin 1975.S.22,24（参见《马克思恩格斯全集》第47卷，北京：人民出版社2004年版，第23、24页）；1842年8月中至9月下半月致达哥贝尔特·奥本海姆的信，MEGA²III/1.DietzVerlag Berlin 1975.S.32（参见《马克思恩格斯全集》第47卷，北京：人民出版社2004年版，第34、35、36页）。

② 科伦《莱茵报》，1842年6月5日第156号，1842年8月16日第228号，1842年8月18日第230号，1842年8月21日第233号，1842年8月23日第235号，副刊。

③ 当时将要在《德国年鉴》上发表的著作包括：路德维希·费尔巴哈的《关于哲学改造的临时纲要》，卢格的《德国哲学的新转变》，布鲁诺·鲍威尔和其他青年黑格尔派作者的许多文章。

④ 《马克思恩格斯全集》第47卷，北京：人民出版社2004年版，第23页。

于黑格尔法哲学批判这一主题的文章,但没有如愿以偿,① 原因我们也不得而知,更为遗憾的是这篇文章并没有保存下来,似乎是由于创作这篇文章的缘故,马克思那一时期的很多政治评论与哲学著作都是围绕黑格尔法哲学批判这一主题展开的,而且对黑格尔法哲学批判是与实际的政治斗争联系在一起的,这是马克思在现实的语境中把握黑格尔法哲学的一次尝试。

1842年8月卢格发表了《黑格尔的法哲学和我们时代的政治》② 一文,这篇文章是受费尔巴哈《关于哲学改造的临时纲要》的影响而产生的,卢格在文章中接受了费尔巴哈对黑格尔思辨哲学的批判,指出黑格尔的自然法领域受到了他的思辨哲学的影响,并不能合理地解释现实。但是卢格只是简单地卖弄费尔巴哈的观点,并没有深入地展开论述,但是这篇文章影响了马克思的黑格尔法哲学研究,促使马克思更加彻底地实现自己的计划。

1842年10月马克思就任《莱茵报》的编辑,《莱茵报》时期马克思发表了大量的政治评论性的文章,这些文章大多关注的是普鲁士具体的国家问题。在对这些问题的研究过程中,马克思收获了大量的现实中的国家现象和事实,开始对地产利益和国家之间的关系,以及等级、法律和国家制度等政治事物产生了实际的认识,而他的这些独立获得的实际政治经验,使他更加深刻地看到了黑格尔法哲学在解释德国现实国家生活时存在的问题。因此,在1843年3月17日马克思退出《莱茵报》编辑部之后,他开始重新着手研究黑格尔法哲学,其直接的理论成果就是《黑格尔法哲学批判》手稿(以下简称《1843年手稿》)。这部著

---

① 不仅如此,马克思还表明了要发表这样几篇论战性的文章:《法的历史学派的哲学宣言》、《论实证哲学家》、《论浪漫主义者》(参见《马克思恩格斯全集》第47卷,北京:人民出版社2004年版,第23页。)这些有关宗教和艺术的论述都是同黑格尔法哲学的批判密切地联系在一起,但是马克思并没有寄出任何的一篇文章,《轶文集》出版时只收录了《评普鲁士最近的书报检查令》一文,以及在《〈莱茵报〉论出版自由》专栏中转述了马克思给《莱茵报》写的第一篇文章的基本意见。

② 《德国年鉴》1842年8月10日第189期,1842年8月11日第190期,1842年8月12日第191期,1842年8月13日第192期。

作展现了马克思分析法哲学是从国家同市民社会二者之间的关系入手的,其实质是:前者代表的是共同利益,后者却是特殊利益,所以,马克思的侧重点是共同利益和特殊利益的关系。而现实中,特殊利益以及经验的国家领域是排斥共同利益的,共同利益只是在观念中才有自己的容身之地,所以,他先讨论了中世纪末期"政治阶层"与"社会阶层"二者开始分裂,逐渐打破了同一性,"政治国家"诞生并作为与社会相独立的东西存在着;之后马克思证明了,"等级因素"也就是现在这个时代里特殊利益的表现,实质上只是"市民社会的政治幻想"。而《1843年手稿》中包括的等级制和代议制、等级、地产、长子继承制、法国革命等等大量的历史性概念表现了与《克罗茨纳赫笔记》的千丝万缕的联系,第四笔记中那段有关黑格尔法哲学的评述更证明了《克罗茨纳赫笔记》的创作目的似乎是黑格尔法哲学批判的延续。

  马克思对黑格尔法哲学从理解到批判的过程贯穿了马克思思想早期,从《博士论文》的黑格尔研究开始,中间经过《莱茵报》时期的政治实践对现实的深刻理解,最终到克罗茨纳赫时期的《1843年手稿》和《克罗茨纳赫笔记》都有黑格尔的影子,从一定程度上可以说,在对黑格尔法哲学批判的过程中,马克思意识到了全面系统地掌握具体的历史资料的必要性,而这种对社会国家的历史研究也有助于反证他自己的观点,因而,《克罗茨纳赫笔记》就是这一理论动因的直接产物。

二、对费尔巴哈哲学的批判性继承

  路德维希·费尔巴哈的思想对青年黑格尔派产生了巨大的影响,他在批判黑格尔哲学过程中所提出的诸多哲学原则给整个青年黑格尔派提供了坚实的理论基础。在早期马克思思想的发展过程中,费尔巴哈无疑是一个重要的理论坐标,在1839年至1842年这4年时间里他对青年黑格尔派的"指引作用"是明显的,而马克思在对问题的关注、处理材料的方式、解释的路径等方面上表现出的特点显示了受到费尔巴哈本人直接的或青年黑格尔派间接的影响的痕迹,这种影响在马克思的思想中产生了双重的效应:一方面,他逐渐摆脱黑格尔及青年黑格尔派的思想缺陷;另一方面,他在当时一系列研究过程中也看到了费尔巴哈思想的问题,开始反思费尔巴哈理论,从而走向创建自己的解释原则——历史唯物主义——的道路,而第二方面是和《克罗茨纳赫笔记》中的政治—历史研究分不开的。所以,梳理早期马克思与费尔巴哈的关系是理解克罗茨纳赫时期创作著作和笔记的前提。

1839年费尔巴哈发表的《黑格尔哲学批判》一书开始对黑格尔哲学进行批判研究,集中地批判黑格尔哲学的思辨性质。对于热衷于黑格尔法哲学批判的青年黑格尔一支来说,费尔巴哈对黑格尔法哲学的批判揭示了他根本问题所在,费尔巴哈认为黑格尔的自然法是不充分的,而这种不充分的原因在于黑格尔自然法本身是一种"最纯粹的思辨的经验主义(例如长子继承权者的演绎法!)"①。因此,费尔巴哈主张,只有摒弃这种思辨的经验主义,我们才能真正地理解"人的历史",只有从具体—历史的现实性入手才能解释人类社会和历史。这种分析问题视角的转变虽然还具有一般的和抽象的缺点,但是他所提出的理论研究要关注现实的要求影响了整个青年黑格尔派,也包括当时正在与黑格尔法哲学搏斗的马克思。

1841年,费尔巴哈在他出版的《基督教的本质》一书中对黑格尔的思辨哲学进行了彻底地颠覆,正如恩格斯在日后所说的那样:"这部书的解放作用,只有亲身体验过的人才能想象得到。那时大家都很兴奋:我们一时都成为费尔巴哈派了。"②在宗教与人的本质之间关系的问题上提出了与黑格尔思想对立的观点,即宗教是人的本质的异化。而这种"主谓颠倒的方法"对马克思的思想起到了革命性的作用。

1842年1月,费尔巴哈发表了一篇具有回击性质的论文,而回击的对象就是评论《基督教的本质》的一篇文章。费尔巴哈首先澄清了

---

① 费尔巴哈:《黑格尔哲学批判》,载《哈雷年鉴》1839年9月3日第211期,第1683页。

② 《马克思恩格斯文集》第4卷,北京:人民出版社2009年版,第275页。

《基督教的本质》一书的作者与匿名出版的《对黑格尔、无神论者和反基督教者的末日审判的宣告》（以下简称《宣告》）的作者并不是同一个人，或者可以说，这两部著作中采用的批判方法并不是相同的，《宣告》虽然得出了与自己相同的结论，但是这是一个假象，因为，《宣告》的理论起点是黑格尔哲学，他是从黑格尔的学说出发直接推导出自己的结论；之后，费尔巴哈着重地指出了，黑格尔的哲学方法同自己的哲学方法之间存在着本质的区别，他的哲学并不是为黑格尔哲学做"注脚"，而是从批判黑格尔哲学中脱胎而来的："这就是说，在黑格尔那里具有派生的、主观的、形式的意义的东西，在我看来则具有本原的、客观的、本质的意义。"① 费尔巴哈表达了这部著作的革命意义在于，运用于哲学其他部分的基本原则将实现现实中的所有哲学的变革。马克思对这篇文章似乎是"情有独钟"，在当时曾把这篇文章作为重要的研究性提示加以采纳。而马克思可能最早在 1843 年 2 月末阅读了费尔巴哈的《关于哲学改造的临时纲要》一书，因为马克思吸收了费尔巴哈的论证方法与术语，这个可以在《1843 年手稿》以及《克罗茨纳赫笔记》的第四本笔记中的评述得到证实。

1842 年 10 月马克思成为了《莱茵报》的编辑，1843 年 3 月 13 日马克思在致卢格的信中谈到了自己对费尔巴哈《关于哲学改造的临时纲要》的看法："费尔巴哈的警句只有一点不能使我满意，这就是：他强调自然过多而强调政治太少。然而这是现代哲学能够借以成为真理的唯一联盟。结果可能会像 16 世纪那样，除了醉心于自然的人以外，还有醉心于国家的人。"② 因此，在此时，马克思开始认识到费尔巴哈的哲学理论中存在的一些问题，开始修正与补充他的理论，并且将这个工作看作是自己的任务，从而在新的方向上重新对黑格尔法哲学进行研究，其成果可能就是《1843 年手稿》和《克罗茨纳赫笔记》。

---

① 费尔巴哈：《论对〈基督教本质〉一书的评论》，载《德国年鉴》莱比锡 1842 年 1 月 16 日第 39 期，1842 年 1 月 17 日第 40 期，第 153 和 158 页。
② MEGA²III/1. DietzVerlag Berlin 1975. S. 45。参见《马克思恩格斯全集》第 47 卷，北京：人民出版社 2004 年版，第 53 页。

费尔巴哈对黑格尔哲学的批判是十分深刻的，具体—历史的现实性的关注以及"主谓颠倒的方法"成为了青年黑格尔派的理论共识，马克思并没有完全地沉浸在费尔巴哈的光环之下，而是意识到了他的思想的缺陷。马克思在那个时期是以黑格尔法哲学为批判对象展开自己的思想的，马克思利用了费尔巴哈的哲学方法论讨论了国家问题，但是也发现了费尔巴哈的理论是缺少历史感的，并不能真正地解决国家问题，所以，马克思急需从历史视角重新理解自己面前的理论对象。

三、对共产主义理论的初步认识

《〈政治经济学批判〉序言》中马克思提到了自己对于法兰西思想不能做出正确评价的困难，这也是"使他苦恼问题"的一部分，促使他写作了《黑格尔法哲学批判》，甚至可能还有《克罗茨纳赫笔记》。因此，了解马克思在笔记前后的共产主义认识是很有必要的，是理解马克思整体思想的一个重要环节。

马克思最早表明对共产主义的态度是在《莱茵报》时期。1842年10月15日，《莱茵报》上刊登马克思就任主编后发表的第一篇文章《共产主义和奥格斯堡〈总汇报〉》一文，这是他为了反驳奥格斯堡《总汇报》主编古·科尔布所写的论战性的文章。德国理论界开始关注共产主义和社会主义的原因可能与两个事件有关系：第一是受到1842年9月罗·施泰因发表的《现代法国的社会主义和共产主义》一书的强烈影响所导致的；第二，可能还与1842年9月底至10月初召开的第十次法国学者代表大会有关法国共产主义和社会主义理论的报道有关，当时的德国理论陷入了对于共产主义和社会主义思想的热烈讨论，这也许就是马克思后来所说的"法兰西思潮"。1842年10月11日，奥格斯堡《总汇报》第284号上发表了古·科布尔的《共产主义者的学说》一文，这篇文章批判的矛头直指《莱茵报》，原因是《莱茵报》上曾经刊登了两篇有关共产主义的文章，认为《莱茵报》对共产主义持有一种同情的态度，认为它们把"邻国的混乱"

引进了德国。

于是，马克思撰文对古·科布尔的指责进行了坚决的回击，发表了《共产主义和奥格斯堡〈总汇报〉》一文，他在文中批判道："《莱茵报》甚至不承认现有形式的共产主义思想具有**理论上的现实性**，因此，更不会期望**在实际上去实现**它，甚至根本不认为这种实现是可能的事情。《莱茵报》将对这种思想进行认真的批判。但是，对于像勒鲁、孔西得朗德著作，特别是对于蒲鲁东的机智的著作，决不能根据肤浅的、片刻的想象去批判，只有在长期持续的、深入的研究之后才能加以批判。"① 因此，马克思澄清了自己以及《莱茵报》的政治立场根本不是共产主义，因为在他看来共产主义思想在理论上不具有现实性，是一种不切实际的乌托邦，所以，此时的马克思对共产主义持有一种否定态度，但是却特别强调了傅立叶主义和蒲鲁东等人的著作是值得阅读的。

1843年9月，马克思在与卢格讨论《德法年鉴》的办刊方针的一封信中表现出他对共产主义和社会主义态度开始转变。"所以我不主张我们树起任何教条主义的旗帜，而是相反。我们应当设法帮助教条主义者认清他们自己的原理。例如**共产主义**就尤其是一种教条的抽象概念，不过我指的不是某种想象的和可能存在的共产主义，而是如卡贝、德萨米和魏特林等人所讲授的那种实际存在的共产主义。这种共产主义本身只不过是受自己的对立面即私有制度影响的人道主义原则的特殊表现。所以，私有制的消灭和共产主义绝不是一回事；除了这种共产主义外，同时还出现了另一些如傅立叶、蒲鲁东等人的社会主义学说，这不是偶然的，而是必然的，因为这种共产主义本身只不过是社会主义原则的一种特殊的片面的实现。然而整个社会主义的原则又只是涉及真正的人的本质的现实性的这一个方面。我们还应当同样关心另一个方面，即人的理论生活，因而应当把宗教、科学等等当

---

① 《马克思恩格斯全集》第1卷，北京：人民出版社1995年版，第295页。

作我们批判的对象……"①

可以看出,马克思此时对共产主义和社会主义已经做了明确的区分,表示了对法国流行的那种共产主义的厌恶和否定,认为他们本身"尤其是一种教条的抽象概念",并且对于法国的共产主义和社会主义有了具体的评述,一方面指出卡贝、德萨米和魏特林等人的共产主义"只不过是受自己的对立面即私有制度影响的人道主义原则的特殊表现";另一方面又认为,尽管"傅立叶、蒲鲁东等人的社会主义学说"比这种共产主义的理论层次要高,但是他们的"社会主义原则"也只不过是"涉及真正的人的本质的现实性的这一个方面",忽视了"人的理论生活"方面。在这里马克思还是在消极的层面上理解法国共产主义,认为是低于社会主义的,而很有意思的是,1843年马克思开始写作《黑格尔法哲学批判》一文,7—8月间写作《克罗茨纳赫笔记》,并且在这两部著作中马克思都进行了思想性的试验,思想中产生了新的观点,而马克思对于法国共产主义和社会主义观点的变化与这两部著作有着密切的联系,《克罗茨纳赫笔记》表现的是对于法国史和法国大革命的特殊感情,摘录了大量的有关内容,我们不知道马克思是否想在这种历史研究中寻找法国共产主义和社会主义思想形成的历史根源,但是能确定的是他的共产主义和社会主义认识变化时期创作了《黑格尔法哲学批判》和《克罗茨纳赫笔记》这一事实。

四、在《莱茵报》的工作经历

《莱茵政治、商业和工业日报》自1842年1月1日起在科伦出版发行,随着莱茵地区经济的发展与社会力量的增强,莱茵地区自由主义资产阶级②为了争取更多的政治利益,以求实现他们共同决定国家与政治的事物的要求,他们急需一个可以为自己代言并宣传自己政治主张的

---

① 《马克思恩格斯文集》第10卷,北京:人民出版社2009年版,第7—8页。
② 当时莱茵地区的自由主义资产阶级的代表人物包括:卢道夫·康普豪森、奥托·康普豪森、古斯塔夫·梅维森、亨利希·梅尔肯斯等人。

"喉舌性"的媒介，而《莱茵报》就是迎合这样的现实要求而创立的。同时，青年黑格尔派的运动与《莱茵报》的命运也是紧密地联系在一起的，青年黑格尔派内部的分化促使一部分青年黑格尔分子开始接受在日报上进行哲学批判的论战形式，这是在现实生活中讨论实际政治问题的需要所造成的，日常式的政治评述可以迅速地传播自己的理论观点，并为更多的读者所接受。由于青年黑格尔派的思想意识适应当时整个历史发展的趋势，所以青年黑格尔分子逐渐地掌握了《莱茵报》的领导权①，因此，《莱茵报》后来成为了宣传自由主义的先进性刊物，是青年黑格尔派的理论阵地和喉舌。

到了1842年夏天，《莱茵报》拥有了一个以青年黑格尔分子为主体的撰稿人集团②。但是马克思认为该报的领导工作表现出了严重的缺点，自己当初推荐的主编鲁滕堡"根本不能胜任"③。更为严峻的现实是，青年黑格尔派中以布鲁诺·鲍威尔为首的"自由人"集团对《莱茵报》产生了实质性的危害，使报纸走向脱离现实运动、只会大发空虚议论的境地，这表现在：青年黑格尔分子秉承的是一种抽象的、脱离具体政治状况与社会状况的、否定一切的思辨式的批判，这与莱茵地区的自由主义知识分子的政治主张产生了巨大的鸿沟。此时英国工人的罢工和宪章派运动对德国的知识界产生了巨大的震动，《莱茵报》上开始了对一系列社会问题的讨论，正是在这段时间里，马克思在副刊上发表了第一篇文章——《第六届莱茵省议会的议论。关于出版自由和公布等级会议记录的辩论》，而在1842年5月里，这篇文章出了很多的续篇，从

---

① 在《莱茵报》创办之初，股东希望弗里德里希·李斯特担任报纸的主编，但是他谢绝了请求，而是推荐自己的学生古斯塔夫·赫夫肯担任主编。但是不久之后，赫夫肯希望把报纸发展为温和的自由主义的机关报的要求，以容克和赫斯为代表的青年黑格尔派的强烈反对，并要求青年黑格尔分子接管报纸，导致了1月份赫夫肯退出了编辑部。之后，马克思推荐阿道夫·鲁滕堡接任主编负责报纸的日常工作，自此之后的一段时间里，青年黑格尔主义的杰出代表撰写的大量文章发表于报纸之中。

② 包括：阿尔诺德·卢格、莫泽斯·赫斯、布鲁诺·鲍威尔、埃德加尔·鲍威尔、麦克斯·施蒂纳、卡尔·弗里德里希·科本、卡尔·海因岑等人，也包括弗里德里希·恩格斯。

③ MEGA². III/1. DietzVerlag Berlin 1975. S. 30。参见《马克思恩格斯全集》第47卷，北京：人民出版社2004年版，第33页。

而马克思第一次以评论家的身份公开露面。

1842年6月,马克思在《莱茵报》上发表了《第179号〈科伦日报〉社论》一文,文中他论证了在政治日报上进行哲学研讨的权利与必要性,从而也指明了《莱茵报》不是单纯的时事性刊物,而是具有重要理论价值的刊物。8月发表了《法的历史学派的哲学宣言》,德国当时为了适应历史发展的趋势,提出了修改普鲁士立法的要求,为了完成这项重要的政治工作,普鲁士政府组建了一个新的部门,马克思在这篇文章中详细地分析了这个新的为立法服务的政府部门的实质,对它的性质第一次做了全面的解答。这篇文章表现了马克思关注现实政治,希求对它的动因与主题做出理论解释的倾向,是一种从哲学的高度对现实政治状况的批判性分析,也表现了当时马克思在政治上追求民主主义的特征。8月底或者9月上半月,他向奥本海姆阐述了自己对于报纸编辑部以后工作的设想,认为"正确的理论必须结合具体情况并根据现存条件加以阐明的发挥"。报纸应该研究"现实国家的问题"[①]即实际问题。而马克思的这些意见引起了该报的经理和监事会的重视,促使他们吸收马克思作为编辑部的撰稿人。

1842年10月15日,马克思正式进入《莱茵报》的编辑部并且连续发表了一系列针砭时弊的社论性的文章,这些文章大多是他与一些当时流行性质报纸[②]之间论战性的成果,既是与封建反动势力的较量,也是与温和的自由主义观点的斗争。在他的《共产主义和奥格斯堡〈总汇报〉》一文中,马克思表达了对共产主义的态度,因为共产主义是一个当时很重要的问题。随后在副刊上发表了关于第六届莱茵省议会评论的第三篇文章,在这些社论中,马克思思想的时代性特征淋漓尽致地展现出来,他提到了很多重要的政治事件,比如自治体改革的运动、关于报纸新闻的内阁新法令、新的离婚法草案、柏林等级委员会的召开、《莱比锡总汇报》的查封、摩塞尔农民贫困问题,尤其在《关于林木盗

---

① 以上引文参见《马克思恩格斯全集》第47卷,北京:人民出版社2004年版,第35页。

② 例如奥格斯堡《总汇报》、《科伦日报》、《莱茵—摩塞尔日报》。

窃法的辩论》一文中，马克思首次公开地维护无产者的利益，批判了所有者的非人道性，其矛头直指封建等级代表制度。马克思分析了各个时期现实的政治原因，看到了不同时期封建主义与民主主义争论的基本问题是与物质利益紧密地联系在一起的。

马克思不仅与一系列持有封建性和温和主义特征的报刊在外围展开论战，同样对自己身处的青年黑格尔派内部所派生的"自由人"组织进行了理论批判，而这一批判直接导致了他们之间的决裂。"自由人"组织那种崇尚绝对的、否定一切的抽象批判和理论空谈是马克思所不能容忍的，经过了费尔巴哈思想浸染之后的他，更加注重的是思想所把握的现实是怎样的，而不是那种脱离现实的思想，"自由人"的那种论调是他不能接受的，而他们对报纸的恶劣影响正在逐步地扩大，必须采取相应的措施制止事态的继续发展，因此，马克思广泛地吸收了青年黑格尔派中一些进步知识分子作为报纸的撰稿人，1842年12月，莫泽斯·赫斯成为《莱茵报》的第一个通讯员。

马克思为报纸付出了巨大的劳动，不仅制定了新的编辑原则，同样，在编辑文章时运用具体的手段表达自己的观点，如在注释中对于不符合编辑部的政治观点的见解做出批判和比较，提示读者注意两者的差别；对现实中具体的政治问题，澄清编辑部自己的立场，而编辑部的一些观点深刻地体现了他们确定的政治方向和捍卫民主主义的要求的特点。自此之后，《莱茵报》的政治影响与日俱增，订户数量在1842年8月是885份，而到了1843年1月，报纸的订户数相比于五个月前的数量增加了四倍有余，达到3330份，自由灵活的办报方针吸引了一大批撰稿人的加入，撰稿人数量不断增长，而报纸刊载的文章成为了其他日报①热衷转载的"畅销货"。

《莱茵报》的影响迅速扩大并取得了巨大的成功，这让普鲁士政府感到了不安。1842年10月15日，莱茵省新任总督冯·沙培尔向柏林报告报纸的实际情况时持有的是悲观的态度，他天真地认为报纸在中下等

---

① 比如《特利尔日报》、《曼海姆晚报》和《巴门日报》。

阶层里是没有读者的，报纸在莱茵省地区产生的影响是微不足道的，就是科伦855个大户中的大多数是可能退订的，它会随着订阅数的减少而自行破产。但是到了1842年11月10日，沙培尔改变了他的看法，他看到的是报纸订户数成倍的增长及其政治影响扩展到整个普鲁士王国中的事实，在报告中沙培尔还把马克思归为编辑部里最积极的撰稿人之一。由于沙培尔报告的影响，普鲁士政府立即采取了措施，认为报纸发表了一些不切实际、具有反动性质的政治批判和社会批判的文章，对报纸的倾向与精神进行了谴责。1842年11月12日，受沙培尔指使，科伦行政区长官召见报纸的经理雷纳德，发出了要么改变报纸的方针要么查封该报的威胁，马克思代替雷纳德草拟了回复沙培尔的复信①。在随后的数星期中，马克思利用了国王以前许诺的自由主义主张，以此来为报纸的政治态度进行辩护，并小心谨慎地处理语调与形式的问题，避免给书报检查官留下口实，并且利用了普鲁士统治阶级内部以及普鲁士和其余邦国之间的分歧，使《莱茵报》在表面上体现了同普鲁士政治制度以及政治主题的一致性。但是普鲁士政府对于报纸的检查更加地严格了，马克思没有畏缩，坚守在编辑的岗位上，他清楚地认识到了自己的义务是"在力所能及的范围内不让暴力得逞"②。

　　普鲁士政府一直都在等待查封《莱茵报》最有利的时机的到来，因为报纸的态度是要站在人民一边，代表底层人民的权益，报纸所宣扬的民主主义和自由主义倾向威胁到普鲁士政府的统治，所以，查封报纸是避免事态恶化的唯一手段。《莱茵报》揭露没有颁布的新的离婚草案的行为被普鲁士官方视为时机的到来，但是，草案激起各个阶层的强烈批评，统治者为了缓解这种压力打消了查封报纸的念头。1843年1月20日负责书报检查的三个部门下令查封《莱茵报》，他们的理由是马克思对查封《莱比锡总汇报》和《德国年鉴》一事撰写的有关文章的态度具有反动的、激进的立场，该报的出版并没有获得法律的支持，所以

---

① MEGA².III/1.DietzVerlag Berlin 1975.S.33—36.《马克思恩格斯全集》第47卷，北京：人民出版社2004年版，第36—40页。

② 《马克思恩格斯全集》第47卷，北京：人民出版社2004年版，第44页。

必须予以处置。马克思在面对普鲁士政府的这一举措时表达了激愤的心情,"您知道,我开始时对书报检查令是怎样评价的吗。我从这件事中只看到一个结果;我认为《莱茵报》被查封是政治觉悟的一种进步,因此我决定辞职不干了。再说这种气氛也令我感到十分窒息。即使是为了自由,这种桎梏下的生活也是令人厌恶的,我讨厌这种缩手缩脚而不是大刀阔斧的做法。伪善、愚昧、赤裸裸的专横以及我们的曲意逢迎、委曲求全、忍气吞声、谨小慎微使我感到厌倦。总而言之,政府把自由还给我了"①。

由于订户的数量庞大和牵扯众多的股东,普鲁士政府针对这个情况放宽了报纸停刊的期限,报纸被允许出版到1843年3月31日。在报纸出版余下的这段日子里,报纸检查的严酷性大大增加了,每份报纸出版前一天需要经过包括科伦行政长官、莱茵省总督以及政府的书报检查官在内的三层审查,对于未通过的文章直接送往柏林,之后,在确保没有原则性问题时才允许出版。但是,马克思一如既往地保持住了自己的政治立场②,从而使得他的一些文章被禁止发表③。面对查封的威胁,《莱茵报》股份公司召开了非常的股东全体大会,希望找到解决问题的方法,在大会的准备过程中和大会上出现了希望通过妥协和让步、改变报纸的激进政治态度来求得政府的宽恕的消极观点,但是,马克思坚决反对这种幻想,他认为报纸之所以能迅速地取得巨大的成绩正是因为它的政治倾向,具有丰富的现实感的论述,指出了普鲁士民众所处的到底是怎样的一个实际生活,并维护底层人民的根本利益这些特点,他表达了不会做任何让步的决心。④ 1843年3月17日,马克思正式地退出了编辑部,而他日后对这段经历的总结是:"我倒非常乐意利用《莱茵报》发行人以为把报纸的态度放温和些就可以使那已经落在该报头上的死刑

---

① 《马克思恩格斯全集》第47卷,北京:人民出版社2004年版,第49页。
② 体现在马克思当时的一些通讯之中,如《迄今的省议会代表的选举》、《〈莱茵—摩塞尔日报〉是大宗教裁判官》、《〈莱茵—摩塞尔日报〉的文字练习》。
③ 如《摩塞尔记者的辩护》的续篇。
④ 见《评部的命令的指控》。

判决撤销的幻想,以便从社会舞台退回书房。"① 而书房中的研究工作正是在克罗茨纳赫开始的。

马克思《莱茵报》时期的经历让他充分地接触到了现实的社会生活,这一点对于一直在书斋中进行思考的他来说无疑是重要的。《莱茵报》对德国国民产生的巨大影响为马克思增加了信心,但也为他带来了困惑。从马克思早期思想历程来看,一直热衷于黑格尔国家学说的他这一次在现实中实际地接触到普鲁士国家的基本情况,但是那却与黑格尔描绘的国家景象是截然不同的,这个矛盾促使了马克思重新走向黑格尔法哲学的研究。马克思早期思想发展深受青年黑格尔派运动的影响,他早期的理论特点也是在青年黑格尔运动的问题视域中形成的,而其中费尔巴哈的影响无疑是深刻的,也是最直接的。《莱茵报》时期马克思秉承的是自由主义的政治倾向,这符合德国历史发展的要求,但是,现实的经历告诉马克思,普鲁士国家需要的是一种不危害自己利益的自由主义,各个阶层复杂的利益问题影响了实际生活。因此,把视角转向现实是必要的,但是转向现实之后又怎样把握现实是马克思思考的新的问题,马克思在退出《莱茵报》之前意识到了费尔巴哈在国家问题上没有留下什么,并且对黑格尔法哲学批判的工作并没有完成,如果说《莱茵报》之前的马克思批判黑格尔法哲学只是青年黑格尔派影响的产物的话,那么在经历1842年10月至1843年3月《莱茵报》时期之后的马克思对黑格尔法哲学的批判已经怀有了自己的理论目的,这一方面是马克思理论累积的结果,但另一方面也是在《莱茵报》时期所接触的社会现实引起的,在这个过程中,马克思看到了不一样的黑格尔,回归黑格尔法哲学似乎是解决问题的出路。而在克罗茨纳赫时期马克思集中全力对国家问题进行了研究,他的研究是从摘录历史与政治性的著作开始的。

---

① 《马克思恩格斯文集》第2卷,北京:人民出版社2009年版,第591页。

第二章 国内外主要版本和传播情况

一、国外主要版本和传播情况

与为了出版而进行创作的著作不同,《克罗茨纳赫笔记》是马克思在研究过程中所取得的成果,是"为了自己弄清问题"而进行的理论研究的准备材料,所以,《克罗茨纳赫笔记》在很长的一段时间中都不被外人所知。随着 MEGA 版马克思恩格斯著作编辑工作的展开,马克思和恩格斯两人大量的未发表的著作、笔记及其书信都陆续发表出来。1927 年《马克思恩格斯全集》历史考证版(MEGA^1)以提要的形式对《克罗茨纳赫笔记》进行了详细的介绍,之后,俄国的马克思主义研究者将笔记的一些摘录翻译成了俄文发表在当时俄国的一些理论刊物上,此后的很长一段时间里,《克罗茨纳赫笔记》的解释权掌握在俄国理论界手中,直到 1981 年 MEGA^{2}IV / 2 以原文形式出版了《克罗茨纳赫笔记》,世界马克思主义研究者才有机会利用《克罗茨纳赫笔记》的全部文本进行思想研究。

在世界上,MEGA^{1}I/1 (2) 最早介绍了《克罗茨纳赫笔记》的一些情况。1927 年在梁赞诺夫主持下,苏联马克思恩格斯研究院开始陆续编辑出版历史考证版《马克思恩格斯全集》(即 MEGA^1),这个版本与同一时期编辑的俄文第 1 版《马克思恩格斯全集》虽然都是由苏联马克思恩格斯研究院负责的,但是,这两个不同版本的《马克思恩格斯全集》的编辑原则却截然不同,MEGA^1 要求再现马克思和恩格斯的全部精神遗产,收录了俄文第 1 版没有收录的未完成的著作手稿及其准备材料，并按作者创作时的文字出版，因此可见，MEGA¹对于学术研究具有重要的价值。1927年MEGA¹I/1（2）正式出版，这一卷收录了马克思和恩格斯1844年以前的著作、文章和书信文件，其中对马克思1840—1841年间所做的《柏林笔记》、《波恩笔记》和《克罗茨纳赫笔记》这些在各个时期不同主题的研究笔记做了提要性的介绍。梁赞诺夫在这一卷的导言中对《克罗茨纳赫笔记》在马克思思想发展史上的评价是："它体现了马克思创立唯物史观过程中的一个阶段。"① MEGA¹没有以笔记的原始样貌进行编排，而是以独特的方式说明了笔记的一些形式和特点，内容大体可以分为三个部分②：（1）第一部分中编辑者对摘录著作的一些自然情况进行了记述，包括被摘录著作作者的名字和总卷（册）书、出版地、出版社、出版年份和摘录内容出自的卷次（册）。（2）第二部分中编辑者在被摘录的著作名字下面依次排列了"A"、"B"、"C"三项，以此将笔记摘录内容的信息再现出来。"A"项指明了摘录内容所在的笔记册数；"B"项说明所做摘录出处的页码和行数；"C"项中是编辑者对摘录内容做的提要性的内容叙述，这些内容叙述并不是马克思的原话，而是作者按照笔记内容概括整理出来的，并在马克思留下大量评述的地方以引号（""）的形式提示读者。③（3）第三部分是编辑者对第二笔记和第四笔记中的索引做的处理。用被摘录著作的页码替代马克思所指明的摘录笔记中的页码，并且用著者名字的第一个字母代表著作，这样的处理方式可以让研究者很轻松地从摘录的原始著作中找到摘录出处，从整体上理解摘录的内容；第四笔记的索引在原始手稿中是以表格的形式存在的，编辑者通过考证发现，马克思开始使用的标题是：等级差别、出身、财产、官职、自由、农奴制。之后又把所有这些标题划掉，把提要分成五栏，之后在第一栏加上等级差别，第二栏写下制度与行政，第三栏和第四栏没有标题，第五栏纸张被撕掉，

---

① MEGA¹I/1（2）.Marx-Engels-Verlag G.M.B.H.Berlin 1929.einleitung S.25.
② 这一部分的实例，见附录中研究文献精选部分"四、马克思1843年克罗茨纳赫摘录笔记"。
③ MEGA¹I/1（2）.Marx-Engels-Verlag G.M.B.H.Berlin 1929.einleitung S.130.

编辑者描述了第四笔记索引的形成过程，让我们清楚地看到了马克思在处理第四笔记摘录时候的思想上一些细微变化的过程。MEGA¹的《克罗茨纳赫笔记》虽然没有刊载笔记的原文，似乎也只能算是笔记提要而不能称其为一个版本，但是MEGA¹编辑者对笔记所做的独特加工和缜密的考证已经把笔记的主要信息提供出来了，研究者可以依照MEGA¹的提示查找马克思所摘录的原始著作的文字进行研究，所以，MEGA¹的笔记的开创性意义是不能忽视的。

值得一提的是，1929年《克罗茨纳赫笔记》第五笔记里对马基雅维利《君主论》一书的笔记摘录被翻译成俄文，公开发表在莫斯科列宁格勒版《卡尔·马克思和恩格斯文献》第四册（Архив К.Маркса и Ф.Энгельса. Кн. 4. Москва, Пенинград）的第347至351页上，所以，1929年在《克罗茨纳赫笔记》的传播史与出版史上应该说是一个具有里程碑意义的年份。在MEGA¹公布《克罗茨纳赫笔记》的文献信息之后，俄国陆续节译了笔记的一些经典的部分，发表在一些理论性的刊物上，如1969年莫斯科版卢梭：《论文集》（Жан-Жан Руссо：Трактаты. Москва）第469页至484页发表了第二笔记中马克思对卢梭的《社会契约论》这一著作摘录的俄译文，1977年在莫斯科出版的《马克思主义与国际工人运动史》(Из истории марксизмаи международного рабочего движения. Москва) 第452页至507页上公开发表了第四笔记的全俄译文部分。因此，俄国对《克罗茨纳赫笔记》在世界范围内的传播做出了巨大的贡献，他们在笔记传播史上具有重要的地位。例如，俄文第二版《马克思恩格斯全集》是在俄文第一版《马克思恩格斯全集》的基础上于1955年开始编辑出版的新的马克思和恩格斯的著作全集，在1966年出齐39卷后，于1968年开始出版补卷40—50卷，其中第40卷上编辑者刊登了《克罗茨纳赫笔记》第四笔记中马克思对黑格尔法哲学的一段评述，这段评述似乎是编辑者对拉宾所发现的"《克罗茨纳赫笔记》与《黑格尔法哲学》手稿之间是交替写作关系"的一种回应。而俄文第二版《马克思恩格斯全集》在《马克思恩格斯全集》编辑史上具有重要地位，世界上很多马克思主义研究大国出版的《马克思恩格斯全集》都是以俄文第二版全集为基础编辑的，比如苏共中央马列主义研究院与进步出版社联合英国、美国的进步出版社共同出版50卷英文版《马克思恩格斯全集》；日本在出完39卷版以后，依据俄文第二版出版了日文版全集的补卷；中文第一版《马克思恩格斯全集》是根据俄文第二版全集并参考德文版全集翻译出版的；欧洲大多数的社会主义国家都是在俄文39卷全集的基础上出版本国的《马克思恩格斯全集》。而这些版本的马恩全集都收录了《克罗茨纳赫笔记》第四笔记中的那段黑格尔评述，所以，伴随着那短短的几行黑格尔评述部分，《克罗茨纳赫笔记》在世界范围内广泛地传播开来，被世人所知晓。除此之外，第二笔记的片段发表在1972年《马克思恩格斯全集》历史考证版试刊（即从 $MEGA^2$ 试刊第351—356页）上，这是笔记传播史的另一个片段。

1981年新历史考证版《马克思恩格斯全集》（简称 $MEGA^2$ ）第4部门第2卷正式出版，这一卷主要刊载了马克思在1843—1845年间研究过程中所做的大量的摘录笔记，主要包括马克思在克罗茨纳赫时期的五册《克罗茨纳赫笔记》和巴黎时期的九册《巴黎笔记》，这一卷的负责人是鲁缅彩娃。$MEGA^2$ 的编辑原则之一就是作者生前没有发表的手稿按作者的原稿发表，保持原稿的结构和正字法，并且按作者写作时使用的文字排印，因此，$MEGA^2$《克罗茨纳赫笔记》的特点就是以原始状态发表笔记全文，也可以说是世界上第一个《克罗茨纳赫笔记》的完整版。$MEGA^2$ 的每一卷都分为正文卷和附属材料卷，这是这一版《马克思恩格斯全集》历史考证版的特色所在，而附属材料卷深刻地体现了历史考证的意义所在，所以，附属材料卷的作用是尤为重要的。$MEGA^2$ 第4部门第2卷附属材料卷的内容包括：文本的产生和流传过程，摘录与所摘著作之间的异文目录，修改文字的目录，注释，人名索引、名目索引、引用和提到的著作索引。这些资料为我们还原笔记的原始形态和马克思当时的创作过程提供了前提条件。正文卷以笔记当时摘录的文字排印发表；标明了每册笔记的页码；马克思的评述用粗体字表示；使用一些编辑符号表示马克思在笔记中所做的标记这些方式来展现笔记的原貌。在附属卷中对每册笔记的主要内容进行了概述；对笔记的一些自然情况（比如纸张尺寸和材质，笔记本物理情况及其特点，书写的笔迹材质，写作使用的文字，页码编排的特点）进行了介绍；对以前出版的笔记部分的一些版本给予了简单的介绍，因此，只有综合地利用正文卷和附属材料卷的信息才能得到一个接近原始版的《克罗茨纳赫笔记》。

MEGA²第4部门第2卷的编辑领导者鲁缅彩娃为这一卷中的《克罗茨纳赫笔记》部分撰写了长篇导言。在导言中，鲁缅彩娃明确地指出了："克罗茨纳赫笔记的意义首先在于，它照亮了马克思走向唯物主义历史观的一段行程。"① 他认为，《莱茵报》的实践和理论经验是马克思对黑格尔国家和法的学说批判的前提准备，而这种批判的实质是对黑格尔的整个唯心主义的社会发展观点的批判，从而在此基础上揭示历史发展的动力，马克思的工作是从大量搜集资料开始的，目的是为了研究国家的起源进而把握国家的本质，这项工作的直接的成果就是包含有二十四部著作的《克罗茨纳赫笔记》。鲁缅彩娃以马克思在五本笔记中留下的文本细节作为指导，对笔记进行了思想性的分析和介绍，这些文本细节主要是："第一笔记中类似主题索引的一些标题，第二笔记中做了摘要的那些书的摘录的梗概，第四笔记中的一篇短'评'（这篇短'评'从内容上看很像马克思的《黑格尔法哲学批判》手稿），第二笔记的《主题索引》（它是在上面提到的梗概的基础上编成的）以及第四笔记的索引。"② 他指出：马克思的索引能够反映当时他对哪些问题是感兴趣的，"同时，这些索引还证明马克思正日益转向唯物史观"③。通过索引我们可以看出，马克思对三类问题特别关注：（1）第二笔记索引中占主要位置的是"所有制及其后果"这一标题，因此，所有制问题是他当时特别注意的。（2）同所有制相联系的第二类问题，"是关于阶级的形成、阶级和等级的特权的性质以及封建等级转化为市民社会的阶级结构的问题"④。（3）第三类问题是有关国家法的。有关第一方面的问

---

① MEGA²IV/2.Dietz Verlag Berlin 1981.einleitung S.12*.
② MEGA²IV/2.Dietz Verlag Berlin 1981.einleitung S.13*.
③ MEGA²IV/2.Dietz Verlag Berlin 1981.einleitung S.13*.
④ MEGA²IV/2.Dietz Verlag Berlin 1981.einleitung S.15*.

题,鲁缅彩娃从马克思在摘录中表现出的对"政治史如何影响社会经济和政治"这一问题关注的情况入手,分析了他摘录著作原文的情况,指出了此时的马克思是"为弄清各种所有制形式和社会关系的历史性质而做努力"①。以第四笔记索引的标题为指导,鲁缅彩娃发现马克思主要是围绕封建社会这一"关键词"进行讨论的,这些讨论与所有制问题密切相关,比如,封建社会的重要阶层和中间阶层的情况;封建社会结构中对人民的压迫日益严重,并孕育着资本主义制度产生的萌芽;中世纪封建贵族的状况和权力;劳动大众在越来越严重的压迫中不断觉醒并发起反抗。在鲁缅彩娃看来,第三类问题,"首先同他批判地分析黑格尔的《法哲学原理》有关"②。马克思首要关注的是国家理论中的代议制问题,通过英国史、法国史和德国史的研究,他弄清了代议制的起源,议会相比于代议制的局限。但是,在研究之后,马克思却发现,代议制国家绝不是资产阶级所宣扬的那样是人民主权、三权分立等普遍原则体现的产物,当代议制的进一步发展——立宪制成为一种国家政体时,取得统治地位的资产阶级就会乘虚而入,利用这种政体来反对封建专制制度,但是,它们的目的不是为了劳苦大众,而是为了自己,它们所宣扬的是一种人道主义的谎言,实质是更好地置人民于自己之下,所以,"现代代议制只是资产阶级的政治利益和物质利益的表现"③。鲁缅彩娃还论述了法国大革命史在笔记中占有特殊的地位,笔记摘要体现的对这场影响世界历史进程的革命的特别关注,淋漓尽致地展现在字里行间,并且是与笔记的三大主题紧密地联系在一起的。马克思研究了法国革命的前提、进程和结果,关注革命进程中的立法、平等、人民主权、革命派别争斗等问题,鲁缅彩娃强调需要注意的是在《克罗茨纳赫笔记》中马克思唯物史观思想萌芽的产生:他从法国大革命中看到了所有制与政治机关之间的联系是紧密的,经济事实影响了革命之前和革命之中社会冲突的发展,特别强调资产阶级宣布自己的财产是神圣不可侵犯

---

① MEGA²IV/2.Dietz Verlag Berlin 1981.einleitung S.14*.
② MEGA²IV/2.Dietz Verlag Berlin 1981.einleitung S.19*.
③ MEGA²IV/2.Dietz Verlag Berlin 1981.einleitung S.20*.

的，打破了封建性财产的神话，因此，"这部分摘录特别明显地表明，马克思通过自己的研究越来越明确地认识到资产阶级革命的局限性，它不能保证真正的普遍平等，不能建立一个符合人的尊严的社会"①。因为，"马克思根据历史经验深信，每一个阶层和阶级都是从它们自己的利益的立场出发来对待公共事务的"②。最后，鲁缅彩娃总结了世界史，尤其是法国大革命史研究对马克思转向唯物主义以及他的共产主义观的形成具有重大的意义，这使发现了资产阶级国家的本质，认为，"必须为建立一个克服现存社会的根本矛盾和消灭人压迫人现象的新的社会制度而斗争"③。这篇导言在历史考证的意义上介绍了《克罗茨纳赫笔记》的基本内容，它与附属卷提供的笔记版本和流传过程等信息，能让研究者对笔记特征与主要内容构成整体的印象，提示研究者需要注意的内容，使 MEGA² 的《克罗茨纳赫笔记》成为一个更为优质的版本。

马克思的一些重要著作在他逝世后由于各种各样的原因而不被世人所知，《克罗茨纳赫笔记》应该也是其中之一，从《克罗茨纳赫笔记》的主要版本和传播情况来看，真正意义上的笔记研究只能是在 MEGA² 笔记出版之后才算开始，但是这并不是要忽略俄国学者对笔记研究的贡献，笔记中的一些经典部分的俄译文是世界上最早的外文译本，MEGA¹ 中提供的笔记信息也是十分重要的，可以说，正是通过俄国学者的努力工作，世界上其他的研究者才了解到《克罗茨纳赫笔记》的意义。

二、国内主要版本和传播情况

《克罗茨纳赫笔记》全部文字的出版经历了一个漫长的过程，究其原因，一方面，俄国马克思主义研究者手中掌握大量的《克罗茨纳赫笔记》的影印照片，在此基础上很方便对笔记展开解读，而西方马克思主义研究者没有机会看到笔记的全部，只能通过 MEGA¹ 对笔记的提要性

---

① MEGA²IV/2.Dietz Verlag Berlin 1981.einleitung S.24*.
② MEGA²IV/2.Dietz Verlag Berlin 1981.einleitung S.25*.
③ MEGA²IV/2.Dietz Verlag Berlin 1981.einleitung S.26*.

综述和一些单独发行的笔记选编了解到笔记的大体内容和基本特点。因此，这种支离破碎的笔记情形没有引起西方研究者更多的兴趣，没能引起世界马克思主义理论界对于《克罗茨纳赫笔记》出版的强烈愿望，这样就丧失了深入解读《克罗茨纳赫笔记》的可能。另一方面，《马克思恩格斯全集》历史考证版事业的艰难前进，以及编辑原则的不断修订，使研究者对笔记的认识呈现出了曲折的发展过程，所以，直到20世纪80年代初期MEGA^{2}才首次出版了《克罗茨纳赫笔记》的原始版全文，这个出版过程长达半个多世纪。我国对于《克罗茨纳赫笔记》的编译事业也是80年代初才开始的，1980年出版的《马列著作编译资料》第11辑和12辑中发表了转引自1977年出版的《马克思主义和国际工人运动史论丛》中《克罗茨纳赫笔记》第四笔记本的全文，从那时起《克罗茨纳赫笔记》正式地进入了我国理论界的视野之中；1981年《马克思主义研究参考资料》刊载了MEGA^{1}对笔记的文献介绍，为我国研究者提供了笔记的大量信息；1982年依据俄文第二版《马克思恩格斯全集》并参照德文原文的中文第一版《马克思恩格斯全集》第40卷正式出版，其中刊载了《克罗茨纳赫笔记》中马克思在第四笔记本所做的有关黑格尔的一段评述，虽然只有很小的一页，但却是马克思在《克罗茨纳赫笔记》中留下的最长的一段评述，这短短的一段评述引起了我国理论研究者讨论《克罗茨纳赫笔记》与《黑格尔法哲学批判》手稿之间关系的兴趣。国内出版的《克罗茨纳赫笔记》部分反映出当时我国理论研究的一些时代特点：如果说我国《克罗茨纳赫笔记》出版的时间与MEGA^{2}的笔记在时间上表现出了前后相继的特点的话，究其原因，并非是由于受到国际上《克罗茨纳赫笔记》出版的这种滞后性影响，毋宁说是俄国马克思主义研究对于我国马克思主义理论界的影响。一个事实是，在MEGA^2《克罗茨纳赫笔记》已经全部出版的今天，中文版的笔记也并没有全部出版，中文版《克罗茨纳赫笔记》第四笔记仍然是我国理论界所接触到的唯一中译本。虽然如此，对笔记的研究我国理论界一直都在进行，并取得了一些成就，而所有工作大多是以中文版的《克罗茨纳赫笔记》第四笔记本为前提的。

中央编译局出版的《马列著作编译资料》是一套集研究性、前沿性、综合性和资料性为特征的马克思主义研究刊物，为我国马克思主义理论界接触国际马克思主义最新研究成果提供了便利的条件，其中大量地发表了一些新发现的未纳入中文版《马克思恩格斯全集》1—39卷的马克思主义经典著作，其中的一些著作深刻地影响着我国马克思主义理论研究。1980年出版的《马列著作编译资料》第11辑和第12辑上连续发表了《克罗茨纳赫笔记》第四笔记的中译文，这是我国第一个《克罗茨纳赫笔记》的中文版本。虽然只有一个笔记本，但是马克思主义研究中文世界中这个新发表的文本，为重新理解马克思思想做了准备。这一版《克罗茨纳赫笔记》第四笔记是根据1977年出版的《马克思主义和国际工人运动史论丛》第446—508页上刊载的笔记原文而翻译成的，译者是中央编译局的马克思主义资深翻译家刘晔星先生。

这一版《克罗茨纳赫笔记》的译文达到很高水平，在《马列著作编译资料》第11辑这部分笔记之后，紧接着还附上了《马克思主义和国际工人运动史论丛》为方便读者理解第四笔记的主要思想而做的简介。并且这个版本在形式上有很多的优点，在处理上采取了很多有利于我国研究者开展日后研究工作的方式，满足我国读者的诸多阅读习惯：第一，《克罗茨纳赫笔记》是马克思对23本著作所做的摘录，主要涉及法语和德语著作，而这些著作的绝大部分还没有中译本，甚至连著作者的名字我们都不曾知道，所以，这一版的《克罗茨纳赫笔记》保留了著作名称和作者名字外语原文形式，为有能力阅读原始文本的研究者提供了方便检索到这些著作的可能；第二，在翻译过程中，一些核心性概念的词汇，或者被译成中文并可能造成歧义的词汇都附上了外语原文，使阅读者能够在原文的基础上更好地理解这些概念；第三，分别用两种字体①形式排印摘录笔记的原文和马克思对这段摘录笔记的评述，

---

① 马克思的评述相比于马克思的摘录使用了较大一号的字体，并且增大了与摘录的行的间距，使读者在阅读中可以直观地区分哪些是评述而哪些是摘录。

而采取了把马克思的评述和笔记摘录部分分开的形式,可以使得读者对马克思的评述一目了然,方便我国研究者阅读、把握马克思对这些资料的评判,从而理解马克思当时的意识;第四,部分表现了原始版《克罗茨纳赫笔记》的特征,比如马克思强调的文字被加粗,马克思在笔记旁白处所做的一些标记也都体现在文本中,与笔记相关的一些文本信息也附在注释之中。但是,《马列著作编译资料》中的第四笔记也带有了翻译底本的一些问题:通过 MEGA^2 的《克罗茨纳赫笔记》第四笔记原文可以看到,1977 年版《马克思主义和国际工人运动史论丛》上发表的笔记有些加粗的地方并不是马克思强调的,而是作者根据笔记的主题提示研究者注意的地方,虽然起到了类似名目的作用,但是会让如何评价马克思评述的意义大打折扣,影响正确看待这些评注的水准。

《马列著作编译资料》第 11 辑和第 12 辑连载的第四笔记是目前为止我国发表的以全部文字排印的笔记,而我国出版的能拥有独立地位的马克思研究笔记是很少的[①],这也从一个侧面说明了我国对《克罗茨纳赫笔记》是比较重视且有很高的评价。目前为止,它已经成为我国研究马克思克罗茨纳赫时期思想发展不能跨越的基础文本,是讨论马克思与黑格尔法哲学思想关系、历史研究与历史唯物主义之间关系、马克思历史研究与经济学研究之间关系等等学术问题的基本文献,其版本价值直到今天对我国理论界还发挥着重要的影响。

1981 年第 3 期《马克思主义研究参考资料》(总 55 期)中发表了 MEGA^1 第一部分第 1 卷下册的《克罗茨纳赫笔记》中译文,1981 年卷《马恩列斯研究资料汇编》转引了这篇译文,其中法文部分是由曾宪森先生翻译,德文部分是由熊子云先生译出的。MEGA^1 在处理马克思恩格斯的笔记类著作时并没有采取 MEGA^2 的独立成类的方式,而是将笔记与著作按作者写作时间的顺序综合排列,虽然 MEGA^1 中并没有发表笔

[①] 马克思一些研究笔记只有一些笔记的片段或部分被翻译成了中文,很少能有整册笔记被译成中文的,除了《克罗茨纳赫笔记》外,还有《伊壁鸠鲁笔记》发表了全文。

记的原文，而是采取了提要性的处理方式，但是我们通过这些信息也能对笔记的主要内容及其马克思的评述有所了解，使我们对笔记有一个整体上的认识。MEGA¹的中译文基本上继承了MEGA¹发表的文字和形式，只是略去了"B：所做摘录出处的页码和行数"一项，其余的内容全部保留下来，一些重要内容译者都做了注释，因此，这个版本的笔记也可以看作是一个简化的中译本《克罗茨纳赫笔记》。

现在我们可以接触到的有关中文版《克罗茨纳赫笔记》的第三个版本是中文第1版《马克思恩格斯全集》第40卷中马克思对第四笔记中一段摘录内容所做的评述。这段评述被编辑者冠之"关于黑格尔对国家的具体历史形式和国家的抽象观念之间的相互关系的观点"的标题。中文第1版《马克思恩格斯全集》第40—50卷是依据俄文第2版《马克思恩格斯全集》补卷部分翻译而成，1955年俄文第2版《马克思恩格斯全集》第1卷问世到1981年出齐50卷经过了很长的时间，而中文第1版《马克思恩格斯全集》第40卷是1982年出版的，从时间上证明了我国对俄文第2版《马克思恩格斯全集》价值和意义所做出的反应是比较迅速的，俄文第2版全集收录了没有编入1—39卷的马克思恩格斯著作和书信，第40卷和第41卷是与俄文第2版全集第1卷联系起来的，这两卷主要刊载了马克思和恩格斯青年时期的一些著作，其中就包含着《克罗茨纳赫笔记》第四笔记中对黑格尔法哲学有关的批判性评述。可见，中文第1版《马克思恩格斯全集》一定程度上保存下了俄国马克思主义理论观点和特色，但是也凝聚着我国马克思主义理论研究者的心血。中文第1版《马克思恩格斯全集》中的这段评述早在1980年《马列著作编译资料》第12辑就已经被翻译成中文，译者是中央编译局译审刘晖星先生，刘晖星先生精通俄语和德语，参编了中文第1版《马克思恩格斯全集》很多的卷次，为我国马克思主义翻译事业奉献了毕生的精力，做出了杰出的贡献，是我国著名的马克思主义学者和翻译家。如果对比两个版本中相同的部分的话，会发现彼此的高度一致。

第一部分　历史考证

《马列著作编译资料》第12辑	中文第1版《马克思恩格斯全集》第40卷
在路易十八统治时期是国王恩准的宪法（钦定的国王宪章），在路易-菲力浦执政时期则是宪法恩准的国王（钦定的王权）。总之我们可以发现，主词变成宾词，而宾词变成主词，被决定者取代决定者，总是构成例行的革命，而且不仅从革命者方面来说是如此。国王制造法律（旧的君主国），法律又制造国王（新的君主国）。宪法的情况也完全是如此。反动派的情况也是这样。长子继承制是国家的法律。国家希望有长子继承制的法律。因此，黑格尔这样把国家观念的要素变为主词，而把国家存在的旧形式变为宾词，——但是在历史现实中情况恰好相反：国家观念始终都是国家存在的那些［旧］形式的宾词，——他这样做只不过说出了时代的**一般精神**，他的**政治神学**。这里的情况同他的哲学和宗教上的泛神论的情况一模一样。非理性的一切形式这样一来都变成理性的形式。但是这里在宗教上是理性，在国家中是国家观念在原则上被变成了决定的要素。这种形而上学是反动派的形而上学表现，对于反动派来说，旧世界是新世界的真理。①	在路易十八时代，宪法是国王的恩赐（钦赐宪章），在路易·菲力浦时代，国王是宪法的恩赐（钦赐王权）。一般说来，我们可以发现，主语变为谓语，谓语变为主语，被决定者代替决定者，这些变化总是促成新的一次革命，而且不单是由革命者发动的。国王创立法律（旧君主制），法律创立国王（新君主制）。宪法的情况也是如此。反动分子的情况同样是如此。长子继承权是国家的法律。国家需要长子继承权的法律。因此，当黑格尔把国家观念的因素变成主语，而把国家存在的旧形式变成谓语时——可是，在历史真实中，情况恰恰相反：国家观念总是国家存在的［旧］形式的谓语——他实际上只是道出了时代的共同精神，道出了时代的政治神学。这里，情况也同他的哲学宗教泛神论完全一样。这样一来，一切非理性的形式也就变成了理性的形式。但是，原则上这里被当成决定性因素的在宗教方面是理性，在国家方面则是国家观念。这种形而上学是反动势力的形而上学的反映，对于反动势力来说，旧世界就是新世界观的真理。②

　　俄文第2版《马克思恩格斯全集》第40卷发表这段评述背后隐藏的是俄国马克思主义研究者认为不能漠视《克罗茨纳赫笔记》与《黑格尔法哲学批判》手稿之间的直接联系的主张，而独立地把这段评述刊

---

① 《马列著作编译资料》第12辑，北京：人民出版社1980年版，第36页。
② 《马克思恩格斯全集》第40卷，北京：人民出版社1982年版，第368页。

印出来提供给我们的信息似乎可以证明这一点，因此，把这段黑格尔评述独立出版是有巨大的理论意义的。我国理论界似乎也意识到了这一点，在中文1版全集的第四笔记黑格尔评述发表后，开始译介一些国外有关《克罗茨纳赫笔记》研究的论文，例如1981年《马列著作编译资料》第15辑中苏联学者B.莫洛索夫《1843—1844年马克思对世界史的研究是唯物史观形成的来源之一》；1988年《马克思主义来源研究论丛》中苏联学者B.达林《复辟时期的法国历史学家》，等等。值得一提的是1983年第6辑《马列著作编译资料》中刊载了MEGA^{2}第4部门第2卷中编者之一H.C.鲁缅彩娃做的《克罗茨纳赫笔记》的基本介绍（即MEGA^{2}正文卷前面的编者导言部分），由于MEGA^2《克罗茨纳赫笔记》是首次全文发表，并且编辑对笔记做了十分详细的研究和考证工作，在附属材料卷中收录了关于笔记的一些重要版本信息，所以，通过这篇文章我国学者即使在没有全部笔记的中译文的情况下，也能基本了解《克罗茨纳赫笔记》的整体情况及其特点，自此之后，国内对于笔记的研究如雨后春笋般地逐渐增多起来，《克罗茨纳赫笔记》成为了一个解读马克思早期思想不可跨越的文本。

　　从中译本《克罗茨纳赫笔记》的出版史可以看出，笔记研究程度正是伴随着笔记文本的不断发表而逐渐深入的，笔记既是马克思同一时期创作的著作的准备材料，同时也是马克思思想发展的源泉，所以，《克罗茨纳赫笔记》在整个马克思思想发展史上具有重要的意义。《克罗茨纳赫笔记》至今也没有全部的中文版本，在这种文献不足的情况下，我国研究者凭借掌握的中译文第四笔记和国外学者对笔记的相关研究材料也取得了很大的成绩，随着近年来我国理论界对于MEGA^{2}的关注，很多学者掌握了笔记的原始情况和全部文本，讨论了《克罗茨纳赫笔记》的理论价值，逐渐掀起了一股新的研究高潮，形成了一个又一个研究的热点。

第二部分　研究状况

第三章 国外研究状况

20世纪80年代《克罗茨纳赫笔记》全文首次正式出版,这是随着MEGA²事业的发展而带来的,MEGA²所刊载的摘录笔记原始状态为这种研究视角提供了现实的文本基础,而马克思主义研究中开启的对摘录笔记与作家著作之间关系的讨论,也为重新解读马克思思想的渊源提供了前提,从而催生了对马克思思想发展的全新认识。但是,对《克罗茨纳赫笔记》的研究其实是在没有笔记全文的情况下就已经开始了,而在这一研究工作中有重要影响的思想家大多是以俄国的马克思主义研究者为代表的,早在梁赞诺夫编辑MEGA¹时期就对《克罗茨纳赫笔记》的一些文本状况和内容进行了一定程度的介绍,俄国对于笔记摘录和评述也公开发表过。在这个基础上,俄国的很多思想家都不同程度地利用了《克罗茨纳赫笔记》去理解马克思在1843年到1844年之间思想转变的原因,分析《克罗茨纳赫笔记》对《黑格尔法哲学批判》及《德法年鉴》时期两篇论文产生了多大程度的影响,讨论《克罗茨纳赫笔记》的历史研究和历史唯物主义之间的关系以及当时马克思历史研究的方法论等理论问题,而对《克罗茨纳赫笔记》与《黑格尔法哲学批判》之间的写作顺序的文献学考证直接影响了对《黑格尔法哲学批判》的解读。相反,这部摘录笔记并没有引起西方学者的兴趣,在一些传记类著作中甚至没有提到这部笔记的存在[①],即使提到这部笔记也是轻描淡写

---

① 甚至包括一些十分经典的马克思研究著作,例如德国学者弗兰茨·梅林的《马克思传》,法国学者雅克·阿塔利的《卡尔·马克思》。

的几句话，评价其为马克思阅读过程的产物，并没有进行深入的分析。① 因此，俄国学者《克罗茨纳赫笔记》的研究水准可以代表国外的研究状况，他们的《克罗茨纳赫笔记》研究大体可以划分为两类主题：一是《克罗茨纳赫笔记》与马克思著作之间的关系；二是《克罗茨纳赫笔记》在早期马克思思想中的理论定位。

一、关于《克罗茨纳赫笔记》与马克思同期著作之间的关系

《克罗茨纳赫笔记》形成前后，马克思创作了大量的批判性著作，主要是：《黑格尔法哲学批判》手稿（以下简称《1843年手稿》）、《论犹太人问题》和《〈黑格尔法哲学批判〉导言》，这些著作的字里行间体现了马克思思想的深刻转变，这种转变到底是什么促成的一直以来都是研究者热衷讨论的问题，而对于这个问题的任何一种观点都是从分析这些著作本身出发进行讨论的，仔细地研究这些著作是理解马克思这一时期思想特征最直接的方式。《克罗茨纳赫笔记》与这些著作之间呈现出直接联系的状况，为研究者带来了重新解释马克思的这些"思想产品"的可能。② 因此，研究《克罗茨纳赫笔记》与马克思著作之间的关系是国外笔记研究的一个重点问题。一些学者认为，在讨论《黑格尔法哲学批判》这部著作的问题上，笔记是一个具有重要地位的、不能忽略的关键性文本，它在思想层面上影响《黑格尔法哲学批判》中一些观点的形成，逐渐促使马克思发现了黑格尔法哲学存在的本质问题；但是，与此相对的观点是，它只对马克思《德法年鉴》时期的文章产生了一定的影响。之所以产生如此截然相反的观点，就是二者在判定《克罗茨纳赫笔记》的写作时间上发生了分歧，前者认为笔记是写于

---

① 这种类型的著作较多，例如英国学者戴维·麦克莱伦的《马克思传》，美国学者乔纳森·斯珀伯的《卡尔·马克思：一个19世纪的人》，德国学者H.格姆科夫的《我们的一生——马克思恩格斯传记》和《马克思传》，奥地利学者马克斯·比尔的《替时代背书的人》。

② 比如在《论犹太人问题》、《〈黑格尔法哲学批判〉导言》中就直接援引了《克罗茨纳赫笔记》的摘录，把这些笔记摘录与著作的内容联系起来能够更全面地理解著作中的观点。

《1843年手稿》之间的，可能是在研究到《黑格尔法哲学原理》303节的时候创作的；而后者判定的是，笔记是在《1843年手稿》之后写作的，直接影响了《德法年鉴》时期马克思的两篇著作，而如何判定笔记的写作时间带来了理解克罗茨纳赫时期马克思思想发展的诸多问题：怎样理解笔记写作的目的，笔记对马克思著作哪些观点产生了影响，它是否是唯物史观产生的因素之一，它在马克思思想发展史中具有什么样的地位。所以，研究笔记与马克思克罗茨纳赫时期著作之间的关系是确定《克罗茨纳赫笔记》理论地位的前提和关键。

早在 MEGA¹ 第1部分第1卷下册的导言部分，梁赞诺夫就提出了"《黑格尔法哲学批判》手稿的最后部分在写作时间上，同克罗茨纳赫笔记是一致的"① 的观点，因此，这种笔记和手稿之间存在的直接关系要求我们在解读手稿的时候不能忽视笔记的影响，这个结论在《克罗茨纳赫笔记》研究史上开启了一个新方向，而在几十年后研究者讨论"《黑格尔法哲学批判》手稿具体的写作时间"问题时把这个结论推向了高潮。1960年俄国马克思主义研究者尼·拉宾发表《关于马克思写作〈黑格尔法哲学批判〉手稿的时间问题》② 一文，在文中，拉宾既不同意《1843年手稿》写于1841年4月—1842年4月，也不同意写于1842年5月—1843年3月的《莱茵报》工作期间，"因为在这个时期，在对待生活现象的总的态度方面，马克思仍然是一个唯心主义者"③。在他看来，《1843年手稿》是写于马克思退出《莱茵报》之后，"而且基本上是在1843年夏天写成的"④。拉宾所提出的观点的实质是以列宁的"两个转变"的说法为评判标准，马克思早期思想转变在哲学上表现的是唯心主义向唯物主义转变的过程，在《莱茵报》（1843年1月）上最后发表的文章《摩塞尔记者的辩护》中开始具有接近唯物主义的观点，但还具有唯心主义的残余，而到了《1843年手稿》时期，马克

---

① MEGA¹ I/1（2）.Marx-Engels-Verlag G.M.B.H.Berlin 1929.einleitung S.25.
② 《马列著作编译资料》第6辑，北京：人民出版社1979年版，第71—78页。
③ 《马列著作编译资料》第6辑，北京：人民出版社1979年版，第75页。
④ 《马列著作编译资料》第6辑，北京：人民出版社1979年版，第77页。

思已经开始"从唯物主义立场解决在《莱茵报》工作过程中（以及就在批判黑格尔《法哲学》过程中）提出的那些世界观方面的问题"①。他将《克罗茨纳赫笔记》看作是支持他的结论的主要证据，他认为，如果把《1843年手稿》同《克罗茨纳赫笔记》加以对照的话，可以使我们做出结论："马克思在写作手稿特别是手稿的最后几节时，直接利用了在研究历史过程中获得的具体材料。"②《1843年手稿》中有关等级制的分析③，关于城乡对立的原理④以及贵族院的最后一节⑤中都表现了笔记对于手稿的直接影响，在拉宾看来，马克思在创作《1843年手稿》过程中感到自己历史知识的匮乏，从而进行笔记的摘录。因此，在拉宾的这篇论文中，《克罗茨纳赫笔记》是1843年马克思与黑格尔法哲学搏斗过程中的"副产品"，是他自己为了弄清问题进行研究的产物，但是，这个产物的影响远不及此，也深刻地影响了《1843年手稿》之外的其他著作。

1976年，拉宾在他的《青年马克思》一书中继承了1960年他对《克罗茨纳赫笔记》的总体认识，他在这部著作中对笔记的一些情况做了介绍，论述了笔记的主要思想和各部分的内容，将笔记看作是马克思思想发展中的一个重要文本。值得一提的是，拉宾在书中对自己1960年所提出的观点进行了详细的论证（即《克罗茨纳赫笔记》参与到《1843年手稿》的创作过程之中，并且在它的观点形成上产生了深远的影响）。拉宾的工作是从研究手稿复制品的情况出发的⑥，他对《1843年手稿》做了详细的研究之后发现，在手稿的后半部（第23印张）上，马克思结束了对《黑格尔法哲学原理》第303节的分析后，准备接着研究303节以后的部分，在第24印张的头两页上他摘录了《法哲学

---

① 《马列著作编译资料》第6辑，北京：人民出版社1979年版，第76页。
② 《马列著作编译资料》第6辑，北京：人民出版社1979年版，第77页。
③ MEGA^{1}I/1(2).Marx-Engels-Verlag G.M.B.H.Berlin 1929.S.344 und Heft IV.
④ MEGA^{1}I/1(2).Marx-Engels-Verlag G.M.B.H.Berlin 1929.S.344 und Heft IV.
⑤ MEGA^{1}I/1(2).Marx-Engels-Verlag G.M.B.H.Berlin 1929.S.385-387 und Heft V.
⑥ 详细的论证过程参见拉宾的《马克思的青年时代》（北京：生活·读书·新知三联书店1982年版）一书的书后注释2和3。

原理》304—307节的内容并准备进行批判，但是，在写了几行之后，他没有继续写下去，而是中断了写作并做了大量的补充，之后重新回到303一节的研究上去，然后，马克思又摘录了304—306节，但是不是像以前那样连续地摘录，而是一句一句地记下那几节，并且对每一句都做了详尽的分析。① 似乎是马克思在304—307节所得到的新观点促使他不满意自己对303节的论述而重新回到这个部分中去了，而影响远不及此，正是在这部分之后，从内容上看，"马克思对市民社会及其内部结构越来越注意，并打算在批判黑格尔的国家学说之后，一定要'批判黑格尔对市民社会的看法'"②。拉宾暗示了《1843年手稿》前后部分思想水准是不一致的，这种不一致是在《1843年手稿》创作过程中产生的，他认为在以后的行文中可以发现，可能存在外部材料的刺激，这个外部材料就是《克罗茨纳赫笔记》。拉宾在书中分析了每本笔记的主要内容，注意到了《克罗茨纳赫笔记》中的具体史料对马克思《1843年手稿》的创作产生了巨大的影响，尤其提到了第四笔记中摘录兰克编辑的《历史—政治杂志》的内容为《1843年手稿》带来的影响，他认为马克思在第四笔记中对黑格尔评述的思想在手稿的后半部分得到了进一步的阐释，马克思认为黑格尔把现代社会的等级和中世纪的等级混为一谈，"这还是那一套**非批判性的**、**神秘主义**的做法……这种非批判性，这种神秘主义，既构成了现代国家制度（主要是等级制度）的一个谜，也构成了黑格尔哲学、主要是他的**法哲学和宗教哲学**的秘密"③。拉宾指出笔记与手稿之间存在密切联系的证据这一事实，其实质是为了论证"在《黑格尔法哲学批判》手稿中断的那一时期完成了《克罗茨纳赫笔记》的摘录"这一结论，但是对此，拉宾没有举出更多的证据，这使他陷入了"孤证无力"的境地。

---

① 参见《马克思恩格斯全集》第3卷，北京：人民出版社1995年版，第93—94页。
② 拉宾：《马克思的青年时代》，南京大学外文系俄罗斯语言文学教研室翻译组译，北京：生活·读书·新知三联书店1982年版，第169页。
③ 《马克思恩格斯全集》第3卷，北京：人民出版社1995年版，第104页。

MEGA² 《黑格尔法哲学批判》的附属卷部分有关这部手稿产生与流传介绍的长篇论文是由陶伯特所作,他在文中,同样试图运用《克罗茨纳赫笔记》去解读《1843 年手稿》。虽然文中没有明确提到拉宾的名字,但是对拉宾主张的"《克罗茨纳赫笔记》写于《1843 年手稿》之间"的结论进行了彻底地否定。在陶伯特看来笔记应该写于《1843 年手稿》之后的时期,不论从文献本身还是思想内容上都能得到证明。陶伯特列举了以下两点证据论证自己的观点:

(1) 陶伯特首先梳理了马克思退出《莱茵报》之后到去巴黎之前的日程表,发现了他在手稿创作的 1843 年 3 月到 9 月里作过很多次的旅行:1843 年 3 月 17 日退出《莱茵报》后先去了荷兰;1843 年 5 月 10—24 日在德勒斯顿同卢格研究《德法年鉴》的出版问题;5 月底和燕妮居住在克罗茨纳赫筹备结婚事宜;同年 6 月 19 日二人完婚后做了短暂的蜜月旅行。之后 7 月和 8 开始阅读大量的历史和政治类著作做了《克罗茨纳赫笔记》,并于 10 月初动身前往巴黎,在 10 月 11 或 12 日抵达那里。从马克思这个时期的经历看,5 月和 6 月他的活动比较频繁,可能耽误写作计划,使手稿的写作发生中断。所以,即使手稿中 303 节与 304 节之间有中断的话,也不可能发生在 7 月和 8 月之间,而可能是 5 月和 6 月之间。因此,1843 年 7 月和 8 月间创作的《克罗茨纳赫笔记》是否是他为了完成《1843 年手稿》而做的深入研究的结论就值得商榷。

(2) 陶伯特在研究原始文献之后,对于"303 节的评述内容续写到 304—307 节后"的情况做出了与拉宾(他认为这是由马克思研究需要而造成的)不同的解释,在他看来,这种情况出现的原因是与马克思写作习惯有关的,马克思有时在摘引完原文或对它做复述后会把自己评述的地方空出来,之后再补充。那么,事情可能是这样的了:从字体和笔法因素可以看出,他在手稿第 23 印张的开始部分摘录了 303 节后,想把 23 印张整个四页留下来作为他评述的地方,之后在 24 印张头两页写上了 304—307 节的原文。这时马克思回过头来评述 303 节,由于这一段的重要性,马克思写满了整整 23 印张的全部,在 23 印张末尾做了注释提示续接 24 印张，利用了 24 印张剩余的空白部分和 25 印张整张进行了评述，这从这几张纸上留下的字体、墨水和笔法等细节可以看出，从 26 印张开始，重新摘录和评述 304 节。所以，并不是马克思为了解决研究中遇到的问题而转向历史研究，希望在历史中寻找问题的答案的目的所造成的，实际情况，只是他的行文习惯所致。

（3）《1843 年手稿》与《克罗茨纳赫笔记》主题相关的部分（即拉宾意义上的 303 节之后的手稿部分）的写作时间在 1843 年 9 月是很难让人相信的。如果说《克罗茨纳赫笔记》创作的目的是马克思为了继续撰写《黑格尔法哲学批判》的话（即拉宾意义上的为《1843 年手稿》后半部分研究做准备的话），那么，应该在手稿这一部分就可能利用研究过的材料，而实际上，《1843 年手稿》的任何章节中都没有出现直接引自这部笔记的内容，这使得笔记写于手稿之间的说法需要重新为自己寻找合理性。相反，在 9 月以后撰写的著作《论犹太人问题》和《1844 年经济学哲学手稿》中直接引用了笔记的原文，证明了《克罗茨纳赫笔记》应该是创作于《黑格尔法哲学批判》之后，《德法年鉴》时期两篇论文之前。

陶伯特以 MEGA² 版《黑格尔法哲学批判》的编辑者身份撰写的关于手稿产生与流传的介绍，在一定程度上影响着研究者对于《1843 年手稿》的理解。如果仅就《黑格尔法哲学批判》写作时间问题而言，拉宾和陶伯特都依据《克罗茨纳赫笔记》从手稿本身和它与笔记内容之间联系的角度去进行判断，但是却得出了相反的结论。相比而言，陶伯特的观点似乎更具有启发意义，拉宾在总体观念上以唯物主义的成熟度角度从内容方面进行研究是一种主观性的推断，而陶伯特的视角比较宽广，提出的证据也是较客观的，所以，陶伯特的观点更为可信。

依据《克罗茨纳赫笔记》对马克思的克罗茨纳赫时期著作进行研究是国外笔记研究的一个最突出的特点，是笔记研究史上的一个特征，这是由笔记本身的性质所决定的。虽然观点上存在分歧，但是，《1843 年手稿》以及《德法年鉴》时期的两篇文章与笔记之间紧密的联系已经成为研究者们的共识，笔记本身的内容反映的是马克思这一时期思想发展阶段的特点，而在对《克罗茨纳赫笔记》内容研究基础上评定笔记的理论意义，成为了国外笔记研究中一个新的增长点。

二、关于《克罗茨纳赫笔记》的理论定位

国外学者的笔记研究呈现出鲜明的"俄强西弱"的景象。西方似乎是"缺席了这场盛宴"，他们对笔记的研究并不充分，甚至在很多研究类著作中都没有提及笔记。与此形成鲜明对比的是俄国学者在笔记研究上的"一枝独秀"，他们不仅利用笔记从文献学的角度考证《黑格尔法哲学批判》手稿的具体写作时间，讨论二者之间在内容上的关系，而且还把笔记纳入马克思早期思想史的发展中去讨论它的理论意义。因此，俄国学者的研究主导了《克罗茨纳赫笔记》解释权，这种情况的产生似乎是由于"谁掌握着笔记谁就有绝对话语权"所导致的，但是，随着 MEGA^2《克罗茨纳赫笔记》的出版，笔记的情况和内容公之于众，对《克罗茨纳赫笔记》研究那种不平衡的状态正在被打破，逐渐地进入了一个新的研究阶段。

1. 苏联学界的研究状况

俄国学者对笔记研究在解读框架上具有较为一致的特点，即都是建立在梁赞诺夫和拉宾文献学考证基础上的思想解读，这就决定了笔记研究是围绕《黑格尔法哲学批判》手稿展开的，其基本思路是历史政治主题的研究影响了《黑格尔法哲学批判》观点的深入，从摘录的主题上可以看出，马克思关注点与唯物史观的观点具有内在的一致性，因此，笔记的创作为马克思思想转变提供了重要的因素，促进了他向唯物史观的迈进。

首先，在对《克罗茨纳赫笔记》创作动机的理解上，俄国学者的观点基本是一致的，把笔记的创作看成是《黑格尔法哲学批判》（下文简称《1843年手稿》）研究的需要，这一点暗示了他们对于梁赞诺夫以及拉宾等学者关于笔记写作时间推论的支持，在此基础上，对《1843年手稿》进行思想解读。比如，由纳尔斯基、波格丹诺夫和约夫楚克等

共同编写的《十九世纪的马克思主义哲学史》一书中,将笔记创作的动机理解为《黑格尔法哲学批判》研究的需要,他认为,在研究黑格尔的国家观时,马克思意识到了要想证明自己的结论正确,需要更加具体地论证它们,因此马克思转向了历史研究,这种研究不是单纯的史料堆积,而是在史料基础上对比各国的历史,在这种对比中找到历史进程的一般趋势,而此后,马克思得到的对历史规律的认识是:"他的这种理解同他自觉地向一般哲学的唯物主义立场的转变是同时完成的。"①因此,马克思第一次把唯物主义当作了历史研究的方法。同样,苏联学者阿·伊·马雷什在《马克思主义政治经济学的形成》一书中直接指明:"马克思是把揭示历史发展进程的某种规律性和推动力作为自己的目的。"② 彼多谢耶夫认为:"对黑格尔法哲学的批判,促使马克思从历史中去寻找一些实际材料来批驳黑格尔的那套观点。"③ 而梁赞诺夫、拉宾、巴加图利亚、莫洛索夫和鲁缅彩娃等学者也将《克罗茨纳赫笔记》看作是马克思在创作《黑格尔法哲学批判》时的准备性资料,经过笔记研究之后的马克思,思想上体现了新的特点,这深刻地反映在了《1843年手稿》的后半部分。所以,"这不仅是因为这种具体材料给他提供了新的经验性的论据,而且还因为这种具体材料有助于他在理解国家从市民社会的异化过程中确定更深刻和更具体的观点"④。这种观点是以笔记与手稿的写作时间重合作为文献基础,在此基础上还原《1843年手稿》中的思想原型,但自陶伯特关于笔记写作时间的推论发表之后,这种观点首先需要明确怎样面对陶伯特的挑战,才能为自己建立坚实的基础。

---

① 〔苏〕и.C.纳尔斯基等编:《十九世纪的马克思主义哲学》,金顺福、贾泽林等译,北京:中国社会科学出版社1884年版,第74页。
② 〔苏〕阿·伊·马雷什:《马克思主义政治经济学的形成》,刘品大、马健行等译,成都:四川人民出版社1983年版,第30页。
③ 〔苏〕彼·费多谢耶夫:《卡尔·马克思》,孙家衡等译,北京:生活·读书·新知三联书店1980年版,第42页。
④ 〔苏〕и.C.纳尔斯基等编:《十九世纪的马克思主义哲学》,金顺福、贾泽林等译,北京:中国社会科学出版社1884年版,第75页。

其次，一些学者研究了《克罗茨纳赫笔记》的具体内容后指出，笔记的研究带来了马克思思想范式的改变，使他逐渐找到了解决自己思想困惑的出路，而他思想中的一些原创性因素逐渐显现出来，促使马克思建构起了全新的思想结构。阿·伊·马雷什讨论了《克罗茨纳赫笔记》对马克思经济学方面的影响。他认为，马克思在研究德国、英国、法国、瑞典和美国的历史时直接接触到了这些国家的经济性问题，他摘录了其中涉及最重要的事件和历史人物、国王、政府的活动方面的主题，这种研究显示出马克思在解释历史问题相关方面的方向性转变，"他开始把经济看作是理解历史内容的钥匙"①。还有的学者认为，笔记的研究不仅促进马克思政治理论的发展，同样也影响着他的哲学思想，从历史研究中他得出了具体的材料，而"这不仅是因为这种具体材料给他提供了新的经验性的论据，而且还因为这种具体材料有助于他在理解国家从市民社会的异化过程中确定更深刻和更具体的观点"②。而在《黑格尔法哲学批判》中的有些论述已经可以看到马克思对异化劳动问题的分析，所以，《克罗茨纳赫笔记》为他带来经验性材料的同时，也为他发展自己的哲学理论奠定了基础，影响他哲学发展的路径。

再次，《克罗茨纳赫笔记》摘录著作的主题是有关欧洲各国的历史，其中对法国大革命时期的历史摘录尤为突出，这个事实是很多学者都注意到的，以亨利希《法国史》一书开始了笔记的摘录，而且也摘录了别国历史著作中涉及法国大革命史的部分。早在1930年莫斯科出版的《在战斗岗位上》杂志中就连续刊登了A.沃登《马克思和恩格斯论法国大革命》和A.乌达尔错夫的《马克思和勒·勒瓦瑟尔回忆录》两篇文章，探讨了法国大革命和马克思思想发展的关系。在俄国学者看来，法国大革命对马克思思想形成具有深刻影响的直接证据是笔记中关于这一主题的摘录。有的学者认为，马克思之所以重视法国大革命是因

---

① 〔苏〕阿·伊·马雷什：《马克思主义政治经济学的形成》，刘品大、马健行等译，成都：四川人民出版社1983年版，第31页。
② 〔苏〕и.C.纳尔斯基等编：《十九世纪的马克思主义哲学》，金顺福、贾泽林等译，北京：中国社会科学出版社1884年版，第75页。

为它是"政治等级变成社会等级"的证明,是马克思需要完成的理论命题的答案,法国革命是完成了国家的异化,这是从《克罗茨纳赫笔记》研究中得出的结论。还有学者认为,马克思在笔记中是以法国大革命作为历史分界点的,他摘录的著作可以划分为法国大革命前的历史著作和有关法国大革命史著作两种类型,从前者中,马克思理解了历史发生转变需要具备什么因素,讨论了所有制与阶级关系的问题,了解了法国大革命发生的原因;而在后一种类型中,马克思具体摘录了有关革命的过程、结果、影响、政策和革命集团等多方面的内容,丰富了史实,对法国大革命有了全方位的认识。同样,正如莫洛索夫指出,那些法国大革命史摘录的内容促使马克思发现了新的问题:资产阶级革命的局限性——它不可能带来真正意义的普遍平等,在研究过程中他发现了平等问题和财产形式之间存在紧密的联系。

最后,有的学者指出,从总体上看《克罗茨纳赫笔记》对于唯物史观的建构意义。首先,笔记直接提供了马克思思想转变的要素,巴加图利亚在《马克思的第一个伟大发现——唯物史观的形成和发展》一书中在讨论唯物史观形成三个阶段①中第一阶段的克罗茨纳赫时期时指出,从马克思1843—1844年初的著作②中可以看出他的思想已经有了重大的改变,而这个转变是什么因素带来的,又是在哪一部著作中完成的都是十分关键的问题,巴加图利亚通过研究认为这个转变是在《黑格尔法哲学批判》中完成的。并且这个转变是由两个因素促成的,一个是马克思受到了1843年费尔巴哈发表的《关于哲学改革的临时纲要》的影响,学会了其中的"主谓颠倒"的哲学方法,这从《1843年手稿》的字里行间能够看出;另一个是从《克罗茨纳赫笔记》研究中收获的成果,尤其是研究了私有财产和政治的相互关系,这从手稿的后半部分可以确认,这两点促使马克思在《黑格尔法哲学批判》中得出了市民社

---

① 即克罗茨纳赫阶段(《黑格尔法哲学批判》)—巴黎阶段(《1844年经济学哲学手稿》)—布鲁塞尔阶段(《德意志意识形态》)。

② 主要指《黑格尔法哲学批判》、《论犹太人问题》和《〈黑格尔法哲学批判〉导言》。

会决定国家的结论。所以，在巴加图利亚看来，《克罗茨纳赫笔记》是马克思思想转变的刺激性要素，构成了唯物史观形成过程初始阶段的关键性环节。彼得多谢耶夫从唯物主义在马克思思想中比重不断增加的事实出发，讨论笔记的理论价值，他指出，马克思的《黑格尔法哲学批判》中贯穿着一种唯物主义的倾向："出发点应该是对具体现实的分析，而不是抽象的前提，应当是'事物的逻辑'，而不是'逻辑的事物'"。① 而在同一时期他阅读了大量的历史著作，创作了《克罗茨纳赫笔记》，笔记主题反映了他感兴趣问题的范围，体现他想弄清楚社会形成和发展规律的愿望，尤其笔记中的主题索引证明了"马克思的唯物主义观点的形成，不仅是由于他批判了唯心主义的社会学说，而且是由于他本人力求唯物地认识历史现象。"② 所以，马克思在《克罗茨纳赫笔记》研究过程中强化了唯物主义的观点，使他的哲学基本原则发生了转变。

2. 西方学界的研究状况

西方学者对《克罗茨纳赫笔记》的研究从总体上来看，虽然没有像俄国学者那样取得很多成果，但是这也从另一个方面促使笔记的研究避免发出同一种声音。在很长一段时间里笔记的史料性意义远远大于笔记的理论意义，随着西方学者了解了俄国《克罗茨纳赫笔记》的研究情况，他们在这个基础上将笔记研究逐渐地推进到了理论层面的讨论，但是这些成果从整体上看还没有超出俄国笔记研究所讨论的范围，似乎是俄国笔记研究的一个继承和回应。

西方史学界在研究马克思思想中的法国革命史问题时关注到了《克罗茨纳赫笔记》，比如 1939 年 J.蒙特罗的《法国革命和马克思的思想》，1961 年的奥·科尔纽的《卡尔·马克思对法国革命和罗伯斯庇尔的态

---

① 〔苏〕彼·费多谢耶夫：《卡尔·马克思》，孙家衡等译，北京：生活·读书·新知三联书店 1980 年版，第 42 页。
② 〔苏〕彼·费多谢耶夫：《卡尔·马克思》，孙家衡等译，北京：生活·读书·新知三联书店 1980 年版，第 43 页。

度（1843—1845 年）》，1965 年 W. 马尔科夫的《雅克·卢梭和卡尔·马克思。论把疯人派写入〈神圣家族〉》等著作中都提到了《克罗茨纳赫笔记》中对法国大革命史的研究情况。有些学者对《克罗茨纳赫笔记》中的法国革命史研究做了较高的评价，认为它是马克思主义的来源之一，但是也有学者认为，马克思从法国革命史中得到的革命观点不具有独创性，是一种雅各宾主义的延续，不是在自己思想的基础上提出的。而在这个问题视角下，西方学者讨论了马克思理论中的无产阶级、黑格尔以及与唯物史观关系等很多方面的问题，因此，《克罗茨纳赫笔记》在历史学领域中具有一定的理论地位。

有的学者没有把《克罗茨纳赫笔记》纳入解读马克思思想的经典文本行列之中。如果说在 MEGA[1] 将笔记公之于众之前，西方和俄国的笔记研究事业处于同一起跑线上的话，那么，西方学者在知道笔记存在后还表现了漠视态度的这个状况，则深深地影响了他们对于笔记研究的进程，让他们落在了俄国学者的后面。这种情况我们从介绍马克思的一些传记类著作中可以看出，比如，1967 年以海因里希·格姆科夫为代表的一批德国学者撰写的《马克思传》中只用了一句话介绍《克罗茨纳赫笔记》[1]，把笔记看成是黑格尔国家哲学和法哲学批判工作展开的基础；而同样由海因里希·格姆科夫完成的《我们的一生——马克思恩格斯传记》一书中用更为吝啬的笔调提到了笔记的存在[2]，只是简单地指出，它是为新出版刊物所做的准备性文章所进行的工作，甚至连这些文章的名字都没有提及，这会为读者留下这样的印象：笔记只是马克思研究过程中的资料性搜集，并没有对马克思同时期的著作产生多大的影响，因此，可以把笔记从研究马克思思想发展必读的书目中排除出去。

---

[1] 参见〔德〕海因里希·格姆科夫：《马克思传》，易廷镇、侯焕良译，北京：生活·读书·新知三联书店 1978 年版，第 43 页。

[2] 参见〔德〕海因里希·格姆科夫：《我们的一生——马克思恩格斯传记》，舒昌善译，天津：天津人民出版社 1983 年版，第 47 页。

1968 年，英国马克思主义研究者戴维·麦克莱伦的《马克思主义以前的马克思》出版。在这部著作中，麦克莱伦梳理了马克思从青年时期到《巴黎手稿》写作完成时期的这段历史，对马克思这一时期的主要著作进行了仔细的研究，把《巴黎手稿》看作是马克思主义形成的关键性文本，这部著作在马克思主义英语研究世界中具有开创性的地位，是一部经典的马克思主义研究著作。书中虽然连《克罗茨纳赫笔记》的名字都没有提到，只是提到马克思在克罗茨纳赫时期进行历史研究留下了一些研究笔记，但是作者在论述《黑格尔法哲学批判》时写下的一个注释中提到了对于《1843 年手稿》的写作时间的争论并做出了自己的判断：梁赞诺夫运用笔记考证手稿写作时间并得出手稿写于 1843 年 7 月和 8 月的结论。而在 E.莱瓦尔特的《论马克思的国家和社会体系》以及 S.兰沙特的《卡尔·马克思的早期》这两篇文章中，两位作者从史实上指出了梁赞诺夫的问题：一方面，马克思 1842 年 8 月致卢格的信中间接谈到对黑格尔自然哲学的批判差不多快完成了；另一方面，由于马克思那个时期琐事的困扰，他根本没有时间写那样长篇详尽的东西。麦克莱伦对 E.莱瓦尔特和 S.兰沙特的推论表达了否定的态度并解释了原因。① 这个注释讨论《黑格尔法哲学批判》手稿的写作时间问题，援引了梁赞诺夫的推论，虽然没有具体的论述，但在一定程度上引起了麦克莱伦的注意。而在他不久之后出版的《马克思传》中，直接利用了《克罗茨纳赫笔记》对《黑格尔法哲学批判》进行了解读。麦克莱伦的《马克思传》这部书的意义，正如当时他在序言中所说的那样："自从 1918 年以德文原文首次出版梅林的《马克思传》以来，还没有一部涵盖马克思生活的各个方面的英文传记。"② 这部著作在解读《黑格尔法哲学批判》手稿部分时，麦克莱伦延续了 1968 年著作中

---

① 参见〔英〕戴维·麦克莱伦：《马克思主义以前的马克思》，李兴国等译，北京：社会科学文献出版社 1992 年版，第 111 页注释 3。
② 〔英〕戴维·麦克莱伦：《马克思传》，王珍译，北京：中国人民大学出版社 2013 年版，第 1 版序言。

的认识，认为《克罗茨纳赫笔记》促使马克思解决了黑格尔法哲学中的立法权问题，马克思批判黑格尔将"立法权看成是国家和市民社会的中介"的观点，认为黑格尔的错误在于先验地预设了二者的分离并用中介去调和二者。为了批判黑格尔的这种观点，马克思进行了历史研究，完成了《克罗茨纳赫笔记》。麦克莱伦这种依据笔记解读《1843年手稿》的方式虽然不是他最早提出的，但是，在第一部面向英语读者的著作中介绍这种观点，它带来的启迪作用是可想而知的。

第四章　国内研究状况

早在20世纪80年代初期,《克罗茨纳赫笔记》的第四笔记已经被翻译成中文并公开发表,国外相关的一些研究性的解读文献也开始译介并刊印在国内专业性的马克思主义研究资料中,但是这些资料并没有引起我国马克思主义研究者的重视,只是在一些解读马克思早期思想历程的著作予以概述①,并没有做深入的解读。究其原因,一方面,传统教科书体系为我们"钦定"的经典文本中并没有摘录笔记的一席之地,摘录笔记只是为马克思学术研究而服务的,被看作是研究过程中的"附属品",并不具有独立的意义;而且通过中译文《克罗茨纳赫笔记》第四笔记可以看到,笔记中只言片语的评述很难形成集中的观点纳入马克思的整体思想中,因此,学术界研究的关注点还是集中在马克思成形的著作上。另一方面,随着《马克思恩格斯全集》40—50卷的出版,马克思早期的一些手稿、笔记、书信为我国马克思主义研究者提供重新解释早期马克思思想的条件,人们急于从这些新文献中寻找可以重构马克思的基础性文本,在当时,研究的焦点汇聚在《1844年经济学哲学手稿》第一笔记中的异化理论上。因此,异化理论研究这股热潮,使得很难有其他理论可以与之争短长,这也影响了学者们对《克罗茨纳赫笔记》的研究,忽视了大家对笔记的认识。直到20世纪80年代中期才开始有学者对《克罗茨纳赫笔记》进行思想解读,所以,我国对《克罗茨纳赫笔记》的研究相比于国外学者的研究晚了将近半个世纪。

---

① 可参阅肖灼基:《马克思青年时代》,郑州:河南人民出版社1982年版,第75—76页;姜丕之:《马克思与黑格尔》,北京:中国青年出版社1983年版,第31—32页。

1985年第4期《马克思主义研究》中,学者马延斌发表了《历史科学研究在马克思主义形成过程中的重要作用》一文,在文中以MEGA² 《克罗茨纳赫笔记》为研究对象,详细地介绍了有关笔记的具体内容,分析了笔记与同时期马克思著作之间的内在关系,将《克罗茨纳赫笔记》与《黑格尔法哲学批判》手稿两个文本看作是历史唯物主义形成的开端,认为对《克罗茨纳赫笔记》的忽视会失去历史唯物主义形成的一个环节,因此,笔记是不应该被忽视的文本。虽然作者对笔记有较高的评价,但是,这篇文章在当时并没有引起大多数学者对于《克罗茨纳赫笔记》的关注,没有使笔记的研究进入一个新的局面。虽然如此,这篇文章中表现的关注《克罗茨纳赫笔记》,从政治历史语境中考察马克思思想生成过程的呼唤,为早期马克思思想阶段的研究提供了一个新的切入点。在此之后一段时期,一些马克思思想史方面研究性的著作,在讨论马克思恩格斯早期思想转变的章节中都引入了《克罗茨纳赫笔记》的研究部分。①

我国对《克罗茨纳赫笔记》思想解读方面的研究最具有代表性的著作有两部,一部是黄楠森教授主编的《马克思主义哲学史》(八卷本)第一卷,另一部是张一兵教授的学术代表著作《回到马克思》。黄楠森教授是我国马克思主义史研究专家,由他主编的马克思主义哲学史影响了我国几代马克思主义研究者,第一卷中撰写《克罗茨纳赫笔记》研究部分的学者是靳辉明教授,他对笔记的论述和分析是充分翔实的,可以代表我国《克罗茨纳赫笔记》研究早期阶段的水准。他在结合了MEGA² 《克罗茨纳赫笔记》的相关文献信息,以马克思自己所做的笔记索引为线索,把笔记主题划分为所有制、阶级和阶层、国家和法三个部分,在分析了各个部分的特点之后指出,《克罗茨纳赫笔记》既为正

---

① 可参阅叶汝贤、何梓焜:《马克思主义哲学发展史(1837—1949)》,广州:中山大学出版社1986年版,第40页;雷永生:《历史唯物主义形成史稿》,石家庄:河北人民出版社1987年版,第78—84页;陈先达:《走向历史的深处——马克思历史观研究》,上海:上海人民出版社1987年版,第63—64页;黄凤炎、张战生:《反思与超越——马克思的思想轨迹》,北京:中国工人出版社1988年版,第48页。

在创作的《黑格尔法哲学批判》提供了经验材料和证据,又为后来新的工作打下基础,是马克思完成世界观转变的直接理论准备工作。值得一提的是,撰写者接受了拉宾认为笔记写在《黑格尔法哲学批判》手稿之间的考据结论,分析了笔记是如何对《黑格尔法哲学批判》手稿产生影响的。在世纪之交出版的《回到马克思》一书是我国马克思主义研究阶段性的一部著作,作者发掘马克思思想中非哲学因素,在经济学语境中重新理解和解释马克思的思想,描绘全新的马克思思想的历程,这部著作对当时的理论界产生了巨大的影响。张一兵教授认为,马克思的思想转变并不完全是受费尔巴哈思想引领的,在克罗茨纳赫时期,马克思的政治—历史学摘录笔记具有举足轻重的地位,马克思在历史研究中确证了自己的理论,从社会现实的路径超越了费尔巴哈的唯物主义立场,是《黑格尔法哲学批判》手稿的"主体部分中唯物主义批判逻辑的真实发源地"[①]。

近年来,我国学者对于《克罗茨纳赫笔记》的研究主要包括以下几个方面:

一、《克罗茨纳赫笔记》在马克思思想发展史中的地位与影响

伴随着马克思研究的不断深化与研究领域的不断扩展,《克罗茨纳赫笔记》研究"姗姗来迟",重估《克罗茨纳赫笔记》在马克思思想发展史中的地位与影响,将其纳入马克思思想解读的经典著作是开启研究之门的一把钥匙。有的学者以《克罗茨纳赫笔记》、《黑格尔法哲学批判》手稿、《德法年鉴》上的《论犹太人问题》和《〈黑格尔法哲学批评〉导言》为基础文本,以马克思的历史研究工作作为主要线索,探究历史研究在马克思主义形成中的重大作用,认为历史研究是历史唯物主义生成的基础性工作。在此基础上,研究者详细系统地介绍了《克罗茨纳赫笔记》的一些状况,围绕五个笔记本中马克思摘录的语句和简短

[①] 张一兵:《回到马克思》,南京:江苏人民出版社2009年版,第141页。

的评述，发掘出历史唯物主义形成的因素。而在笔记中形成的历史认识，直接影响了不久以后的《黑格尔法哲学批判》手稿，因此，笔记是马克思历史研究中不能忽视的一个环节。研究者认为这两部著作是密切相连的同一级别的著作，是马克思为了弄清国家问题而进行的黑格尔法哲学批判所形成的研究成果，最为本质的意义在于它是马克思转向唯物主义的标志，是制定历史唯物主义的真实开端，对转向共产主义具有推动作用。但是这种理解方式也存在一些问题，比如对笔记只是进行了文本本身的思想解读，并没有在思想史的角度上探讨马克思思想的前后关联；在研究中也没有注意费尔巴哈对马克思思想的深刻影响；"早熟"的马克思主义者的问题，以"所有制"作为理解笔记的一条主线，在此基础上着重讨论阶级、国家与法的问题的解释框架，恰恰是之后历史唯物主义所要表达的，出现误读的原因可能在于没有客观认识当时的经济学研究对马克思思想具有怎样的影响。此时，学者强烈地表达了对《克罗茨纳赫笔记》研究的夙愿，而且在研究之初就勘定了很高的研究基调，使得研究《克罗茨纳赫笔记》具有了重大的学术意义。但是这种急切心情的表达在当时并没有形成广泛的影响，《克罗茨纳赫笔记》的研究还在"蛰伏"之中，没有形成马克思主义研究的生长点。

《克罗茨纳赫笔记》的第一次研究高潮是在世纪之交到来的，开始有研究论文和著作涉及笔记的问题。随着西方马克思主义研究在我国逐渐兴起，我们听到了与传统的教科书体系不一样的学术回声，马克思主义研究格局逐渐形成并开始分野，传统的学术观点开始面对新的研究结论的挑战。列宁在划分马克思思想发展阶段时认为，1842—1843年马克思发表在《莱茵报》上的文章，"可以看出马克思开始从唯心主义转向唯物主义，从革命民主主义转向共产主义"[1]。我国学术研究接受了"两个转变"的观点，认为在马克思思想转变的过程中，费尔巴哈的影响是无比巨大的，《基督教的本质》和《关于哲学改造的临时纲要》两部著作对马克思思想转变具有推动作用，是转向唯物主义的关键性要

---

[1] 《列宁全集（论马克思主义卷）》第21卷，北京：人民出版社2009年版，第39页。

素，而费尔巴哈的"主谓颠倒"的哲学方式又刺激了《黑格尔法哲学批判》的诞生，让马克思开始从黑格尔哲学的怀抱中逐渐挣脱出来，因此，马克思"两个转变"的关键性要素是费尔巴哈，但是"费尔巴哈的警句只有一点不能使我满意，这就是：他强调自然过多而强调政治过少。然而这是现代哲学能够借以成为真理的唯一联盟"①。费尔巴哈在社会历史领域的唯心主义观点似乎又制约了马克思思想的转变，因此，费尔巴哈在社会历史领域对马克思的影响该怎样评价应该重新为人们所认识，如果限制了费尔巴哈的影响范围的话，研究者开始思索是否有其他因素的影响，那么，"马克思思想转变的原因应该是什么"成为了研究者重新关注的旧问题，一些研究者通过《克罗茨纳赫笔记》的探索回应了这个问题。

有的学者从思想发展史的角度出发，指出马克思思想转变有两个原因，一个原因是《莱茵报》时期现实问题的困惑，另一个原因是《克罗茨纳赫笔记》中的历史学研究。《克罗茨纳赫笔记》是以法国大革命为摘录线索的，焦点意识是欧洲封建国家的社会史和英、法、瑞典、威尼斯和波兰的封建政治史，围绕这些历史研究，马克思思想转变不是简单地、完全地依靠外因的"费尔巴哈"，而是这些历史研究自发生成和出现的，是在真实的历史研究中自觉地接受了唯物主义的前提，从而超越肯定了费尔巴哈的唯物主义，在对社会历史现实研究中完成了思想的转变，从而为不久以后的《黑格尔法哲学批判》提供了逻辑前提。而这个逻辑前提可以概括为"费尔巴哈的主谓颠倒方法+《克罗茨纳赫笔记》的研究成果"，二者之间的关系是相辅相成的。一方面，费尔巴哈的主谓颠倒方法是马克思进行历史研究，创作《克罗茨纳赫笔记》的原因，是费尔巴哈的唯物主义方法论激活了马克思思想中潜藏的唯物主义因子，促使马克思回归历史研究，确证自己的思想成果；另一方面，在《克罗茨纳赫笔记》研究中发现了所有制与国家和法的真实关系，从而将费尔巴哈主谓颠倒方法引入了社会历史领域，把费尔巴哈的实体

---

① 《马克思恩格斯全集》第47卷，北京：人民出版社2004年版，第53页。

性"物"解释为私有制,即一种社会经济关系,逐渐接近了历史唯物主义。这种把《克罗茨纳赫笔记》引入马克思思想形成过程之中的做法固然可以很好地说明笔记的意义,衡量笔记在马克思思想史中的地位,但是,这只是从理论上说明,没有分析笔记的具体内容,缺少比较笔记与主要文本的联系。

世纪之交的研究高潮之后,学术界对《克罗茨纳赫笔记》逐渐有了新的认识,开始意识到马克思这个摘录笔记的重要意义,在研究马克思早期思想发展时不能无视克罗茨纳赫研究的成果,把《克罗茨纳赫笔记》逐渐纳入到解读马克思不可或缺的经典文本的序列之中。在此之后,对笔记的研究从重估笔记在马克思思想发展史中的地位与意义开始走向了具体的研究,探究笔记本身对于马克思思想中各个重要组成部分的影响。

二、《克罗茨纳赫笔记》对马克思政治学和经济学研究的影响

进入 21 世纪之后,《克罗茨纳赫笔记》研究进入了一个崭新的阶段,很多学者注意到马克思的这部政治历史摘录笔记,逐渐开始利用笔记去解读马克思早期思想发展,对笔记进行系统的研究。通过以前的研究可以看出,在马克思不同时期的著作中《克罗茨纳赫笔记》都被不同程度地利用了,因此可以说,《克罗茨纳赫笔记》影响了马克思理论体系中众多思想,是一些重要思想形成的起始点,而对起始点的探究是理解马克思思想深层机制的关键所在,一些学者通过对这些摘录笔记的研究,发展了马克思的一些思想。具体而言,《克罗茨纳赫笔记》的理论意义在于丰富了马克思的政治学和经济学的学说。

1. 对马克思政治学研究的影响

对马克思政治学来说,《克罗茨纳赫笔记》研究促进了马克思的民主理论发展。有的学者从笔记本身的摘录内容入手分析笔记对马克思民主观的促进作用,认为克罗茨纳赫时期是马克思民主观形成的最初阶

段，对民主观的研究客观地表现在这一时期的《克罗茨纳赫笔记》中，为马克思批判黑格尔的国家理论提供了理论依据，而对人民主权、自由、平等思想的研究是马克思民主理论的重要内容。马克思民主观是在研究法国历史的过程中形成的，其直接的理论来源是以卢梭为代表的政治思想家的学说，在第四本笔记上，马克思对法国革命时期的思想家理论的研究构成了其民主观的理论基础，研究者以马克思在笔记中做的《主题索引》为指示，认为马克思考察了包括法国革命时期"人民主权"和代议制在内的历史事实，指出了资产阶级民主革命的局限性；在笔记中，马克思借鉴了以基佐、米涅和梯叶里为代表的复辟时期历史学家的理论，在此基础上，丰富了人民理论和阶级学说，并对他们的社会物质关系思想十分重视。因此，《克罗茨纳赫笔记》对于马克思民主理论的确立具有重要的意义。

从马克思思想发展的角度来看，在克罗茨纳赫时期，马克思创作的重要著作是《黑格尔法哲学批判》手稿和《德法年鉴》中的《论犹太人问题》与《〈黑格尔法哲学批判〉导言》两篇文章，这几篇著作都是反思《莱茵报》时期的政治实践的成果，是马克思从理论上分析现实问题的产物。通过对这些著作的分析可以看到，这些著作蕴含的政治学主题与《克罗茨纳赫笔记》摘录的问题意识是一致的，因此，讨论《克罗茨纳赫笔记》与1843—1844年马克思政治思想形成过程之间的关系是很有价值的研究课题，《克罗茨纳赫笔记》已被列入分析马克思政治学中的国家理论生成和阶级理论的基础文本。有的学者指出，马克思国家理论的核心命题——"市民社会决定国家"的提出和确立有四个阶段：《莱茵报》时期的经验认识—《克罗茨纳赫笔记》的历史确证—《黑格尔法哲学批判》的理论批判—《德法年鉴》时期的哲学升华，因此，《克罗茨纳赫笔记》提供的历史材料是确证这一核心命题的重要条件。马克思做了《法国史》、《威尼斯共和史》、《最近五十年的历史》和《论法国的复辟时期》等著作的摘录，从资产阶级的形成史和法国大革命史两个角度证明了"市民社会决定国家"这一命题，从此，马克思开始摆脱黑格尔国家理论的影响，找到了发现国家秘密的钥匙，开始了自己国家理论学说的建构。还有学者指出,《克罗茨纳赫笔记》为《论犹太人问题》提供了历史素材,但是,如果把《克罗茨纳赫笔记》的政治批判观点①与《论犹太人问题》中的政治批判观点进行对比的话,会发现《论犹太人问题》缺少笔记所具有的阶级分析的视角:笔记把政治概括为资产阶级与封建贵族、人民大众与资产阶级对立和斗争,而《论犹太人问题》则把政治国家看成是实现人的类生活的、具有抽象普遍性的中介物,是人实现自身的手段。

2. 对马克思经济学研究的影响

马克思在经历了《莱茵报》时期对物质利益发表议论的难题之后,重新反思自己以前信奉的黑格尔法哲学理论,进行了《黑格尔法哲学批判》手稿的创作,但是,恩格斯的《国民经济学大纲批判》所展现的经济学思想在分析社会时的理论魅力深深地吸引了马克思,开阔了马克思的理论思路,使马克思开始了终其一生的经济学探究工作。传统观点认为马克思的经济学研究开始于巴黎时期,但是,如果分析《克罗茨纳赫笔记》中马克思的摘录特点的话,可以发现当时"所有制"问题已经进入了马克思的视野之中,成为了马克思新的关注点,促使马克思的学术注意力开始转移,似乎强化了马克思经济学研究的渴望。

我国的一些学者认为,《克罗茨纳赫笔记》的一些摘录为历史唯物主义提供经济历史的语境,在第四笔记中,似乎是受到费尔巴哈方法论的影响,马克思已经开始自觉形成了"现实"决定"观念"、"事物"决定"逻辑"的唯物主义思想;这些历史素材让马克思认识到国家与市民社会的真实关系,反过来加深了马克思对于所有制的关注。在摘录笔记中,马克思特别注意各个国家不同时期的所有制的产生和形式变化的问题,并在这个基础上研究了阶级构成、法律和政治斗争对所有制的依赖等问题,逐渐形成了所有制决定政治和历史的"历史的"唯物主

---

① MEGA²IV/2 导论分析了《克罗茨纳赫笔记》中有关法国大革命对马克思政治立场转变的决定性影响,主要表现在阶级利益与财产的关系、平等和人民主权三个问题上。

义观点①，得出经济利益对国家发展产生重大影响的结论。还有的学者从马克思与笔记中的思想家之间的关系的角度出发，指出，马克思受到了复辟时期历史学家从社会物质关系出发来研究社会历史的方法论的影响，可能《德意志意识形态》中马克思给予高度评价的写出了市民社会史、商业史和工业史的法国人和英国人指的应该就是《克罗茨纳赫笔记》中涉及那些思想家。马克思经济学研究的结晶是《资本论》，《资本论》的创作是一个漫长的过程，《资本论》创作的起点问题也是众说纷纭，莫衷一是。有的学者通过分析《克罗茨纳赫笔记》与《资本论》之间的关联研究在学术界也可谓是独树一帜。《资本论》是马克思经济学研究的最高成就，是他毕生心血浇铸而成的巨著，经济学研究的开始也就是《资本论》创作的开始。在《资本论》的创作过程中，与传统的观点相反，马克思的经济学研究起点似乎不应该是《巴黎笔记》，而应该是之前的《克罗茨纳赫笔记》，因为，马克思通过对历史和政治的研究，认识到了阶级斗争和政治斗争与经济利益紧密相连，所有制对社会历史发展具有重要意义，得出了不是国家决定市民社会，而是市民社会决定国家，政治制度是受市民社会决定的观点。《克罗茨纳赫笔记》的意义在于：一方面，为历史唯物主义的创立打下了坚实的基础；另一方面，推动了《黑格尔法哲学批判》手稿中到市民社会中找答案的渴望，是马克思转向经济学研究的动因。

讨论马克思思想中的经济学研究究竟是怎样推进他思想前进的课题似乎是马克思思想研究经久不衰的问题，我国学者对这个问题的回应利用了《克罗茨纳赫笔记》，扩大了马克思经济学研究的范围，给经济学研究提供了历史的因素，使置于经济史视域下的各个时期和地域的人类社会彼此联系起来，这是我国一些学者的理论共识。

---

① "历史的"唯物主义与历史唯物主义的区别在于，前者是马克思让唯物主义进入了历史的领域，弥补了费尔巴哈唯物主义的缺憾，后者即是马克思和恩格斯的科学的社会历史观。

三、《克罗茨纳赫笔记》的文献学研究

近年来,马克思主义文献学研究在我国理论界悄然兴起,逐渐形成一股强劲的研究潮流,我国理论界最早接触到的《克罗茨纳赫笔记》研究恰恰就是俄国学者拉宾对于笔记的文献学研究。但在当时并没有引起研究者过多的注意,直到近年来文献学研究的蓬勃发展带来了对《克罗茨纳赫笔记》新的认识,从一定程度上来讲,以《克罗茨纳赫笔记》文献学信息的应用为基础进行马克思早期思想解读(尤其是解读同一时期创作而成的《黑格尔法哲学批判》)是我国《克罗茨纳赫笔记》研究近年来兴起的一个重要特点。

我国学者最早关注《克罗茨纳赫笔记》文献学研究问题是有关笔记册数的讨论。MEGA²IV/2 作为首次全部出版《克罗茨纳赫笔记》原文的权威版本,其编辑者根据马克思为笔记所做的编号以及标题页或者封面上①的记录"克罗茨纳赫.7月.1843"或"克罗茨纳赫.7月.8月.1843"这两点信息认为《克罗茨纳赫笔记》共有五册,这个推断不论从笔记本本身的自然情况还是从笔记所摘录的内容之间的联系来看,都具有很高的可信度。但是,我国一些学者并不支持这种看法。MEGA²IV/2 的编辑者认为,马克思在巴黎时期表露过要写作国民公会史的意愿,似乎《巴黎笔记》第三册和第四册中对于这个主题留下了马克思的一些十分详细的摘录,这种讨论应该是克罗茨纳赫政治历史研究的一种继续。但是,我国一些学者认为,第三册笔记和第四册笔记讨论的主题并不一致,包含政治学和经济学两部分,这两部分并不是在巴黎时期同时完成的。在克罗茨纳赫时期,马克思已经做了"勒瓦瑟尔笔记"和"色诺芬尼笔记",但是在当时并没有完全地使用完这两个笔记本,每个笔记本都留下了一些剩余的部分,在巴黎时期这些剩余的部分被马

---

① 第五本笔记除外。

克思重新利用①，这也就是《巴黎笔记》中为什么会摘录经济学著作以外的政治和历史的著作的原因。而 MEGA²IV/2 对于这种情况的解释并不能够令人满意，只是从事实中的推测，没有文献学证明，并且《巴黎笔记》第三册"勒瓦瑟尔笔记"部分和第四册"色诺芬尼笔记"部分在内容上与《克罗茨纳赫笔记》的内容具有高度的一致性，所以，我国学者大胆地认为这两册笔记原属于《克罗茨纳赫笔记》，因此，《克罗茨纳赫笔记》实际上是七册，应该把《巴黎笔记》的"勒瓦瑟尔笔记"部分和"色诺芬尼笔记"部分置于《克罗茨纳赫笔记》中，看作是马克思克罗茨纳赫时期的学术成果，只有这样才符合马克思思想发展的轨迹。这种对文献的考据性研究在当时可谓是独树一帜，是对国际研究前沿的一种回应。

另一些学者则是以《克罗茨纳赫笔记》与《黑格尔法哲学批判》手稿写作顺序的讨论为切入点进行思想解读。一些学者直接接受了俄国马克思主义研究专家尼·拉宾在《青年马克思》中所推测的"《克罗茨纳赫笔记》与《黑格尔法哲学批判》手稿是在大体同一时期交叉写作的"的文献学观点，并以这个文献学观点为出发点对马克思思想进行解读。1842—1843 年前后，作为黑格尔左派"法哲学批判谱系"中一员的马克思为自己设定的是怎样解决人的"政治异化"这个理论问题，开始对黑格尔法哲学进行深刻的批判，从黑格尔法哲学体系的结构来看，不论是家庭还是市民社会最终都要扬弃于国家之中，因此，对国家问题的研究应该是理论的批判目的，而这次批判的直接产物就是《黑格尔法哲学批判》手稿。但是，马克思在此之后《德法年鉴》的两篇文章——《论犹太人问题》和《〈黑格尔法哲学批判〉导言》中所表现

---

① 第三册笔记共有 9 张 17 页，其中第 6 页只有 6 行，第 18 页只有一个标题，没有封面，分两栏书写。第一部分为勒奈·勒瓦瑟尔的《前国民议会议员"回忆录"》（四卷，巴黎，1828—1831 年），共 5 页，之后记下的是第二册笔记中亚当·斯密《国富论》余下的部分，共 11 页。第四册笔记共有 35 页。没有封面，一部分分为两栏，另一部分是三栏，第一部分为色诺芬尼的《雅典的色诺芬尼著作选》等四部论著，有 1.5 页。第二部分是大卫·李嘉图的《政治经济学及赋税原理》（两卷，巴黎，1835 年），共 17 页。最后是詹姆斯·穆勒的《政治经济学原理》（巴黎，1832 年），共 17 页。

的更多的是对市民社会的关注，因此，在这一时期马克思思想存在一个转变过程，传统的解释认为有三个原因促成这次转变：一是《莱茵报》的政治实践使马克思关注物质利益问题，而物质利益问题与市民社会有关，要解决这一问题就要研究市民社会和国民经济学；第二个原因是马克思从1843年2月出版的费尔巴哈《关于哲学改造的临时纲要》中学到"主谓颠倒"的方法，认为黑格尔法哲学中国家决定市民社会的唯心主义结论应该被置换为市民社会决定国家，与国家相比市民社会更为根本；第三个原因是恩格斯《国民经济学批判大纲》的刺激。我国的一些学者在继承这种理论推论的基础上，利用了《克罗茨纳赫笔记》与《黑格尔法哲学批判》手稿之间存在交替写作的可能推论，将《克罗茨纳赫笔记》看作是马克思思想转变走向市民社会研究的契机。他们指出，马克思对市民社会的关注正是由于《克罗茨纳赫笔记》中的政治—历史研究所促成的，《黑格尔法哲学批判》手稿的创作分两个阶段，第二阶段中马克思进行的丰富的政治学、历史学和法学的论述，正是《克罗茨纳赫笔记》所促成的，在第一阶段完成以后，马克思开始进行《克罗茨纳赫笔记》的摘录工作，丰富的史实加深了马克思对市民社会和国家之间关系的认识，现实历史中市民社会对历史变革起到了关键的作用，市民社会在人类历史发展中具有更为基础的地位，所以，马克思才开始转向市民社会的研究，直到巴黎时期和布鲁塞尔时期，马克思都表现了对市民社会的重视。因此，正是经过《克罗茨纳赫笔记》洗礼之后，在《黑格尔法哲学批判》手稿的第二部分中，马克思第一次自觉地获得了关于社会历史的唯物主义看法。这种观点透过马克思直接的历史研究看到了他让自己的思想逐渐成熟起来的可能，马克思思想中更为根本的应该是经济学研究，通过对经济学的批判马克思才能诞生自己把握历史与社会的独特方式，在政治—历史研究到历史唯物主义之间恰恰是存有《1844年经济学哲学手稿》的浸染这一研究过程，而这一研究过程不仅仅是由于马克思自身的"顿悟"，而且应该有黑格尔这个外因的刺激。我国学者的这种观点与传统观点的思路是一致的，都是依靠马克思自身生发出思想转变的可能，这样固然可以彰显马克思的伟大，但是如果梳理马克思思想发展的逻辑，我们可以看到马克思在《黑格尔法哲学批判》中"遭遇"到的黑格尔可能更能促使马克思走向市民社会研究，而这是我国大多数学者都忽视掉的一个重要环节。

还有的学者认为通过《克罗茨纳赫笔记》洗礼的马克思已经具有了理解历史分期的历史唯物主义的因素。拉宾对《克罗茨纳赫笔记》进行考察的理论背景是当时俄国理论界的历史唯物主义的争论，拉宾的潜在目的是挑战以卢森贝为代表的一派学者的观点。这派学者认为马克思早期思想中缺乏"经济社会构成体"的认识，所以不可能产生科学的历史分期理论，只有随着经济学研究的深入，尤其是生产关系概念的逐渐成熟之后，马克思才能拥有自己的历史阶段认识。而拉宾通过笔记和《黑格尔法哲学批判》手稿的文献学推论发现了经过历史知识洗礼后的马克思，从《克罗茨纳赫笔记》大量历史事实中发现了"所有制"形式对于历史分析的独特意义，以此为线索发现了在此时马克思已经拥有了自己的独特的"历史分期理论"。而这种"历史分期理论"与围绕生产方式来划分历史阶段的传统认识不同，它是从"人"的视角出发，以"个体的所有制"形式为标准来划分历史阶段的，从宏观上界定马克思此时的"历史分期"具体为"四个阶段"① 和"五种社会形态"。我国有的学者在拉宾的文献学推论基础上，从经济学角度分析了马克思"历史分期理论"。认为理解马克思克罗茨纳赫时期历史认识的关键不应该完全地局限于《克罗茨纳赫笔记》本身，更为重要的文本应该是经过笔记洗礼后的《黑格尔法哲学批判》手稿的第二部分，在这部分中马克思思想体现的是一种个体与社会关系为中心的市民社会理论，其基本的特点是以个人和社会的不同结合方式②及其之间的优先次序③作为划分不同历史阶段的标准，所以，马克思在克罗茨纳赫时期的历史分

---

① 包括古希腊罗马（古代）、封建社会（中世纪）、新时代社会（现代）和未来的社会（民主制）四个阶段。

② 类似《政治经济学批判大纲》意义上的"依赖关系三阶段论"。关键在于人与人之间的交往是面对面的直接人格之间的交往，还是需要一定的中介才能使人产生联系的交往异化。

③ 是个体优先于社会关系，还是社会关系优先于个体。传统社会的社会关系优先于个体，近代社会是个体优先于近代社会关系，未来社会则是个体与社会的自由发展。

期认识不是"四个阶段五种社会形态",而是三种"社会形态",即"传统社会—市民社会—未来社会"。而以三种"社会形态"的角度理解历史的意义在于:凸显了个体以私人所有形式从传统社会中逐渐地分化出来,进入商品社会,通过分工和交换的形式,形成了近代"市民社会",为个体真正的自由创造了基础,对个体自由具有特殊的意义。

从我国学者取得的这些研究成果可以看出,马克思在创作时,其著作之间可能会存在一定的关联,找到这些关联,可以还原作者创作的过程,理解作者面对的问题,提示作者创作的意图,从而可以更好地理解作者的思想,因此,对一些经典文本前提性的批判研究得出的结论是有说服力的。而现实中,以文献学为基础开展的研究工作正在成为我国马克思主义研究的一个新的生长点,文献学的一些推论为深入地解读马克思思想提供了一种可能,在对客观文本的整理过程中产生的思想解读具有自己的独特性,尤其是与著作产生于同一时期、主题有关,并且在文本上表现了客观联系的研究笔记更应该是我们所应该重视的,这其中也包括《克罗茨纳赫笔记》。

第三部分　当代解读

第五章 《克罗茨纳赫笔记》各分册的主要内容

1843年7—8月间，马克思在克罗茨纳赫摘录了23部有关历史和国家理论的著作以及发表在《历史—政治杂志》上的一些文章。这些著作和文章涉及主题包括：（1）法国、英国、德国、瑞士、意大利、波兰和美国各国的历史；（2）法国革命史；（3）国家理论和政治制度史。这些著作很多都是大部头的多卷本，涉及众多的作者，并且他们属于当时历史学领域中的不同流派。马克思阅读的有关各个国家历史的论著大部分属于《欧洲各国史》这套通俗丛书，这套丛书是从1829年起由哥廷根学派的阿尔诺德·赫尔曼·路德维希·赫伦和哥达图书馆馆长、地理学家弗里德里希·奥古斯特·乌克尔特合作出版的，这套丛书的特点在于，在最新历史科学发展的基础上出版各个国家的历史，同时也想要通过集中一定的重点讨论为欧洲通史做准备，从而在此基础上使读者得出国家理论和历史—政治的结论。

第三笔记全部和第四笔记的一部分用于摘录英国史，从时间上来看，是从5世纪到19世纪下半叶英国发展的历史，包含了英国历史上一些重大的历史事件；第四笔记一部分和第五笔记里涉及德国史、瑞典史和美国史的摘录，摘录了德、瑞两国从建国到17世纪末的整个时期的历史，以及美国在19世纪前30年中的政治与社会发展的状况；波兰与意大利的历史摘录位于第二笔记之中，但是，马克思只是做了有关这两个国家政治特征的摘录，并没有深入地展开。《克罗茨纳赫笔记》中对法国史和法国革命史的摘录处于一种中心的位置。第一笔记包括对法国历史的摘要；第二与第四笔记都带有"关于法国历史笔记"的标题,且内容主要是对关于法国历史的摘录;第五笔记同样有法国历史的摘录。从时间上看,马克思摘录的内容包括从公元前2世纪到1830年7月这一整个时期,并且他还编制了一个有关法国历史和法国革命史文献的图书目录①,这个书目提要表现了他对法国历史的特别关注和对法国史继续研究的意图,同时这个书目提要也提醒他应该收集哪些有关这一主题有价值的著作。第二和第五笔记中对法国启蒙主义者卢梭与孟德斯鸠以及意大利思想家马基雅维利的著作做了较大篇幅的摘录,这些摘录的主题主要涉及这些思想家有关国家理论和政治制度史问题的观点。这也许是马克思为了解决使自己"苦恼的疑问"的尝试,从现存的文本中可以看出,马克思在文本中的摘录是按原文逐字逐句地进行的,并且标有准确的页码,这与他在对待其他著作时采取的那种随意性地复述并伴以大量逐字逐句引文的手法相比,表现了马克思异常认真的态度。

在《克罗茨纳赫笔记》的形成过程中,马克思在摘录的同时做了评论与注释,但是这些评论与注释并不是随处可见,并且大多数只是一些对某一著作摘录做的简短的、提要性质的内容概括,表明了他的初始研究阶段的特征。他自己编制的第二笔记和第四笔记的内容索引可以很好地引导我们了解克罗茨纳赫时期马克思关注的问题有哪些,以及这些问题之间是否存在一定的联系。从内容索引中可以看出,马克思关注三个问题,即国家问题,包括国家的起源、国家的本质以及国家机构的发展;各种不同形式的财产和所有制问题;阶级问题,包括各个阶级的形成和阶级特权的起源。这些问题具有现实性的特征,可能是他《莱茵报》时期的经历所引发的,并且这三个问题与他当时正在创作的《黑格尔法哲学批判》涉及主题在内容上也存有密切的关系。

---

① MEGA²IV/2.Dietz Verlag Berlin 1981.S.146.148-150.165-168.

一、第一笔记：法国史笔记

1. 笔记本自然情况①

马克思在笔记的第一页上对这本摘录笔记的形成时间和地点就做了提示，即他于1843年7月在克罗茨纳赫完成的。虽然这本笔记没有马克思的明确的编号，但是从马克思编号为"II"的笔记中，我们发现了继续这本笔记内容的续篇。因此，通过这个文献事实我们可以推断出，这本笔记应该是克罗茨纳赫笔记的第一本。

马克思使用自制的笔记本进行摘录。现存笔记本的缝合线已经丢失，每一页都保留了穿线孔，第一笔记一共有15张无水印的白纸（=30面=60页），纸张尺寸340mm×207mm，制作成笔记本折叠后的尺寸是170mm×207mm。笔记本的笔迹是黑色墨水。笔记的每一页几乎都被他利用了，只有4页、21页和35页是个例外，它们只使用了上半页。主要使用德文摘录，少量的单词使用拉丁文。在编号上，笔记第一页没有马克思的编号，从第二页开始用2—60的数字为每一页编号。

2. 内容提要

在这本笔记中，马克思主要摘录了1802—1803年在莱比锡出版的克利斯托夫·哥特洛布·亨利希的《法国史》（第1—3卷）这套著作。作者亨利希的思想深受哥廷根学派影响，并且还保有启蒙哲学的特征，这些特点反应在他的政治思想和历史评论之中。他的这部著作主要对19世纪初法国的政治、军事和外交上的重大历史事件进行了详细的论述，主要利用了历史事件中第一手历史事实资料进行论述，对于这些历史事实资料他采取了自己的处理方式，有的按时间的顺序做了系统地编排，有的对原文做了提要式的概括记录在旁边，甚至有时会在摘要中直接或间接地插入一段与摘录有关的重要的引文。

---

① 详细的情况参见 MEGA² IV/2.Dietz Verlag Berlin 1981.S.612。

马克思主要摘录了14世纪以前的法国历史,即法国封建社会产生和发展的初期,他从大量的政治史摘录中表现了对封建国家的形成、封建所有制不同形式的产生以及主要阶层的权利与地位问题的特别关注,但是,他没有留下自己的评价,在对有些地方的概括表现了马克思对这一问题的思考可能处于最初阶段。

二、第二笔记:法国、威尼斯和波兰各国史及国家理论著作摘录笔记

1. 笔记本自然情况[①]

这本摘录笔记是马克思在1843年7月和8月间在克罗茨纳赫写作的,这从他在第一个封面上作的记录可以知道,并且他为笔记标注了编号"Ⅱ"。MEGA²编者认为,这本笔记并不是他在同一个阶段内连续写成的,而是首先在1843年7月续写了第一笔记中的对亨利希《法国史》的摘录,之后在8月利用了第二笔记余下的空白页,在上面进行了其他著作的摘录。支持这一推测的有如下三点文献证据:第一,"8月"一词是后来增添上去的,并不是开始就写下的;第二,这本笔记中的编码并不统一,呈现出两种类型;第三,这本笔记的大标题是"法国史笔记",但马克思的摘录并没有完全局限于这一范围,而是有超出主题的摘录。

笔记本的封面上有一个第二笔记中所摘录的著作的图书目录,MEGA²编者对这个图书目录进行研究后发现,这个书目是在第二笔记全部摘录完之后才编制的,因为,如果依照这个目录与这册笔记中摘录著作进行比较的话会发现,目录中的书名顺序与摘录的著作在笔记中的顺序是一致的。但是,为什么不会是先有目录,再依照目录的顺序按部就班地摘录呢?因为,对沙尔·拉克莱泰尔著作的摘录并不适合目录中的顺序,在图书目录中,拉克莱泰尔是处于最后的位置上,而在笔记的正文部分则是在比埃尔·达鲁的《威尼斯共和国史》一书之后,可以设

[①] 详细的情况参见 MEGA²Ⅳ/2.Dietz Verlag Berlin 1981.S.623-628。

想,参照一个一目了然的图书目录是不可能犯这种错误的,造成这种情况的原因可能是这样的:马克思在摘录完这部笔记所有的著作后开始制定图书目录,但是遗漏了拉克莱泰尔的著作的书名,他就在书目的最后补充上这一书名。①

图书目录中编号为1、2、3、5、6、8这六本著作被马克思画上了十字形的记号,但是对卢梭和孟德斯鸠著作则没有做这种记号。MEGA²编者发现,马克思的藏书中存有另外两个版本的这两种著作②,而这本笔记中被摘录的其他著作则不在马克思留下来的藏书目录中,因此,MEGA²编者推断,他用十字做标记的那些书目是他打算日后为自己购置的书籍。

这本笔记还有一个值得注意的地方是在第二页上,马克思编制了一个法国凡卢瓦王朝的国王统治时期的编年表,这个编年表处于亨利希摘录之后,编年表中标明了在第二笔记中相应的页码,并且对波旁王朝的国王也有所提及,但没有摘录他们的执政时期。

这本笔记与第一笔记一样都是马克思的自制笔记本,现存笔记本的缝合线也已经丢失,并且每页上都留下了穿线孔。笔记纸张的尺寸与第一笔记纸张的尺寸是一致的,共有22张纸(=43面③=86页)。使用黑色墨水记录。笔记中除了摘录还有马克思概括的内容提要,这些内容提要存在于20页、24页、26页、48页和64页的上半部分,而笔记最后的17页并没有任何摘录,是一些没有编号的空白页。使用语言是德文和拉丁文。马克思为笔记做的编号是从第三页开始的,按1—64的顺序编排的,这些编号的位置基本位于每页的右上角并被认真地记录下来(特别是11、15、16和19编号),21—64号可能是马克思在做完所有摘录后才编写的,因为,一些页明显原来就是空白页(见21页和25

---

① 对拉克莱泰尔著作的摘录位于26页后半页上,接在达鲁摘录的后面,相比于其他摘录是从全新一页开始这种情况而言,很容易在浏览的过程中把它遗漏掉。

② 让·雅克·卢梭:《全集》第2卷,里昂1796年;《沙尔·孟德斯鸠选集》第2卷,伦敦1769年。

③ 第二笔记最外侧的那一面作为笔记的封皮,因此,这一面没有摘录。

页），一些页上留有未干墨水的印迹，显然是之前页码的编号留下的，而没有编号的1页、2页提示了封面可能是在结束了亨利希摘录后才增加上去的。

2. 内容提要

第二笔记包括八本著作的摘录，其中四本是涉及法国历史的著作，因此，关于法国史的摘录仍然是笔记的重点，余下的四本可以分为两种类型：一种是有关波兰史和威尼斯共和国史国别史方面的著作；另一类是讨论国家理论的著作，涉及法国思想家卢梭和孟德斯鸠的主要作品。这本笔记的摘录内容与第一笔记摘录内容的重点是一致的——政治史的问题，笔记对每本著作的摘录形式也是各不相同的，如对亨利希的摘录是按年代分类的[①]，而对于达鲁、巴伊尔、布鲁姆、拉克莱泰尔、卢梭和孟德斯鸠的著作则是逐字逐句地几乎不带任何评述的摘录，对路德维希的摘录则是将引文概括性的提要和精确引文联系在了一起，并伴有马克思的若干评注。

在1—20笔记本页上，马克思继续摘录了第一笔记中克利斯托夫·哥特洛布·亨利希《法国史》（第1—3卷，莱比锡1802—1804年）这一著作另一部分（主要是第一卷后半部分和第二卷的前半部分），主要摘录了14世纪初至16世纪末的法国史，即法国封建社会的发展时期。从摘录中我们可以看出，马克思特别关注的是法国社会中具有等级性质的代表机构是怎么产生的，以及第三等级在这个机构中到底有什么样的作用。

在21—24页上，是有关卡尔·恩斯特·路德维希的《最近五十年的历史》（第1—5卷，阿尔托纳1832—1837年）这一著作的第二卷——《从社会名流的号召到恐怖政府被推翻（或罗伯斯庇尔逝世）期间的法国革命史》（阿尔托纳1833年）——一书的摘要；值得注意的是，路德维希在这一卷中广泛地引用了1824年在巴黎出版的弗朗斯

---

① MEGA²IV/2.Dietz Verlag Berlin 1981.S.64-83.

瓦·奥古斯特·玛丽·米涅①《从1789年到1814年的法国革命史》一书，而摘自米涅著作的引文引起了马克思的高度重视，在克罗茨纳赫时期他手头可能没有米涅原文版的著作，这一点的推测在于：路德维希著作中米涅使用的法文原文被转译成了德文，而马克思记下的只是德文，并不是法文。摘录的侧重点在于：资产阶级的政治意愿和私人所有制之间的联系；第三等级的社会成分；资产阶级把私有制宣布为神圣不可侵犯的天赋权利，并且把它同封建所有制区别开来。马克思摘录了路德维希著作中很多段论述1789年8月4日夜制宪议会所制定的决议部分，这个历史事件被路德维希称之为"私有制的巴托罗缪之夜"，并且在第二笔记的主题索引中把路德维希的这个称呼当成是一个小标题使用；他也特别注意1789年11月1日国民议会关于没收教会财产的决议，在他的评述中表现了一种观点：法国革命的一个主要目的是废除封建所有制，为建立资本主义所有制开辟道路。

第25—26页上半页上有四段引文，它们是从比埃尔·达鲁《威尼斯共和国史》一书中摘录而来的。马克思利用的版本并不是这一著作的单行本，而是《法国古典和现代文学著作汇编》（袖珍本）这个版本，自1826年起这套丛书的第一部分以106个分册出版，达鲁的著作收录于1828年出版的第55—82分册之中。马克思的摘录是从第4卷第6分册而来的，这一分册主要的内容是介绍1289—1319年间威尼斯民主共和国向世袭寡头政治的贵族共和国过渡的情况，他的摘录重点是有关贵族制统治特权的起源与基础的问题，达鲁认为，社会特权阶级并不是因为自身的"力量"和"天赋的才能"才超凡出众，那并不是社会特权的形成的根源，马克思把关于达鲁的摘录概括为"在这里财富就是封号"，并且首先是地产。

---

① 米涅，弗朗索瓦·奥古斯特·玛丽（Mighet, François-Auguste-Marie 1796—1884），早年研究法律，并获得律师资格（1818），后进入巴黎新闻界，为《法兰西信使报》撰稿人，《国民报》创办人之一（1830）；写有《法国革命史》等研究著作，法国复辟时期的重要历史学家之一，以他为代表的这一批历史学家认识到阶级斗争在建立资产阶级社会时的作用，受到马克思和恩格斯的高度评价。

在 26 页余下的半页上，马克思继续摘记了让-沙尔-多米尼克·德·拉克莱泰尔①《复辟时期以来的法国史》（第 1—3 卷，斯图加特 1831 年）这一著作的两段引文。这两段引文摘自这一著作的第三卷，主要是关于神圣同盟的外交政策的问题。

第 27—44 页上，主要摘记了让·雅克·卢梭的《社会契约论或政治权利原理》（伦敦，1782 年）一书。这一部分马克思的摘录方式相比于之前的摘录而言比较特殊，他摘记了这部著作的一百多段引文，而且是逐字逐句地摘录的。而这部著作广泛地应用在了 1843 年夏天马克思撰写的著作之中，马克思的一生对卢梭都抱有特殊的感情，这从他的藏书中拥有卢梭著作的所有版本可以得知，藏书中的《社会契约论》的第二卷上附有马克思大量的评注，但是这些评注绝大多数同克罗茨纳赫时期的卢梭摘录是不一致的，所以，可以推测出当时马克思使用的《社会契约论》并不是藏书中的那一版。马克思的摘录主要是关于国家问题和所有制形式及其起源与发展的问题的，这可能与他之前的经历有关系，也可能是为以后的工作做准备，在摘录的过程中，马克思对两段引文标注了特别的着重号。②

第 44—46 页里马克思对雅克·沙尔·巴伊尔的《斯塔尔夫人遗著的考证》（第 1—2 卷，巴黎 1818 年）这一著作进行摘录，摘记了原书的八段引文。1818 年安娜-路易莎-热尔曼娜·德·斯塔夫的《法国革命大事纪实》一书出版，这部著作高度赞扬了法国革命反抗专制主义和封建等级的努力，但是，对于雅各宾派实行的专政政策和对人民统治的思想提出了反对，她认为这种"过度的行为"会使革命的成果大打折扣。法国革命时期吉伦特右翼的代表巴伊尔反对这种否定法国革命中"激进派"行为的看法，从自由主义的角度为吉伦特派的政治主张进行了辩护。马克思对巴伊尔的政治性观点没有做出任何的评述，只是摘记下了原文，这些原文表达了巴伊尔如下的思想：封建制度的基础是封建

---

① 沙尔·拉克莱泰尔主张君主立宪制，撰写了大量的法国史内容的著作，而《复辟时期以来的法国史》一书是首次对法国历史做了全面论述的著作。

② MEGA²IV/2.Dietz Verlag Berlin 1981.S.93、96-97.

地产制,一切等级都是建立在这种地产制之上,他还把一处摘录与"多头专制主义"的提法一起纳入关于这些摘录的梗概之中,可以看出,他认为封建制度的特点是一种专制主义。同样,马克思对于封建社会的性质和所有制对政治代议制的影响以及贵族同封建王权之间的相互关系这些问题也是十分感兴趣的。

在第47—48页中是对亨利·彼得·布鲁姆的《波兰》(布鲁塞尔1831年)一书的摘录。1830年波兰爆发大起义,英国辉格党的领导人布鲁姆对这次起义进行了详尽的分析并对理论界产生了重大的影响,这部著作随后被翻译成多种文字。布鲁姆认为等级制度的存在阻碍了中央集权的形成,这一观点也许影响了马克思对波兰事件的关注,摘录主要涉及波兰"自由主义的否决权"的原则,其他等级的代表转变为贵族的可能性,贵族共和国的政治制度。

最后的第49—64页上,是摘自沙尔·路易-孟德斯鸠《论法的精神》的摘录,与这本笔记中包含的其他著作相比,不能判断出马克思摘录所使用的这本著作是哪个版本。这本著作被广泛地引用于马克思截至1843年夏撰写的著作里,对这部著作的关注可能是受黑格尔的影响所致,因为,克罗茨纳赫时期马克思的理论任务是对黑格尔法哲学进行系统的研究,在那时他又重新接触到黑格尔的大量著作,在这些著作中,黑格尔经常直接或间接地引用孟德斯鸠的著作,马克思意识到孟德斯鸠的思想是黑格尔的理论背景之一,所以,彻底地研究孟德斯鸠的思想是十分必要的。对孟德斯鸠著作的摘录多达100多条,主要是有关国家理论、形式和职能的问题的,在该书第28、第30和第31节中,重点关注的是法国封建制度史发展的概述,这一概述是运用对比分析的方法研究社会发展和政治状况的关系问题;第22节是孟德斯鸠概括的货币史,马克思摘录了其中的两段引文。

在对路德维希、达鲁、拉克莱泰尔、巴伊尔和布鲁姆这些思想家的著作摘录之后,马克思对摘录的基本内容进行了总结性地提要式概述。① 从形式上看，这些概述随意地写在摘录书名的下面、上面或旁边空白处，带有提示性质的特征，之后，马克思显然利用了这些概述在这本笔记最后三页上编制了一个内容索引。从这个内容索引中可以看出马克思的理论关注点以及感兴趣的历史事件。

三、第三笔记：英国史笔记

1. 笔记自然情况②

与第一笔记和第二笔记一样，马克思在这本笔记第一页的上端记载了写作的时间和地点，1843 年 7 月克罗茨纳赫，并且标明笔记的编号为"Ⅲ"。

笔记本是马克思自制的，现存笔记本的缝合线也丢失了，与第一和第二笔记一样每页上也留下了穿线孔。笔记使用的纸张的尺寸不同于之前的两部笔记本的纸张规格，是 230mm×350mm，而制作成笔记本折叠后的尺寸是 230mm×175mm，纸张数量为 10（＝20 面＝40 页）。字迹的成分是黑色墨水。马克思为笔记本做了 1—27 的编号，第一页上不仅有"Ⅲ"的编号以及有关笔记主题、产生时间和地点的内容，而且在这一页上已经开始对约翰·罗素的摘录，采用的是单列摘录的形式，一共有 21 页之多，22—27 页上马克思用双列摘记的形式摘录了约翰·马丁·拉彭贝尔格的著作，这部笔记 21 和 22 页并没有被完全利用，笔记本最后 13 页是空白的，并且没有编号。笔记的文字主要是德文，但在拉彭贝尔格的摘录中频繁地使用了拉丁文。这本笔记的一些位置上，有用墨水画的边线着重号，这只可能是在整部笔记摘录完之后才画上去的。

2. 内容提要

马克思为这本笔记制定的总标题是"历史—政治笔记"，内容是对罗素和拉彭贝尔格两个人有关英国历史方面的著作摘录，第三笔记中没

---

① 参见 MEGA²Ⅳ/2.Dietz Verlag Berlin 1981.S.84、88、90、102-104。
② 详细的情况参见 MEGA²Ⅳ/2.Dietz Verlag Berlin 1981.S.644。

有马克思本人的任何评述。

在第1—21页上，马克思摘录了英国辉格党党魁约翰·罗素的《从亨利希七世执政到近代英国的政府与宪法的历史》（P.L.克利茨博士根据有重大增订的英文第二版翻译，莱比锡1825年）一书的德译本。MEGA²编者通过研究发现，德译本是译自1823年在伦敦出版的英文版。马克思对17世纪英国资产阶级革命的那一章并没有摘记任何一段，相反却详细地摘录了有关法国革命对英国及其国内政治形势的影响的那一章，关注的是这一章中如下几个方面的问题：英国议会的性质（土地私有者的代表）；古代欧洲议会体制传统是通过什么样的方式行使自己的职能的；具有议会选举资格，参与议会选举的详细的规定（马克思特别记下了以下事实：英国存在着"腐朽的市镇"制度，18世纪末84个这样市镇的所有者把他们推举的157名代表送入了英国议会之中）；议会改革的必要性、可能性以及改革手段。摘录的形式主要是逐字逐句地，并没有留下自己的评述和插入重要的引文。MEGA²编者认为，所摘文字的顺序表明马克思至少两次（也可能三次）仔细地钻研过这部著作，先按该书的页码从头开始逐一摘录自己感兴趣的引文直到末尾，第二阶段从末尾再次返回著作的中间部分，最后从中间部分又返回到了开头部分。

第22—27页是对《英国史》（第1、2卷，汉堡1834—1837年）第一卷的摘录。作者约翰·马丁·拉彭贝尔格深受法的历史学派的影响，他的这部著作主要利用了德国和英国发现的档案文献而形成的[①]，其中考察批判原始资料的研究方式使其渗透着一种科学的客观性质，在当时的英国和德国历史学界被看作是科学性的典范著作，因为这个缘故，这部著作被收录到由阿尔诺德·赫尔曼·路德维希·赫伦和弗里德里希·奥古斯特·乌克尔特主编的《欧洲各国史》丛书之中。马克思摘录的这部著作的第一卷主要介绍截至1066年诺曼人入侵前的有关英国的历

[①] 拉彭贝格尔任职于汉堡国家档案馆，并且是"日耳曼历史纪念馆"的成员，因此，有得天独厚的条件能接触到大量的原始性的历史档案。

史,他对第一部分《在罗马人之前及其统治下的不列颠人》没有做任何的摘录,而第二至五部分(笔记中标为I—IV)论及5世纪中至11世纪中的英国史的有关章节只做了很少的摘录。第六部分《盎格鲁-撒克逊的内部制度》一章是马克思摘录的重点,这一部分主要介绍的是英国政治制度史,他做了大量的摘录(从第1卷第561页开始),摘录重点放在了英国所处的私有地产和采邑制并存的历史时期里,封建的阶级、权力与法律之间的关系是如何的;封建阶级的一部分向资产阶级转变的事实。马克思是以概要的形式进行摘录的,"它们是简短的引文同马克思对作者论证的复述的结合物;这种复述是与原书文句密切相连的"①。

四、第四笔记:法国、德国、英国、瑞典的历史笔记

1. 笔记自然情况②

第四笔记相比于其他的笔记而言,并不是马克思连续工作的产物,MEGA²编者认为,第四笔记的创作可能分为两个阶段:第一阶段是1843年7月,第二阶段是1843年8月。通过笔记封面的情况可以证明这个推论:现存的摘录笔记中有两个关于他编写笔记的时间和地点的记载,第一个记载写在第四笔记的第三页上(马克思的编号为1):"克罗茨纳赫,1843年7月,法国史笔记。"所以可推断,第四笔记首先在1843年的7月里摘录了有关法国史的部分,从内容上来说,这些法国史摘录与第二笔记中的法国史摘录部分存在直接的联系,可以看作是它的继续。第二个关于编写第四笔记的地点与时间的记载位于封一上(马克思没有编号),记载的内容是:"克罗茨纳赫,1843年7月、8月",笔记编号为"IV"。从现在笔记中存有德国、英国、瑞典三国史的事实来看,三国史摘录是产生在法国史摘录之后,它们最有可能产生于1843年8月间,是马克思扩展了原来计划的笔记内容的结果,这样一

---

① MEGA²IV/2.Dietz Verlag Berlin 1981.S.644.
② 详细的情况参见 MEGA²IV/2.Dietz Verlag Berlin 1981.S.652.659。

来，第二处记载与第一处记载之间应该是一种补充的关系，前者补充了后者，第二处记载在时间上晚于第一处记载，马克思可能是在结束了所有摘录工作后为这本笔记加了封皮，在封皮的前面写上了笔记的号码、完整的日期和内容目录，在封面的第三页（封三上，即背面封皮的内侧）上编制了第四笔记的内容索引，因此，为了不使笔记的编号变得糟糕，马克思没有给封面进行编号。

还有几处值得注意的特别的地方：（1）这本笔记中马克思根据瓦克斯穆特著作脚注里的精确资料引证编制的图书书目中也有雅克-沙尔·巴伊尔的著作，而马克思对这本著作在之前的第二笔记中已经做了摘录。[①] 这种情况的出现可能是在编制完第四笔记的图书目录之后，他才在第二笔记中摘录了这部著作，否则马克思把一本已经熟悉了的、不久以前摘录过的著作重新列入亟待研究的书目中是怎么也说不通的。（2）这部笔记在摘录的过程中对每一本新书的摘引通常是另起一页重新开始的，但是23页中的摘录却是一处例外，在这页上结束了瓦克斯穆特摘录后又继续做了兰克的《宗教改革时期的德国史》一书摘录，并且从内容上看，兰克的著作摘录和文章摘录这二者所研究的主题也是不同的。为什么如此，MEGA²编者给出的解释是在摘录完《历史—政治杂志》、约翰·林加尔德和埃里克·古斯达夫·盖耶尔著作之后，马克思才把兰克著作的摘录补写上去的，因为做了上述摘录后笔记本已经没有地方继续创作，所以，马克思利用了23页上留有的空白写下了对兰克著作的摘录。[②]（3）笔记边页中含有马克思亲手用黑色墨水或红棕色铅笔标明的着重线，通过笔记可以看出，这些着重线产生于不同时间。用黑色墨水画的着重线可能产生于写作摘要同时期，或者是在撰写《黑格尔法哲学批判》手稿过程中利用这本笔记时画下的，从这部手稿中引用了这本摘录笔记这一事实可以推知。用红棕色铅笔画的着重线可能产生于《德意志意识形态》草稿的期间。

---

① MEGA²IV/2.Dietz Verlag Berlin 1981.S.100.113-114.

② MEGA²IV/2.Dietz Verlag Berlin 1981.S.656.

第四笔记的自然情况基本与前三册的笔记是一样,同样是马克思自制的,笔记的缝合线丢失了,在折痕处留有穿线孔。16 张(= 32 面 = 64 页),纸质与第一笔记和第二笔记的纸质大体一致,纸张的尺寸 410mm×340mm,制作成笔记本折叠后的尺寸是 340mm×205mm。笔记中的字迹是黑色墨水,还有标注的部分是用红棕色铅笔完成的。笔记的书写情况异常复杂,1—47 页以及 49—60 页(马克思的编号)上存有摘录的内容,第 2 页(封二)、48 页(上面有马克思的编号)和最后一页均是空白页,没有做任何的摘录,5 页、13 页和 30 页(存有马克思的编号)这三页只利用了上半页,47 页和 60 页上留有很少的几行字迹,在 45 页、47 页和 54—56 页的页眉处有一些明显与文本无关的笔迹。[1] 摘录主要用德文和拉丁文两种文字。笔记从第 3 页开始用 1—60 编号,封面的第 4 页(即封面最后一页)上马克思没有标注号码,与第二笔记一样,这些标注的号码明显是在摘录工作结束后统一进行的,通过 11 页、12 页、18 页、21 页和 51 页的页码数字的提示以及未干的墨水在对面页上留下的字迹这两点证据可以证明。

2. 内容提要

第四笔记本是对八部历史著作和《历史—政治杂志》中一些文章的摘录,其中对五本著作和杂志文章的摘录涉及法国史,另外三本是有关德国、英国和瑞典三国的历史著作。

第 1—5 页是对恩斯特·亚历山大·施米特的《法国史》(第 1—4 卷,汉堡 1835—1848 年)一书的摘录。施米特的这部四卷本的著作收录在阿尔诺德·赫尔曼·路德维希·赫伦和弗里德里希·奥古斯特·乌克尔特合作出版的《欧洲各国史》丛书中,记录的是从罗马人占领高卢到法国革命开始的法国史,而且这部著作是这套丛书中有关法国历史问题的第一部,而由瓦克斯穆特撰写的关于法国革命过程的第二部同样在第四笔记中做了摘录,[2] 可能是由于作者施米特属于威廉·瓦克斯穆

---

[1] 参见 MEGA² IV/2.Dietz Verlag Berlin 1981.S.659。
[2] MEGA² IV/2.Dietz Verlag Berlin 1981.S.163-174.

特影响的德国历史家团体,马克思通过施米特接触到了瓦克斯穆特的思想促使研究走向了纵深地层次。第一卷论述了从高卢—罗马时期向凡卢瓦家族王权(1328)过渡的法国历史,并且书中引用复辟时期著名的历史学家基佐和梯叶里著作的部分引起了马克思的注意,他将这些著作的书名收录在了他的藏书目录之中。这部著作援引史料的丰富性激起了马克思编制法国王朝史书目的兴趣,这些书目主要是关于墨洛温王朝、卡洛林王朝和卡佩王朝的,反映了马克思想要深入研究这几段法国历史的意图。他至少有两次仔细钻研了这部著作的第一卷,第一次是为了编制相应的法国史研究目录而进行阅读的,之后才对这一著作进行摘录。他重点摘录了这部著作《国内关系》一章,这一章主要描述了封建时期的各种社会关系和中世纪市民阶层的发展情况,马克思摘录的段落涉及有关问题是:封建财产的各种不同形式在历史上是如何产生和如何演变的,尤其注意施米特有关"采邑制度"变成了封建社会的"政治生活形式"这一思想的论述;法国从9世纪至13世纪的国家机构具有怎样的特征;公社中市民的共同利益对国家的影响等问题。

  第6—7页上是关于弗朗斯瓦-勒奈·德·沙多勃利昂的《论复辟时期与选举君主制度,或对某些报刊关于我拒绝为新政府服务质询的答复》(巴黎1831年)和《关于放逐查理十世及其家族的新建议,或我最近的〈论复辟时期与选举君主制度〉一文的续编》(巴黎1831年)两部著作的摘录。马克思使用的并不是原版而是德译本,一本是1831年在莱比锡翻译出版的《沙多勃利昂关于1830年以来的法国的观点》一书,它是由弗里德里希·格莱希根据《论复辟时期与选举君主制度,或对某些报刊关于我拒绝为新政府服务质询的答复》一书译成的,而另一本则是摘录由L.V.阿芬斯莱翻译的《关于放逐查理十世及其家族的新建议,或我最近的〈论复辟时期与选举君主制度〉一文的续编》德译本。沙多勃利昂坚决否定1830年七月革命的历史意义,然而他却认为在法国复辟封建制度、恢复专制统治也是不可能的,他保持和正统派一致的论调并严厉批评七月王朝和制宪两院制,但是在他的传单中也表现出了赞成保持1830年宪法的矛盾态度。马克思对这部著作只有少数的几处摘录,并且是未加评述的逐字逐句的形式,"首先摘记了沙多勃利昂关于把君主立宪制称作充满矛盾的'混血儿',把正统的王权作为'天然的权力'的描述,并抓住了他对于实现人民主权原则的怀疑"[①]。

第8—13页是马克思从卡尔·威廉·冯·兰齐措勒的《政治与国家法论文集》(第1集,柏林1831年)一书中所得来的30多段摘录。从现有的摘录可以看出,它们大体来自于这个论文集的两篇文章:《论七月事件的原因、性质及其后果》,《论首先在政治事件中与德国有特别关系的公众舆论》。兰齐措勒的这部著作是以具有大规模地援引同一历史时期的报刊和历史文献的特点而著称的,采取对比研究的方式论述了1814年和1830年这两个特殊历史时期政治制度之间的异同。兰齐措勒是保守主义分子,他对法国七月革命这次历史事件做出了十分消极的评价,指责政治自由主义和现代的代议制存在的问题与不合时宜性,拥护和赞成普鲁士式的封建君主专制式的等级国家。马克思首要关注的是兰齐措勒论述国家理论的引文,这些引文主要围绕的是政治制度及其发展,政治制度的历史形态与代议制的理论与实践之间的差异。

第14—23页是对威廉·瓦克斯穆特的《革命时代的法国史》(第1—4卷,汉堡1840—1844年)一书的第一卷和第二卷的摘录。这部著作也是《欧洲各国史》丛书中的一部分,并且是作为恩斯特·亚历山大·施米特《法国史》的"姊妹篇"而问世的。作者瓦克斯穆特在历史研究中崇尚运用对比研究的方法,本人思想中体现出的是一种温和自由主义的论调,所以这部著作在历史观方面并没有引起马克思的注意,而作者在收集和整理大量历史资料时所表现的那种客观精神,以及对法国革命这一历史事件透彻精确全面的论述让这部著作的史料价值凸显了出来,这从马克思在摘录中没有注重瓦克斯穆特的评价,而是几乎全部地记下了他引用的原始资料的引文这个事实可以证明。他的摘录内容十分丰富,既涉及历史事件中的文件和资料,也包含革命领导人的言论,如1789年8月4日国民议会关于废除封建捐

---

① MEGA^2 IV/2.Dietz Verlag Berlin 1981.S.654.

税的决议，人权与公民权的宣言以及1791年宪法的个别条款，长裤汉式的"平均共产主义"的要求和"左派"雅各宾党人的意见，罗伯斯庇尔、丹东、西哀士和孔多赛等人的演说等。通过瓦克斯穆特这部著作脚注里的资料引证，马克思编制了一个包括大约120个书名的、有关法国革命史文献的书目，如果拿这个书目和他在1844—1847年笔记中的藏书目录以及1850年罗兰特·丹尼尔斯制定的图书目录对比的话，会发现很多重复的著作，这些著作都是关于法国革命史研究的作品，所以，第四笔记的这个书目是马克思日后开展工作的基础和指导（例如准备写作国民公会史①）。

第23页上还有七段是从列奥波特·冯·兰克的著作《宗教改革时期的德国史》（第1—6卷，柏林1839—1847年）摘录的引文。兰克的这部著作主要是有关宗教改革时期德国政治和外交的历史，而且没有讨论社会运动的问题，兰克在书中表达了对1789年和1830年法国革命的否定态度，认为德国的现实和历史决定了它不能通过"革命"的手段来实现自身的进步，不赞成统一的德国（这是与法的历史学派所不同的），对于宗教改革做了较高的评价，称作是"德意志民族第一次理解内部统一的时期"②。使马克思感兴趣的是这部著作第二卷的第六章，有关1521—1525年德国农民战争历史事件的分析，他首先摘录了这场农民运动的领导人闵采尔和盖斯迈耶尔关于私有财产的观点。

第24—30页上对列奥波特·冯·兰克的《历史—政治杂志》第一卷做了摘录。③ 兰克出版的这本杂志是普鲁士政府外交部门的机关刊物，出版的目的是为了维护普鲁士政府的专制统治，并为这种专制统治体制提供历史根据，所以，他基本否定一切进步的革命行为，消极的影响是十分明显的。马克思对杂志中发表的三个作者的八篇文章做了摘录，并在注释中做了提示，这些文章是：弗·萨维尼的《德国的大学制

---

① MEGA²IV/2.Dietz Verlag Berlin 1981.S.100、113-114.
② MEGA²IV/2.Dietz Verlag Berlin 1981.S.656.
③ 第一卷是1832年在汉堡出版的，第二卷是1833—1836年在柏林出版的。

度与评价》、《普鲁士的城市制度》；约·卡·布隆茨利的《1830年苏黎世邦在发展中的革命》；列·兰克的《论法国的复辟时期》、《德国与法国》、《评1830年宪章》、《论1831年最后几月里的一些法国传单》、《1815年的议会》。在摘录的末尾，马克思重新返回到兰克之前两篇文章中去，并摘记了这两篇文章另外的段落，因此这样的摘录顺序，反映出了马克思两次钻研这一杂志第一卷的事实。与瓦克斯穆特著作的摘录一样，马克思关注的不是兰克的历史观点和评述，而是特别关注他所引用的或指明的历史文献和相关研究的出版物。他的注意力集中于1814年和1830年法国政治制度的对比似乎是延续了这部笔记第8—13页上兰齐措勒摘录的理论探讨，而且对1830年七月革命之后法国内部存在的各个党派间有关选举改革的争论也吸引了马克思的注意力，这些摘录大多取自兰克《论1831年最后几月里的一些法国传单》一文。特别值得一提的是，马克思在通读了杂志的第一卷后写下了一段较长的黑格尔评述[1]，评述描述了黑格尔国家观的神秘化与颠倒化的特征，从这个评注显然可以看出，"第四笔记和整个克罗茨纳赫笔记的摘录，同马克思对黑格尔的批判，特别是同他的《黑格尔法哲学批判》手稿的密切联系"[2]。

第31—47页中马克思摘录的是一本涉及英国史的著作，即约翰·林加尔德的《罗马人第一次入侵以来的英国史》一书。这本著作版本众多，并且被译为其他文本，原版著作是1819年至1830年在伦敦出版的，是一套八卷本的著作，而马克思阅读的是这本著作的德译本，译者是C.A.弗莱赫恩·冯·扎利斯，共14卷，1827—1833年间在法兰克福出版。这部著作一经问世就在欧洲史学界引起了巨大的反响，在当时是一部比较有影响的学术专著。林加尔德采用编年史记述的方式梳理了英国截至17世纪末的政治史的情况，马克思主要摘录了这部著作的前七卷，并且摘录显示出了与第三笔记中拉彭贝格尔论述的盎格鲁-撒克逊

---

[1] MEGA²IV/2.Dietz Verlag Berlin 1981.S.181.参见《马克思恩格斯全集》第40卷，北京：人民出版社1982年版，第368—369页。

[2] MEGA²IV/2.Dietz Verlag Berlin 1981.S.657.

时期的英国史摘记有衔接的联系。这七卷的内容涵盖从罗马人入侵不列颠到 16 世纪末的英国历史阶段,从第一卷中只摘录了一小段有关赎金的引文,绝大部分摘录引自第 2—6 卷。MEGA² 的编者发现,马克思首先摘录的是第四卷,紧接着摘录的是第六卷,最后摘录的是第五卷①,从第七卷里摘记了爱德华六世、玛丽·斯图亚特和伊丽莎白一世统治时期的英国历史。这些摘录的主要部分反映了马克思对英国社会与政治制度史问题的兴趣,他注意到了在资产阶级上升时期,英国资产阶级在斗争过程中所表现出来的局限性,摘录了有关城市经济发展的资料和国王在反对大封建主的斗争中为了自身的利益而支持这些发展的资料,尤其对林加尔德关于中世纪英国市民等级和骑士等级之间开始相互融合的观点给予了注意,在有关这个观点原文摘录的地方画上线来表示强调。马克思对封建所有制各种形式的产生和在此基础上形成的封建社会的主要阶级,封建国家的产生及其向专制主义的发展,以及它的各种制度特别是英国议会的发挥职能的方式,封建主的特权是受到保护而不受王室侵犯的等问题也记下了相关的文字,并且马克思还论证了劳动大众奴役情况的发展和状况的恶化。

第四笔记的最后一部分(第 49—60 页)是有关埃里克·古斯达夫·盖耶尔的《瑞典史》一书的摘录。马克思根据的是施文·P.莱弗莱尔根据作者瑞典文手稿翻译成的德文本(《瑞典史》第 1—3 卷,汉堡 1832—1836 年)进行摘录,而且《瑞典史》德文版是在《欧洲各国史》丛书中出版的。作者盖耶尔是瑞典浪漫—保守历史学派的创立者,研究领域众多,包括历史、哲学、诗歌、音乐等方面,他的历史观是一种主观唯心主义史观,信奉上帝是历史的神秘创造者,提倡中央专制式的封建王权,并且把分散性的封建制度看作是资产阶级提出的在自由主义意义上维护王权与自由农民联盟主张的思想根源。《瑞典史》是盖耶尔的代表著作,能够体现盖耶尔的思想特征,书中充分地体现了他的历史观的唯心主义特征,他把国家和民族的发展理解为一个统一的、规律

---

① MEGA²IV/2.Dietz Verlag Berlin 1981.S.657.

性的历史发展过程，国家在这个过程中处于中心的地位，而作为国家人格代表的国王是国家发展的根本动力，历史的规律体现在向这个过程最终目标发展的方向上。书中对于历史上的人民革命运动的作用也做了定位，指出了瑞典社会的中间阶层对于国家发展有一定的影响，认为它们对瑞典各个时期社会制度和政治制度发挥了特殊作用。马克思主要摘录的是这部著作的第一卷和第三卷，摘录的内容从时间上看，属于瑞典以下的两个历史阶段：异教时期到 13 世纪的瑞典历史，17 世纪前半叶强盛的古斯达夫二世阿道夫和克里斯亭娜统治时期；而从内容上看，马克思突出了瑞典历史发展不同历史时期的特征，并且这些摘录和他对林加尔德英国史而做的摘录所关注的问题是一致的：封建所有制形式，封建国家的政治制度和它的机构的作用方式的形成与发展，封建社会的结构。

在封三（即倒数第二页）上，马克思编制了第四笔记本的索引[①]，这个索引是按照第四笔记的摘录提要和论述的主要问题的内容组成的。索引最初标记的是等级差别、出身、财产、官职、自由、农奴制这些概念，之后马克思把所有的这些概念划掉，重新写下了一些概念，他把这些新的概念写在他亲手划分的五栏之中：第一栏等级差别，第二栏制度与行政，第三栏平等、自由，第四栏无标题，第五栏位置上的稿页被撕掉。索引指示第四笔记以第 19 页为结尾，但与此相矛盾的是，在瓦克斯穆特摘要有关 1791 年宪法时提到：第 19 页及以下各页，笔记的实际情况是 1791 年宪法的条款是写于 19—21 页上的，因此，索引仅包括被摘录著作的前四位作者——施米特、沙多勃利昂、兰齐措勒和瓦克斯穆特——所论述的法国史，而第四笔记中出现的其他作者——兰克、林加尔德和盖耶尔——都没被纳入索引之中。

---

① 参见 MEGA²IV/2.Dietz Verlag Berlin 1981.S.221，本书经典选编部分。

五、第五笔记：德国、美国的历史笔记及国家与政治制度史著作的摘录

1. 笔记自然情况[①]

这本笔记的封面受到了严重的破坏，它的上部缺少了一大块，现存的笔记只留有马克思亲手写下的笔记编号罗马数字"V."。从笔记的题材范围、形式与结构来看，这本笔记可能是马克思于1843年7月和8月间在克罗茨纳赫写作的。

第五笔记的样式、纸张材质和尺寸这些情况与第四笔记完全一致。纸张的数量是12张（=24面=48页）。字迹同样是黑色墨水。这本笔记的书写情况十分复杂，第一页中含有笔记编号"V."以及摘录著作名称的一览表，第二页是一张空白页，在马克思编号为1—40页上有著作的摘录，笔记最后的六页没有任何字迹，19页、20页、21页、25页、29页、37页和40页（马克思的编号）当时只写了半页。摘录文字是由德文和拉丁文组成的。笔记的页码情况应该是《克罗茨纳赫笔记》所有笔记本中最为复杂的，从笔记的第三页开始，马克思用1—40的数字编排了笔记本的页码，并在这些具有明确页码的笔记部分进行了摘录，而在这些部分上有他明显删改的痕迹，马克思对摘录部分的前三页开始标注的数字是61）、62）、63），但是马克思后来划掉了这些编号并在划掉的位置上重新标注了编号1）、2）、3），这个情况表明了第五笔记最开始应该是作为接续第四笔记工作的续篇而存在的，因为第四笔记里马克思所做的最后编号是60），然后马克思可能意识到正在研究的问题应该是具有独立价值的，所以，他删改原来打算衔接第四笔记的编号，重新编排每页的号码。与第四笔记的情况一样，马克思给第五笔记所做的这些编号同样是在结束了全部摘录后而进行的，这从7页、9页、29页的情况以及一些未干墨水在对面页上留下的字迹这两点可以

[①] MEGA²IV/2.Dietz Verlag Berlin 1981.S.691-692.

证明，这本笔记封皮使用的那页纸也是他在摘录完所有著作后添加上去的，所以，封面上没有马克思的编号。

2. 内容提要

马克思在第五本笔记封面上写下了被摘录的五本著作的名称。

第1—21页上是马克思对约翰·克利斯提安·普菲斯特尔的《德国史》（第1—5卷，汉堡1829—1835年）一书的摘录，这部著作是在《欧洲各国史》丛书中出版的。作者约翰·克利斯提安·普菲斯特尔深受弗里德里希·威廉·谢林和浪漫主义以及法的历史学派代表人物的影响，在这部主要著作中深刻地反映了他们的影响，比如，理想化中世纪的历史，维护封建的秩序，宣扬一种极端的民族主义和神秘论等的观点。这部著作讨论的历史时期是从上古至1806年整个期间的德国历史，作者把德国的历史事件、政治制度、文化和经济的历史这些因素联系在一起进行综合性的考察，对德国中世纪的历史进行了特别严密与详细的论述，而本书的优点在于广泛地利用了当时的编年史和文献以及同时代思想家有关这一主题的历史著作，从而这部书也可以被看成是一本内容丰富的史料集。马克思几乎摘录了整部著作，他关注的重点不是政治事件的历史，而是"德国政治制度史的概观"，除非论述的政治制度史中牵扯到了一些重要的政治事件时，马克思才收起了吝啬的笔墨，简要式地说明一下，尤其是有关德国封建社会的一些问题是马克思特别关注的，主要包括：德国封建社会的形成以及主要阶级的权利与特权[①]，国家制度及国家机构的历史发展，德国封建分割的特征和原因。这些主题的摘录主要是从普菲斯特尔这部著作的第1—3卷中而来的，而他对论及16世纪到德意志帝国形式上瓦解（1806）的历史的第4和第5卷仅仅做了很少的几段摘录，马克思的这些摘录主要是按编年史顺序记述的，基本是逐字逐句地重复原句，其中只有很少的几处是逐字逐句的引文和他本人的个别评述。

[①] 在其中特别研究了市民阶层的发展及其在帝国议会与各邦议会中的代表这一问题。

第 22—25 页是对《爱国主义的幻想》（第 1—3 卷，柏林 1820 年，第 4 卷，柏林、什切青 1820 年）一书的摘录，作者是尤斯图斯·默泽尔，这部书由他的女儿 J.W.J.冯·福伊格特出版。默泽尔是法的历史学派的精神先驱者，是德国小资产阶级的代言人，具有极度保守的思想，维护旧的事物，保持现有爱国的社会状况，维护等级秩序，否定一切新生的事物，这种思想在他的著作中深刻地体现着，他拥有机械进化论的历史观，认为历史过程是由社会制度前进的序列的每一个环节所组成的。这部著作是一本综合性的论文集，论述了很多不同的题目，从关于社会时尚的发展的政治问题，到当时对德国来说是新习俗的喝咖啡等。第一卷中只摘录了一段引文，第二卷摘录了三段，马克思主要摘录的是后两卷的内容，摘录完全是逐字逐句进行的，并没有他本人任何的评述，他首先抓住了以下的几个问题：德国封建关系的形成，地产的各种形式的本质、发展与历史，封建贵族的经济状况与分化，贵族、市民和农民三个阶层与国家之间的关系。

第 26—29 页包含了一篇匿名发表的论文的摘录：《继承权的原则和法国与英国的贵族》（《历史论丛》，柏林什切青、埃尔宾希 1832 年），作者是卡尔·格奥尔格·茹弗鲁瓦。茹弗鲁瓦的身份是普鲁士的外交官，他在一系列的论文中维护了普鲁士容克地主的政治立场，这些政治立场涉及当时德国面临的政治与法律的急切现实，他希望从国家理论的探讨中寻找问题的根源和解决的方式，主要是通过英国、法国和普鲁士三国之间的历史与政治状况的对比而展开论述的。马克思摘录的主要内容是关于英国和法国两国封建社会产生的特殊性，以及英国与法国的议会代表制的产生及其对比，从对茹弗鲁瓦的摘录中可以看到马克思那时对于革命道路问题的关注，得出的基本结论是，政治革命通过破坏中世纪的等级、行会、手工业公会和特权而消灭了封建社会的基础，从而使封建社会开始解体，并逐渐被资本主义社会所替代，这些激进的思想在随后的《德法年鉴》时期发表的《论犹太人问题》一文中淋漓尽致地表现出来。

第 30—37 页是他对托马斯·汉密尔顿的《北美合众国的人与风俗习惯》（第 1—2 卷，爱丁堡 1833 年）的摘录，马克思所使用的是这部著作的德译本，是 1834 年于曼海姆由 L.霍伊特据英文第三版翻译出版的。汉密尔顿的这部著作的影响力是非常大的，不仅多次再版，而且被译成德文和法文在欧洲发行。汉密尔顿在书中描述了从美国独立战争结束（1776—1783）到 19 世纪 30 年代这段对于美国来说十分重要的历史阶段，他在著作中以非常客观的视角记载了美国社会中的历史现实：封建领主反对无产者享有选举的权利；美国社会中黑人的地位形式上是自由人，而实际上如同帕里亚①一样；美国人的上帝——贪婪和唯利是图；富人破坏所有公民在法律上一律平等的规定；国会不再是国家运行的策源地，而已经沦为了北方和南方对立的利益相冲突的地方；中等阶层开始沦为骄傲自满的代名词；纽约资产阶级社会已经分成了工人和资本家两个对立的部分；资本家的势力；参议员已经沦为了私有者的附属。这些主题深刻地描述了美国社会逐渐资本主义化，可以概括为三个方面的特征：（1）刚刚起步的美国资产阶级对金钱的狂热追求从而采取了很多不人道的手段；（2）美国城市中工人与资本家之间的对抗性事件越发地增多，并且呈现愈演愈烈的状态；（3）工人阶级在这个新兴的资本主义国度里逐渐地发展壮大起来，从而提出了有关自身利益的诸多要求。马克思似乎非常重视这部著作，饶有兴致地通读了汉密尔顿写下的全部的文字，这从现在留下的摘录的数量和性质中可以看出来。从汉密尔顿著作摘录包含的 50 多段原文中反映出马克思对于美国宪法和政治制度的重视，体现在有关美国宪法基本原理和公民权利、选举和普选制的前景这些具体问题上，马克思并没有任何的评述，可能他认为这部著作在史料方面的意义远远超过其理论价值，这里的一些评注在他不久之后写作的《论犹太人问题》一文中被利用。②

---

① 指印度南部居民中受压迫、无权利的一个阶层。
② 参见《马克思恩格斯文集》第 1 卷，北京：人民出版社 2009 年版，第 29、50 页。

第三部分 当代解读

在接近整部笔记尾声的第 38—40 页上，马克思摘录了政治思想史上著名的代表人物尼古洛·马基雅维利写于 1513—1519 年的《论国家或对梯特·李维头十本著作的研究》（《尼古洛·马基雅维利全集》第一卷，卡尔斯鲁厄 1832 年）一书的德译本。尼古洛·马基雅维利是意大利著名的政治家、历史学家和国家理论研究者，是具有人道主义思想的"政治史学"的代表人物，他的学说兼具历史编纂学和历史哲学的特点，一方面，客观地记录历史事件，并且考证事实，以追求达到客观史学；另一方面，在辨析史料的基础上进行思想性的解读，解释历史事件的因果联系，从而使其升华为历史哲学。马基雅维利追求意大利民族的统一与独立，在著述中他采取了激进的态度讨论这个问题，成为意大利民族主义者的先锋代表，不仅在思想上如此，在他的现实活动中也反映了这一倾向，不断地发表维护一个统一意大利的国家形式的各种意见。他的目标是从理论上论证共和国政体的优越性并且给予适当的说明，体现了与文艺复兴历史时期思想家们对于古典情怀的迷恋的一致性，在这个探究的过程中，他的思想越来越清晰，逐渐得出了这样的结论：在他所身处的时代中，发生的那些现实的历史事件反映出了这样一个结论：意大利的统一需要君主专制的保证，只有在绝对君主专制政权的统治下的民族，才能实现国家的统一，这样的根本观点说明了马基雅维利是一个专制主义者，这也体现在他的这部著作中，他是"作为专制主义的理论家的面目出现，并且维护专制政权"[①]。在这部《论国家》一书中，马基雅维利回顾了罗马共和国的历史，记录和分析了它每个发展阶段的特点，评述了它的优点和不足，以此来启迪当时的政治家们，希望他们能够吸取这些历史的经验教训，表现出对共和政体的坚定信念和支持，以一个共和主义者的形象出现。他的研究方法深受他的政治观点的影响，他从来不满足于对外在现象与联系的认识，总是希望打破经验的局限从而深入历史的本质之中，对历史规律和历史事件之间联系的

---

① MEGA²IV/2.Dietz Verlag Berlin 1981.S.691.

探求，让他更加确证自己的观点，但是有时他也会陷入有限历史事件的论述之中而忽视历史的整体。在解释历史事件的时候，他十分重视这个事件发生背后的社会动机是什么，并且联系当时的政治事实进行讨论，而对于这种动机的把握，他并不是依靠理性的力量，而是借助最直观的方式达到的，"因而马克思合乎逻辑地把马基雅维利作为他所列举的如下历史学家与哲学家的首位，即他们开始'用人的眼光来观察国家了，他们从理性和经验出发，而不是从神学出发来阐明国家的自然规律'"①。而马克思的摘录体现了他对《论国家》一书中的论断是有目的地做了选择而记录下来的，大部分同时涉及政治同经济、同经济利益与阶级关系的联系，而且只有为数不多的20段左右，他首先摘录的重点是马基雅维利的共和国以及民主制度的理想，这是他的这部著作主要讨论的问题，在马克思看来，这种理想适合于论证民主制和革命的历史必然性。在这些摘录中基本上是逐字逐句地，没有马克思本人的评注。

从内容上看，《克罗茨纳赫笔记》摘录的部分远远大于马克思自己留下的评注，在这种情况下想理解马克思的思想我们应该借助马克思在文本中留下的细节，主要是索引和评述，这些应该是理解《克罗茨纳赫笔记》的路标。而摘录内容本身也能体现出马克思关注的理论兴趣，这些兴趣是由他之前的经历引起的，也是他理论研究所遇到的问题，因此，他希望在新的研究中能够解决自己的困惑。广泛的历史和政治研究开阔了马克思的理论视野，使他逐渐找到解决问题的方式，因此，在解读《克罗茨纳赫笔记》时要把握笔记体现的思想特点是关键的。摘录的内容主要有以下几个特点：

第一，摘录的著作主要是涉及各主要欧洲国家的历史，选取的都是经典之作，尤其是法国大革命史在摘录中占有特殊的地位，摘录内容的主题主要是国家的政治史和经济史方面以及二者之间的关系，这应该是

---

① MEGA¹I/1（1）.Marx-Engels-Verlag G.M.B.H.Berlin 1929.S.189。参见《马克思恩格斯全集》第1卷，北京：人民出版社2002年版，第227页。

由马克思对《莱茵报》时期经历的反思所带来的。在现实中，现实国家与理想国家的差距是巨大的，人们更多的是关注自身的利益问题，经济性因素在历史发展中凸显了不一样的作用，因此，马克思在摘录中关注了历史发展中大量的所有制问题，研究它们对每个国家历史发展的影响，开始了经济学研究的转向，这应该是在写作《克罗茨纳赫笔记》中所体会到的。之后，在恩格斯《国民经济学批判大纲》的直接影响下，以及《在黑格尔法哲学批判》手稿中领会了"市民社会"的真正意义，马克思才彻底地转向了经济学研究，而这种理论研究工作是从克罗茨纳赫时期开始的。他系统地研究了封建阶段和资本主义阶段的所有制特点以及它们之间的关系，所有制对于政治发展和国家问题的影响等问题，而这种研究过程的结果使他逐步地发现了理解国家问题关键之所在。

第二，这些摘录对于马克思的黑格尔法哲学研究工作产生了影响。笔记摘录内容反映的主题与黑格尔法哲学研究有密切的关系，从时间上看，二者是在同一时期创作而成的，内容上也存在着很多的联系，可以说，与《黑格尔法哲学批判》手稿相关的国家理论知识似乎是从《克罗茨纳赫笔记》中所得来的，并且摘录笔记的一些主题也涉及市民社会问题的因素。虽然马克思主要是对国家问题进行研究，但是在其中得到市民社会的认识也是可能的，因为二者之间存在着本质的联系，马克思似乎是从历史发展中发现二者之间的关系，接近了获取问题答案的钥匙，而这种问题意识反映在很多笔记摘录之中。国家主题处于笔记摘录的核心地位，既是受他实践经历的影响所致，也可能是黑格尔研究的需要，可能还与费尔巴哈在社会历史领域的"无能为力"有关，但是无论如何，这是马克思自己解决问题的一次尝试，是他思想形成的重要的一环，而这个环节可能就是唯物史观发展链条上的"第一环"。

第三，法国大革命史主题对马克思历史观产生了巨大的影响，与唯物史观的形成有密切的联系。法国大革命史影响了19世纪欧洲知识分子的思想发展，他们对这场革命的热衷程度从黑格尔开始就未曾减弱过，直到马克思的时代还继续发挥着重要的影响，成为了知识分子眼中追求向往的理想模式，实现人的自由的尝试。《克罗茨纳赫笔记》中马克思摘录了大量与法国大革命有关的引文，对这场革命的产生、中间的经过到革命的结果这整个过程以及其对全欧洲历史进程的影响都做了十分详细的记录，对于它的每个细节马克思似乎都倾注了精力，这个主题在整部笔记中都是十分突出的。马克思最终发现了革命机关和所有制之间存在一定的联系，资产阶级存在局限性等历史结论，所以，绝对不能忽视笔记中马克思有关法国大革命的摘录。

第六章 《克罗茨纳赫笔记》的内容解读

笔记类型的文本相比于著作类型的文本而言具有很多不同之处，这是由笔记自身的特点所决定的，以《克罗茨纳赫笔记》为例：首先，笔记创作的目的主要是为了满足研究问题的需要。第一步采取的是积累史料的方式，之后进行加工整理使其形成独特资料群，从而作为论证和参引的依据和来源，所以，与主要是为了"直抒己见"的著作类型相比，笔记的主要任务并不是为了论述和阐发观点，而是为了服务于论述和阐发观点。其次，对于《克罗茨纳赫笔记》来说，马克思在笔记中写下的文字基本是提示性质的，很少有大段的论述，这就导致了很难说明马克思具体要阐明的观点，只能通过摘录的内容进行提炼总结，从这些材料的内容中理解马克思感兴趣的主题，从而进行说明与研究。但是这种情形也有很多例外，比如马克思在属于《巴黎笔记》序列中的《穆勒评注》上就留下大量的评述，这是在摘录过程中有感而发所写的，可以直接通过阅读理解马克思对摘录内容的理解和关注的地方。最后，马克思在摘录笔记的过程中会留下加工笔记的痕迹。这些痕迹包括他为一些内容做的概要式的标题，笔记的内容索引和主题索引，笔记页码的编排，在文字上的铅笔线，等等，这些痕迹是马克思亲手所做的，是最直接体现他思想的产物，因此，这些痕迹就是理解笔记内容的主要的"路标"。虽然著作中也会涉及这些标志，但是它们对于著作的意义与对于笔记而言是不同的，著作的字里行间反映的是马克思的思想，本身已经是一个思想整体，所以，标志主要起着提炼和概括的作用，在这个意义上，是从思想到标志。而笔记摘录的基本是他人的观点，之后马克思再进行组织和加工，这些痕迹就相当于"缝合线"和"胶水"，使摘录的材料融合成为一体，所以，它的功能性意义就应该是从标志到思想。而笔记的这些特点也就决定了解读笔记要采取不同于解释著作的方法。

面对《克罗茨纳赫笔记》这种笔记类型的文本我们应该怎样解读它的内容？在笔者看来应该从笔记本身的特点入手进行笔记解读，在此基础上，进行笔记与著作之间的解读，因此，应该坚持两个原则：第一个原则是马克思的标志和研究与摘录内容的概括相比具有优先解释权。通过马克思本人在笔记摘录过程中留下的标志理解他的思想，之后从摘录内容所反映的观点去把握他关心的主题，这个原则的精义在于其是一种整体先于部分的研究，标志是马克思基于对整体内容的一个概括性理解而做出的，具有整体性意义。但是这种整体性意义不能笼统地解释马克思摘录的细节，对于具体摘录的理解还是要深入内容中去把握，标志为理解马克思笔记的思想提供了一个整体的框架和讨论范围，在这个整体范围内深入到细节中去把握马克思思想发展的线索和历程，这是由于笔记的内容并不是马克思自己的论述所导致的，一切依据马克思亲手所做的标志为前提是理解笔记的第一原则，也是根本原则。第二个原则是在著作中援引笔记的部分要联系引文在原笔记中的思想去理解。这一原则的目的是为了打破只在史料意义和源流性意义上评价笔记本身，马克思在摘录笔记时的具体情境是不能恢复了，但是摘录时的问题意识似乎是可以理解的，这种问题意识在马克思思想发展的阶段上并不是一致的，每个阶段具有每个阶段的特点，在著作中的问题意识和笔记中的问题意识是否一致是需要具体问题具体分析的，如果把援引笔记的引文只看作是在著作中的例证的话就是忽视了笔记和著作问题意识之间的不同，也是忽视了笔记引文在笔记中的独立意义。所以，联系地看待笔记引文在笔记中和援引著作中的不同情况就能够在一定程度上把握马克思思想变化的过程，突出笔记在马克思思想发展中的意义之所在。但是需要说明的是，这个原则不是任意地割裂笔记与著作之间的联系，夸大笔记的意义，认为在笔记引文中马克思已经具有独立思想，在著作引文中这种思想具有了不一样的变化，因此，笔记与著作是两个完全独立的文本，笔记和著作具有同样的意义。这一点似乎是与马克思为了研究问题而进行笔记摘录的初衷相矛盾的，这一原则只是以笔记的视角看待笔记本身，从笔记的生成史角度理解笔记的变化，笔记中的引文在笔记中和著作中具体的文字不会改变，但是这段文字的意义和内涵在具体的文本中是会改变的，因此，站在笔记的视角看，追溯这段引文从笔记到著作的发展过程，深刻体会其中内涵和意义的改变，通过这个变化反映马克思思想过程，在方法论的意义上来看，这个原则也是理解马克思思想的一个途径。

在本书的这一章里，依据这两个原则对《克罗茨纳赫笔记》的重要理论观点进行研究。通过笔记的"内证研究"理清各个笔记之间的内在关联，从而理解笔记的整体思想，在这个基础上讨论笔记与同时期著作之间的联系。

一、《克罗茨纳赫笔记》的理论线索

《克罗茨纳赫笔记》包括对23部作品的摘要，内容主要涉及两大主题：一个是从公元前600年到19世纪30年代末的欧洲各个主要国家历史的研究，另一个是对马基雅维利、孟德斯鸠和卢梭关于国家学说的经典著作的研究。从摘录中可以看出马克思并不是简单地材料堆积，而是按照一定的方式对材料进行研究，是从一定的问题意识出发进行研究的，而这个问题意识表现了与《黑格尔法哲学批判》手稿工作的直接联系，是围绕国家问题而进行摘录的。在摘录中也能看到马克思处理问题采取对比研究的方法，既有在纵向关系上对各个国家不同历史时期特点的比较，也有横向关系上同一时期各个国家之间的对比，通过这种对比的方式理解每个国家的发展特点以及历史过程的总趋势和规律性。《克罗茨纳赫笔记》中马克思留下自己评述的地方只有少数的几处，这为我们理解马克思想真实表达的观点设置了障碍，我们只能根据摘录内容、马克思自己亲自写下的评述和加工整理的标志来推断他想表达的，他在每本笔记中留下几处提示自己注意的地方：第一笔记中的主题索引式的一些标题，第二笔记中涉及的著作摘录的概要以及在这个概要基础上编制的主题索引，第四笔记中的有关黑格尔法哲学的一篇"评述"以及这本笔记的索引。这几处马克思对材料整理的地方是把握《克罗茨纳赫笔记》主要内容之关键，并且它们之间也存在着紧密的联系，这种联系就是建立在马克思思想发展的基础上的，也能使笔记本之间的关系明朗起来，发掘《克罗茨纳赫笔记》中马克思思想线索的关键在于遵循他自己的提示，进行笔记"内证研究"。

首先，看一看笔记的一些自然情况，这些情况能直观地反映《克罗茨纳赫笔记》的一些物理信息，从一定的意义上来说，通过这些信息能讨论各个笔记之间究竟存在怎样的一种联系，而这些联系在解读笔记的过程中发挥着它的作用。任何文本的写作都是有时间性质的，尤其对于笔记类型的文本来说更是如此，1843年7月和8月间进行的五本笔记创作表明笔记应该是交叉写作的事实，这个过程究竟是怎样进行的可以通过笔记自然情况了解一二：

第三部分　当代解读

	第一笔记	第二笔记	第三笔记	第四笔记	第五笔记
纸张情况	15张=30面=60页；白纸，无线，无水印；尺寸340mm×207mm，折叠后170mm×207mm	最外一张作为封皮；22张=43面①=86页，白纸，无线，无水印；尺寸340mm×207mm，折叠后170mm×207mm	无特殊封皮；10张=20面=40页，白纸（与第一、二笔记纸张不一样），无线，无水印；尺寸230mm×350mm，折叠后230mm×175mm	最外一面作为封面；16张=32面=64页，纸张一致；尺寸410mm×340mm，折叠后340mm×205mm	笔记形式、纸张和尺寸情况与第四笔记完全一致；12张=24面=48页
写作情况	第1页上记载笔记编号、时间和地点，之后是摘录著作的标题，每页被使用；第4、21、35页上只有上半部有文字	第1页上记载笔记编号、主题、时间、地点和摘录书目一览表；第2页上是一个按时间顺序排列的法国王朝表，接下来的67页是摘录内容和内容提要；最后写在了20、24、26、48和64页（马克思编号）上半部分；最后17页是空白的	第1页上记载笔记编号、时间，地点以及摘录书目；1—21页上用单行的形式摘录了罗素著作；22—27页上用双行的形式摘录了拉彭贝尔格著作；21和22页并没有写满；最后13页是空白	第1页上记载笔记编号、地点，时间以及摘作书目，在1—47页和49—60页上（马克思编号）进行了摘录倒数第2页上（无马克思编号）有一个主题索引；第2、48页（有马克思编号）和最后一页均是空白的（有马克思编号）使用了上半页；47页和60页只留下了上半页；第5、13和30页（有马克思编号）47页和60页只留下了上半页；很少的几页页眉处有一些笔明54—56页显与笔记无关的笔迹	第1页上记载笔记编号和摘录书目；第2页是空白的（无马克思编号），最后6页没有摘内容（马克思总编号）在1—40页上（马克思总编号）有摘录内容；第5、13、19、20、21、25、29、37和40页马克思编号）只写半页

① 因为除去作为封面的一面。

（续表）

	第一笔记	第二笔记	第三笔记	第四笔记	第五笔记
编号情况	第1页无编号，第2页起用2—60编号	第3页开始笔记用1—64数字编号；编号位于每页的右上方（见11，15，16和19编号）；21—64编号是摘录写成后才编写的，有内容写在1和2页下的；1和2页上均无编号；1和2页没有编号的情况暗示了可能是在完成摘录工作后才增加的封面	马克思亲手写作的1—27编号；空白页上没有编号	第3页开始用1—60编号，作为封面纸张的第4页上没有编号；编号是在摘录工作结束后统一进行的	从第3页开始，笔记有摘录的部分用1—40编号，而在这些页上他的地方，笔记最后的6页空白部分没有编号，与第四笔记一样，在摘录工作结束后一进行的；封面后也是在摘录后加的，并且被视为标题页，所以封面没有编号
字体以及字体材质	黑色墨水；德文，拉丁文	黑色墨水；德文，拉丁文	黑色墨水；摘录文字主要是德文，但在拉贝彭贝尔格摘录中频繁地使用拉丁文	黑色墨水，强调和下划线处用红棕色铅笔；德文，拉丁文	黑色墨水；德文和拉丁文

通过表格的对比可以了解笔记的一些情况：

（1）依据纸张尺寸的一致性，可以把《克罗茨纳赫笔记》划分为三个紧密相连的整体：第一笔记和第二笔记，第三笔记，第四笔记和第五笔记。笔记之间的内容和形式上的联系也证明了这种划分的成立。

（2）第二、第四笔记的情况较为特殊，不论写作情况还是编号情况都比其他笔记复杂，尤其对第四笔记留下的红棕色铅笔的强调部分，表现出马克思的重视程度很高。

（3）笔记编号基本连贯，只是有些笔记的封面页上涉及特殊的情况。因此，笔记具有完整性的特征。

笔记之间的时间顺序就决定了笔记观点之间相遇的先后顺序，观点之间的碰撞、补充和代替情况的出现是不可避免的，回到笔记创作过程才能揭示出观点运行的轨迹，这就要从马克思自己留给我们的事实入手去解决问题。现在的一个事实是，笔记本并不是一本一本连续写成的，可能是在7月和8月分为两个阶段完成的，这从笔记的内容和外表的情况可以证明。MEGA²编者指出，虽然这五本笔记的编号是连贯的，容易给人造成写作也是按照这个顺序完成的错觉，但从现有笔记的外表和内容上可以推断出，《克罗茨纳赫笔记》的创作除了第一、第三、第五笔记是连续写成外（第一、第三笔记完成于1843年7月，第五笔记完成于1843年7月—8月），第二、第四笔记可能分为两个部分。笔记写作的过程可能是：

1843年7月　第一笔记（全部）
　　　　　　第二笔记（第一部分——关于亨利希著作摘录的继续和结束）
　　　　　　第四笔记（第一部分——从施米特到兰克）
　　　　　　第三笔记（全部）
7月—8月　第五笔记（全部）
　　8月　第二笔记（第二部分——路德维希至孟德斯鸠以及内容索引）
　　8月　第四笔记（第二部分——林加尔德、盖耶尔以及内容索引）

MEGA²编者的这个推论是在具体研究原始手稿的基础上提出来的，具有较高的客观性，但是对第五笔记的写作时间笔者有一个新的推论。MEGA²把第五笔记的写作时间判定为1843年7月—8月之间的理由在于第五笔记与其余四部笔记具有较强的关联性，第四笔记的兰克著作摘要是在1843年8月写成的，而第五笔记虽然写作时间遗失了，但是从笔记的结构和题材范围来看显然是属于《克罗茨纳赫笔记》序列中的，而这本笔记保留下的马克思手写的罗马数字编号"V."似乎证明了这一点，因此，第五笔记写于1843年7月和8月中。笔者的推论是从估算笔记每天创作的可能页数中得出的，假定第四笔记和第五笔记时，马克思思想中已经具有了清晰的思路，清楚自己研究的研究方向，在摘录方式上可以具有同样水平的话，第四笔记是在1843年7月和8月两个月里写成的，共有60页，这样的话量化到每天相当于一页左右；而第五笔记共有40页，如果按照同样是两个月完成假设的话，平均一天半页左右，查看马克思8月的经历也没有表明有重大事件中断他写作的事件，所以，每天这样的速度似乎是不合适的，如果是在8月这一个月里完成可能更加实际，因为马克思越往后应该摘录得越娴熟，越来越快，一个月40页的任务量相当于每天一页多，这个推论可能成立，因此，第五笔记笔者认为可能是写于1843年8月里。

能证明第二笔记是由两个阶段写成的事实是：首先，马克思于1843年7月写下第一笔记对亨利希《法国史》的摘录，之后在8月在第二笔记的空白上续写了其他的内容，可以证明这个推论的证据是：①第二笔记的封面上马克思写下了标题"法国史笔记"，然而之后在他的摘录中却论及了其他的题目；②从笔迹上可以看出，笔记封面上的"8月"一词是后来马克思添上去的；③这本笔记两部分页码的编排有所不同。出现这种情况的原因是似乎是明确的，可能是由于第一笔记的篇幅过大而在第二笔记中继续了这个主题的研究，首先从创作时间上看，第一笔记和第二笔记的亨利希摘录都是1843年7月完成的，在时间上笔记也具有前后相继的特点。其次，第一笔记的摘录形式——编年史概要的形式被第二笔记亨利希摘录继承了下来，形式上的一致表明了内容的延续性。最后，从内容上看，第一笔记主要记载了截至 14 世纪的法国史阶段，而第二笔记亨利希摘录正好是从十四世纪末开始记载的，接续了第一笔记的内容，所以，这种事实的出现是马克思需要的深入的研究造成的。

那么，在进行笔记摘录的初期，马克思表现了怎样的兴趣？此时的马克思头脑中萦绕着《莱茵报》时期所面对的困惑，希望通过重新研究黑格尔的法哲学去解决使自己苦恼的问题，但是，这时他并没有采取他擅长的理论批判，而是投入到世界史和政治理论史的研究之中，希望从历史事实中自我升华出经验来。这个原因是否与《黑格尔法哲学批判》手稿已经担负了理论研究的重任有关我们不得而知，但是笔记与手稿之间有着紧密的联系是不能回避的事实，第一笔记中对亨利希的摘录反映的是一种谨慎的和规整的研究特点，但是这个特点并没有保持多久就被第二笔记中主题索引所反映的理论研究的特点所代替了，不过第一笔记包含的特点也反映了马克思初期研究方式的主要特点。第一笔记亨利希摘录中主要写下了法国封建制度产生的历史时期，特别是对封建国家及其官僚机构的形成，封建所有制不同形式的产生以及主要阶级与阶层的地位与权力等问题的关注；而到了第二笔记亨利希摘录部分表现了对法国封建社会发展时期的法国等级代议机构的产生和第三等级在其中的作用的特别关注；在完成了第二笔记的亨利希摘录后，马克思特地编制了一个关于法国凡卢瓦王朝统治时期的编年表，可见他对法国这段历史时期中的政治史问题的关注，体现了马克思研究的特点是由历史事实上升到对历史规律的认识。第一笔记到第二笔记的过程表现的是马克思研究的深入，而笔记初始阶段，他对面前这些历史材料的处理中还没有表现出更多的理论观点。

第四笔记不是一个连续工作过程的推论是由于在笔记中存在着两处不同时间和地点的信息这个情况引起的，这两处时间和地点的记载之间保持着紧密的联系，其中一个是对另一个更加精确的说明。第四笔记的第三页上（马克思的编号是"1"）有第一个时间和地点的记载："克罗茨纳赫.1843 年 7 月.法国史笔记"，第二处写有第四笔记的地点和时间的记载是在封一（马克思没有编号）上："克罗茨纳赫.1843年7、8月"，从第四笔记中包含德国史、英国史和瑞典史的摘录这个事实中可以推测，第四笔记首先于1843年7月写上了有关法国史的摘录并做了记录"克罗茨纳赫.1843年7、8月"，这个摘录似乎是第二笔记法国史内容的直接的延续，而8月里，马克思才写下其余三国史的摘录部分，在结束写作和给笔记编号之后加上了封皮，在封皮的第一面上写下了笔记的号码，补充了写作的日期和完整的摘录的内容目录，在封皮的第三页上编制了第四笔记的内容索引，所以在摘录中才会出现两个时间和地点以及最外封皮的四页上面始终没有编号的情况。马克思为什么会在第四笔记上继续进行德国史、英国史和瑞典史的摘录呢？通过研究笔记的情况可以知道，对兰克的《历史—政治杂志》及林加尔德和盖耶尔的摘录都是后来添补在瓦克斯穆特摘录之后的，因为，《克罗茨纳赫笔记》所反映的摘录习惯是对每一本新书的摘录都要在新的一页上开始，而在第四笔记的第23页上却在结束了瓦克斯穆特的摘录后写下了兰克的《宗教改革时期的德国史》的摘录，这是违背马克思的创作习惯的，唯一的可能是由于摘录兰克著作的空白处短缺，在摘录完兰克杂志、林加尔德和盖耶尔的著作后补充上去的，因此，这里的写作顺序应该是：瓦克斯穆特摘录→兰克《历史—政治杂志》摘录→林加尔德摘录→盖耶尔摘录→兰克《宗教改革时期的德国史》的写作顺序，这一写作顺序受到摘录内容的影响而产生的。

在瓦克斯穆特的《革命时代的法国史》摘录中，马克思关注了法国大革命这个震动世界的历史事件，摘记了有关大革命过程的原始资料，比如1789年8月4日国民议会关于废除封建捐税的决议，1791年宪法的个别条款，人权宣言的个别条款等；革命各个派别领导人的言论，如罗伯斯庇尔、西哀士等人的演说，长裤汉共产主义的要求以及左派雅各宾党人的意见等内容；还依据这本书注脚中介绍的资料编制了一个大的图书目录。可见，马克思对于法国大革命的极端热情和重视，但是从他只是逐字逐句摘录并没有评述的实际情况中可以看出他似乎还停留在初级的认识上，不能过多地评述。这之后他接触到了兰克的《历史

—政治杂志》，并在摘录的最后又返回到之前两篇文章之中，摘记了另外的内容，而且马克思摘记的特点与瓦克斯穆特摘录一样，即不是注重本人的论述，而是重视兰克引用的原始文献。马克思首先关注了1814年同1830年法国政治制度的对比和1830年七月革命之后法国各个党派之间有关选举改革的争论，大量摘录了兰克的《论1831年最后几月里的一些法国传单》一文，并且写了一大段有关批判黑格尔法哲学的评述，指出黑格尔意义上的国家理论的理想化弊端，可见马克思受到兰克杂志摘录的影响有多大。在此之后，马克思又摘录了林加尔德的《英国史》和盖耶尔的《瑞典史》，很有意思的是，这两部著作摘录的是有关英国和瑞典两个国家封建时期所有制形式、国家机构以及议会等方面的问题，马克思似乎又回到了之前几部笔记的摘录主题，似乎是想重新理解封建社会向资本主义社会过渡的历史进程。在《英国史》一书中，马克思尤其注意了城市与市民阶层的发展，以及二者和英国王权之间的关系，而之后对兰克《宗教改革时期的德国史》一书的摘录又使马克思看到了兰克对大革命所持的否定态度，即认为德国的统一是不能走革命的道路的，在现有基础上会自动进化到理想的国家中去。兰克的这个观点与马克思之前摘录的内容截然相反，甚至是相对立的，这与马克思表现的对于法国大革命的热情是格格不入的，所以，为什么把兰克这部著作的摘录增补到与他摘录的理论基调相反的空白处是一个有意思的问题。

如果是马克思无意为之，只是为了从主题上统一兰克的著作和杂志的摘录的话，很难解释下面的这个事实：兰克著作摘录和第五笔记的普菲斯特尔的《德国史》摘录似乎是关于一个主题的继续，讨论的是德国封建时期的一系列问题，包括阶级特权和权利，国家制度及其机构的发展等问题，而第五笔记专门讨论德国历史的主题是首次出现在笔记中，也许兰克《宗教改革时期的德国史》一书摘要可能是受到第五笔记的启迪而创作的，而第五笔记中的默泽尔《爱国主义的幻想》一书摘要同样是研究德国封建时期的主题的，所以，即使是最后创作产生添补笔记的需要，添补到第五笔记也是最佳的选择，而不会添补到主题不统一的第四笔记的"缝隙"中去,所以,可能的原因是马克思有意为之,在对兰克的《历史—政治杂志》的摘录中马克思留下了一段较长的评述:

> 评论。在路易十八统治时期是国王恩准的宪法(钦定的国王宪章),在路易-菲力浦执政时期则是宪法恩准的国王(钦定的王权)。总之我们可以发现,主词变成宾词,而宾词变成主词,被决定者取代决定者,总是构成例行的革命,而且不仅从革命者方面来说是如此。国王制造法律(旧的君主国),法律又制造国王(新的君主国)。宪法的情况也完全是如此。反动派的情况也是这样。长子继承制是国家的法律。国家希望有长子继承制的法律。因此,黑格尔这样把国家观念的要素变为主词,而把国家存在的旧形式变为宾词,——但是在历史现实中情况恰好相反:国家观念始终都是国家存在的那些[旧]形式的宾词,——他这样做只不过说出了时代的一般精神,他的**政治神学**。这里的情况同他的哲学和宗教上的泛神论的情况一模一样。非理性的一切形式这样一来都变成理性的形式。但是这里在宗教上是理性,在国家中是国家观念在原则上被变成了决定的要素。这种形而上学是反动派的形而上学表现,对于反动派来说,旧世界是新世界观的真理。①

这段评论表现了费尔巴哈式的主谓颠倒的方法对马克思的深刻影响。在马克思看来,黑格尔的问题在于倒置了国家观念和国家存在的关系,通过宪法发展的历史可以看到,宪法——这种国家观念的代表——的稳定性和有效性并不是在理论论证中产生的,恰恰是由于具体的国家政治形势的转变而造成的,革命过程中各个阶级对于宪法的理解和主张是不同的,随着革命形势的不断变化,宪法同样也处于不断变化之中,因此,历史现实否定了黑格尔的国家认识,表现的是截然相反的历史特点。这个结论促使马克思思想深层发生了方向性的转变,使得马克思更

---

① 《马列著作编译资料》第12辑,北京:人民出版社1980年版,第36页。

加关注封建时期到资本主义过渡时期的历史进程。在之后的林加尔德摘录中表现了这种思想方向的转变，马克思画线强调的地方主要包括三个方面：首先，中世纪的英国，市民阶级和骑士等级之间开始相互融合；其次，1265年以来，资产阶级议会代表制的萌芽形式孕育在各郡代表之中；最后，城市及其经济力量的增长影响王室力量。可以看出，马克思这个时候开始关注封建社会向资本主义社会转变的历史原因，从对黑格尔法哲学批判中马克思在理解国家的问题上意识到了国家存在更为根本，虽然这个时候他对国家存在还没有明确的定义，但是他开始意识到了国家中的各个因素之间的力量对于历史进程的作用。在之后的盖耶尔摘录中马克思又重新回到了对瑞典封建时期的政治制度的研究中，特别注意研究人民变成农奴、人民会议衰落的原因以及政权转入有产者手中的一些问题，特别摘录了国王马格努斯·拉杜洛斯夺走人民立法权的那句话，所以，在他看来封建社会的本质表现了一种依附性，国王之所以具有稳固的统治地位是有一定的原因的，而这个原因马克思并没有明确地指出来，直到摘录了兰克的《宗教改革时期的德国史》一书，马克思似乎找到了答案所在，他摘录了闵采尔有关财产认识的一段话：

"他（闵采尔）认为，当诸侯们统治着人们的时候，要向人们说真话是不可能的。他声明，一切东西——水中的鱼、空中的鸟、地上的植物——都成了某人的财产，这是不能容忍的；如果把上帝的纯洁的语言坦白地说出来，那么一切东西也将成为自由的。他驳倒了作为国家的基础的一切概念"，第207页。

"他（闵采尔）引用默示录中的话来证明，权力应该交给平民百姓"，第209页。

在闵采尔看来，一切东西，即具有自然属性的事物具有自由的本质，不应该完全地归属于一个人，而是人们可以自由地选择它们。在现实中，一切东西相当于私有财产，而私有财产属于一个人就是封建专制制度，这种制度带来的结果是不仅人们自己的私有财产属于了一个人——君主，而且自己的权力也属于了君主（君主是国家的化身），而前者恰恰是后者的前提，在"权力—自由本质的东西—国家"的结构中自由本质的东西（即私有财产）对于国家和权力而言具有中介的意义，是二者的基础，所以，既然人们有自由使用和拥有那些东西的能力，人们也就应该拥有国家生活中的权力，这是由于一切东西可以自由选择造成的，国家应该把权力交给人们才符合国家的本质。因此，马克思在这段摘录中发现了国家问题的实质是与私有财产有关系的，在之前的摘录中，马克思也接触到了所有制的不同形式对历史发展会产生影响的观点，同样也看到了历史进程中人们的权力与国家的利益之间是一种此消彼长的关系，人们越是要求自由的主张，国家的专制力量就越成为发展的阻碍，人民的权力就越容易实现。但是对于为什么会发生如此的情况却不能够进行合理的解释，马克思通过研究黑格尔的法哲学发现了国家存在对于国家意识——即宪法和人民权力——具有基础性的作用，但是对于国家存在具体是什么还没有完全的理解，所以，在这个意义上，马克思理解到的是"国家存在—宪法以及人民权力"的环节。而在林加尔德摘录中马克思看到了封建社会向资本主义社会过渡进程中市民阶层和封建骑士阶层之间的融合是伴随着城市和市民阶层经济力量的增长而进行的，城市经济力量的发展又带来了各郡代表制度的建立，而这个地方制度是资本主义代议制度建立的前提，在这个环节中，个体经济力量一方面使人格的依附关系逐渐被打破，市民阶层和封建阶层中的骑士阶层发生了向新的阶层的转换；另一方面，城市共同体的经济力量的增长带来了原来意义的封建制度的瓦解，逐渐走向了适合资本主义发展地方制度的建立。所以，经济力量对于历史进程的关键性影响逐渐地凸显出来，马克思得到了"个体—经济—整体"解释历史的框架，而在盖耶尔摘录中，看到了封建社会的实质是"个体—人格—整体"的此消彼长的结构关系，最终马克思在兰克著作的摘录中发现了资本主义历史阶段的本质是"权力—自由本质的东西（私有财产）—国家"。因此在这个意义上，马克思描绘了封建社会向资本主义社会过渡的历史进程，只不过他采取的是一种倒叙的方式，从黑格尔法哲学出发，由封建社会末期到资本主义社会兴起历史阶段的研究，再进展到封建社会本身之中，最后理解了资本主义社会的本质。在方法论上表现的是一种从抽象回溯到历史具体之中的方法。

因此，通过《克罗茨纳赫笔记》中第二、第四笔记的阶段性写作可以看出，马克思思想中存在一条理论线索。在马克思历史和政治研究的初始阶段，引领他研究前行的问题意识是从《莱茵报》时期的经历中得出来的，而围绕这个问题意识马克思认识到单纯的理论研究是不够的，需要进行深入的历史研究，在历史发展的实际过程找到有关问题的答案。初始研究阶段的马克思走的是一条从历史事实出发，在历史发展的过程中总结历史规律的道路，因此，是一种从经验到理论的方式，这深刻地反映在第二笔记的两个阶段的写作之中。在第四笔记中，马克思的理论探索进入了一个全新的阶段，一方面，是受到笔记与《黑格尔法哲学批判》手稿交叉写作的影响造成的；另一方面，也是瓦克斯穆特摘录→兰克《历史—政治杂志》摘录→林加尔德摘录→盖耶尔摘录→兰克《宗教改革时期的德国史》的写作顺序所带来的。马克思从兰克《历史—政治杂志》摘录的黑格尔法哲学评述中发现了国家存在更为根本的事实，但是该怎样把握国家存在马克思还没有明确的认识，在林加尔德摘录中，他意识到了封建社会末期向资本主义社会过渡的历史进程中，各种形式的发展都是与经济因素有关联的，得出了"个体—经济—整体"解释历史的框架；之后在盖耶尔摘录中马克思回溯到了封建社会时期，发现了个体与整体是此消彼长的关系，人格依附是封建社会的本质特征，提出了"个体—人格—整体"诠释历史的框架；在摘录了兰克《宗教改革时期的德国史》后，马克思找到了"私有财产"，看到了"私有财产"在理解资本主义社会历史阶段中的国家意识问题上具有决定性的意义，资本主义社会的一切问题的关键是"权力—自由本质的东西（私有财产）—国家"这个框架带来的。因此，第四笔记摘录的后半部分的写作顺序促进了马克思的历史认识，方法上看是理论与历史的统一的方式，并且是一种倒叙的历史，与第一笔记相比出发点不再是历史现实，而是黑格尔法哲学这种抽象理论。而第二笔记和第四笔记体现的观念变化也反映了马克思思想变化的过程，也就是笔记中马克思思想演进的一条线索：在历史研究中注意到了所有制、阶级和国家三个因素的实质性意义，并在深入的研究基础上，使用了黑格尔法哲学的概念，概括为国家意识和国家存在关系问题，在倒叙的各个历史时期中最终发现了私有财产的意义，即是一种从历史现象到历史理论的过程，因此，《克罗茨纳赫笔记》的一条线索是**历史进程中的个体与整体之间的关系**。

二、《克罗茨纳赫笔记》的主旨

第二笔记和第四笔记中马克思分别留下了主题索引和内容索引，这两个索引可以反映出马克思对于笔记的高度概括和整理，是一种思想性的整合。马克思对第四笔记十分重视，在日后的研究中不断地钻研这本笔记，这两个索引不能仅局限在把握第二笔记和第四笔记上，二者既有联系也有区别，这是由马克思思想的复杂性决定的，这两个索引是马克思留给我们最直接的表达他对笔记摘录的材料之间的关系的理解的"说明书"，研究两个索引之间的联系可以理解笔记关注的主题所在，小题目背后所表现的主题涉及了他对一些具体问题的看法，而这些都是《克罗茨纳赫笔记》的主旨所在。我们可以通过马克思在第二、第四两个笔记本的"主题索引"来说明，马克思所做的索引如下：

《第二笔记主题索引》

1) 三级会议。赋税。第 2 页。第 3 页。鼓动家。第 4 页。第 5 页。市民等级的代表只有（1357 和 58）第 5 页。第 6 页。第 7 页。第三等级。第 8 页。第 9 页。上层人士议会。第 18 页。

2) 农民战争。第 6 页。

3) 议会。第 9 页。法官职位的可贿买性。第 15 页，第 16 页，第 18 页，第 19 页。

4) 贵族。作为中间集团的贵族，第 44 页，封建制度的结构，同上，第 27 页。

贵族。布拉格里起义。第 11 页。公共福利联盟。第 12 页。不列他尼①。第 15 页。革命前三个等级的状况：封建私有权利。第 24 页。关于特权的产生。第 25 页。特权的融合。第 26 页。第 50 页。在立宪君主政体中的贵族。第 54 页。第 55 页。

5）官僚政治。官僚制度。第 11 页。邮政与特务制度。第 13 页。

6）立宪议会。权势与代表。第 21 页。代表会议与人民主权的关系。第 23 页。代议制。第 42 页。第 43 页。

7）所有制及其结果。私有财产的巴托罗牟之夜。第 21 页，第 22 页。没收精神财富和国家信仰者的满足。第 22 页，第 23 页。多数派与恐怖制度。第 22 页，第 23 页。所有者与奴仆同财产之间的联系。第 25 页。财产作为有选举权和被选举权的条件。第 45 页，第 46 页。占有与财产。第 29 页。

7）市民等级（参见第一条）在自治共同体中特权者的地位。（第 25 页。）它的压迫。第 8 页。

8）梅特涅的政策。第 26 页。

9）平等，在波兰通过封爵。第 49 页。社会平等的状况如何。第 30 页，第 37 页。平等与共和国。第 53 页，第 56 页，第 58 页。

10）自由的否决权，一致性，合法的反抗是反对一致性的手段。第 47 页。

11）家庭是作为最初的国家形式。第 27 页。

12）个人权利与社会权利。第 27 页。第 28 页。

13）宪法不是对制定宪法的意志的支配者。第 28 页，第 31 页。

14）对外主权。第 29 页。国家财产。第 29 页。

15）社团同普遍意志的关系。第 32 页。

7）财产。有产者同社会的关系。第 30 页。平等与财产。第 30 页。

15）国内主权。普遍意志的表达。公共福利作为目的。第 31 页。个人与普遍的意志同平等之间的关系。第 31 页。普遍意志与一致性。

---

① 法国西北部半岛。——译者注

第 31 页。普遍意志与商议。第 31 页。普遍意志与人类意志。第 31 页。立法权。第 32 页，第 33 页，第 34 页，第 35 页。（理解与观察力）。第 35 页，第 36 页。自然界与规律。（第 37 页。）法律的分类。（第 38 页。）在任何条件下少数制定法律。第 43 页。法律。第 49 页。人民主权。第 49 页，第 50 页。

16）行政权。第 32 页，第 35 页，第 39 页，第 40 页，第 41 页，第 42 页。

赋税。第 42 页，第 58 页，第 59 页。奴隶制与自由。第 43 页。不同的政体。第 50 页，第 51 页，第 57 页。

11）立宪君主制。第 53 页，第 54 页。权力的分配。第 54 页，第 55 页，第 56 页。

12）接收武器是日耳曼人进行收容与解放的形式。第 59 页。

《第四笔记内容索引》

| 一、等级差别，第 1 页，公社，第 4 页第 5 页。协作社和统治，第 8 页。市政机关等等，第 10—11 页，第 14 页。资产阶级，第 18 页。 | **制度和管理**，第 1 页，第 2 页。封地制度，第 3 页。宫廷职位，第 5 页。官吏的俸禄，第 6 页。**国家、国王、官吏**，第 9 页、第 14 页，议会，第 14 页。新闻，第 14 页、18 页。**人权**，第 19 页。1791 年宪法，第 19 页及以后各页。 | 平等、自由。平民院，第 8 页。宪法，第 9 页，第 10 页。 | 王位继承权，第 6 页。选举，第 6 页、第 9 页、第 12 页、第 15、16 页。代议制，第 6 页、第 11 页。人民的主权，第 11 页、第 12 页、第 13 页、第 15 页。下院，第 7 页。贵族，第 4、7 页。英国宪法，第 8 页。上院，第 8 页。 | ［废］除固定地租，第 18 页，第 19 页。 |

马克思《克罗茨纳赫笔记》中涉及摘要的内容相当庞杂，而且是分散性的一些摘录，这两个索引为理解摘录之间的联系提供了条件，马克思所做的这两个索引表明他在笔记创作的时候就对记下的材料进行了

系统的加工整理。从现在索引中反映出两方面的特点：一方面，马克思自己关心和感兴趣的问题有哪些，并且他是从这些问题的角度来进行这种系统的整理的，明显是针对"国家和市民社会的相互关系"这个主题而进行的摘录；另一方面，索引证明了马克思正在逐渐地向唯物史观转变。从第二笔记中"所有制及其后果"这个标题中可以看出，马克思围绕所有制的相关问题进行了详细地探索，开始理解所有制在历史进程中的意义。索引反映出马克思对三类问题是特别关注的：

第一类问题是有关所有制形式在社会生活中的作用问题。第二笔记索引中的"所有制及其后果"这个标题在索引中占有中心的地位，研究了所有制的很多问题，这些问题包括：所有制的产生及其发展，所有制的各种形式，所有制关系和政治关系之间的关联，所有制关系对国家和社会的影响。可以看出，马克思在《克罗茨纳赫笔记》中对于所有制概念倾注了很多的精力，在他的历史研究过程开始进行通过所有制解释历史的尝试，而所有制这种具有经济因素的概念指引着马克思走向唯物史观。比如在第二笔记索引中把1789年没收教会财产有关的历史事件的分析、最高限额的规定和恐怖制度的分析联系起来考察法国大革命，这是一种把所有制和政治关系联系在一起讨论的方式，而对于这种联系马克思做了这样的论述："所有制同统治和被统治的联系"与"财产作为选举权的条件"。① 马克思还表述了平等问题和所有制形式的联系，即"所有者对社会的态度"与"财产和平等"。并且从"平等和共和国"以及个人和普遍意志对平等的关系的角度提出了平等的问题。② 因此，马克思在第二笔记索引中在研究所有制的形式、意义和发展的问题时发现了它的历史作用。

第二类问题是有关阶级的问题。第四笔记索引的第一部分的题目就是"等级差别"，第四笔记的索引中也用了如下一些小标题来整理材料：贵族、革命前三个等级的关系、关于特权的形成、特权的各种不同

---

① MEGA¹I/1（2）.Marx-Engels-Verlag G.M.B.H.Berlin 1929.S.123.
② MEGA¹I/1（2）.Marx-Engels-Verlag G.M.B.H.Berlin 1929.S.123.

学说的融合、市民等级、公社中享有特权的人的关系。这些标题反映出马克思对于阶级问题的关注，比如阶级的形成、阶级特权的性质、封建等级转化为市民社会的阶级结构的问题。阶级的视角构成了马克思理解历史的关键性概念，是他解释历史进程中各个阶层的一把钥匙，比如在有关贵族和资产阶级问题上，他首先讨论的就是阶级的问题，包括阶级特权产生、来源及与社会结构之间的联系。①

第三类问题是有关国家法的问题。涉及立法权和执行权的问题，与专制主义的产生有关系的官僚制度及其形成问题，代议制和人民主权问题，王室贵族特权的问题，官吏同王权之间的相互关系问题。第二笔记索引中相关的标题有很多：议会、官吏、制宪议会、君主立宪、政府权力大标题以及立法权、法律、人民主权、代表会议和人民主权的关系、权力的划分一系列的小标题。第四笔记索引中重新列举了这些标题，并且还补充了很多，例如宪法与管理，众议院，下院，上院，民族主权，代议制宪法。通过补充可以看出，马克思更为关心代议制的问题，这个问题同他批判黑格尔《法哲学原理》有关。

在著作摘录中得到的历史认识在马克思的思想中逐渐地形成了系统的联系，这既和他自己的研究方法相关，也和摘录的材料本身的特点相关，这是马克思克罗茨纳赫时期艰苦卓绝工作的结果。除这三个主题之外，还应明确《克罗茨纳赫笔记》中的一些具体的研究主题：

首先，对封建社会历史的分析在《克罗茨纳赫笔记》中占有相当大的部分。涉及这个主题摘录的著作很多：包括施米特、普菲斯特尔、拉彭贝尔格、盖耶尔、林加尔德、达鲁、巴伊尔这些作者的著作。马克思对于具体的政治事件很少关注，他的注意力主要是在分析社会经济和政治过程上面，比如，对于施米特的《法国史》一书的摘录，他摘录了共同体财产变成私有财产的过程，封建领地的形式，王权的结构以及收入来源等内容，并省略了一些法律的条文，之后继续摘录了封建制度下的有关农业的问题；有一处需要明确指出的是，施

---

① MEGA¹I/1(2).Marx-Engels-Verlag G.M.B.H.Berlin 1929.S.123,129.

米特著作中有关卡洛林王朝覆灭原因的论述是他从基佐的《法国文明史》和梯叶里的《关于法国史的书信》中抄来的。通过研究各个不同国家的历史，并讨论封建制度的发展，比如在盖耶尔的《瑞典史》中，马克思摘录了国王马洛努斯·拉杜洛斯剥夺人民立法权的论述；还对自由居民变成农奴的问题十分感兴趣，摘录了普菲斯特尔的著作，注意到德国在查理大帝统治时期自由民的人数逐渐减少，人民会议变成了空洞的形式的表述。在有关贵族主题的摘录上，马克思注意的主要方面是王权的形成以及王权与贵族和城市的相互关系，在巴伊尔的摘录中指出，国王同封建领主们相冲突时，使用扩大王室的司法权这种手段来进行对抗。

其次，对英国和法国资本主义早期的历史特征进行了详细的研究。马克思摘引了林加尔德的《罗马人第一次入侵以来的英国史》一书中论述王权的确立和强化的内容，指出亨利二世时期英国司法的状况。马克思认为当时的司法活动都是国王投机活动的产物，并且对于英国议会的历史也表现了重视，对英国大宪章进行了详细地分析，了解了它的历史发展过程，马克思还摘录了书中有关1265年英国开始召集各郡代表参加议会的历史事件，林加尔德把这个历史事件看成是议会代表的萌芽，马克思在这段论述的旁边做了记号。林加尔德的著作有关城市的兴起和资产阶级发展的问题的讨论占了主要的部分，而且马克思对书中有关这个问题的论述摘录做了大量的记号：在谈到城市以及它的经济力量增长，城市对王室的支持影响王室内部势力变化，商人和骑士之间融合这些论述的时候都在旁边做了记号。在拉彭贝尔格《英国史》的摘录中，马克思的注意力主要在个人的财产对于他的社会地位的影响的论述上面，摘录了盎格鲁-撒克逊时代里一个商人的资金如果多到能使他三次前往海外的话，他就会被授予贵族的称号这个有趣的论述，并且在商人一词上加了着重号。马克思也根据法国史研究了同样的问题。他认为，在中世纪城市发展初期，城市和乡村一样不能逃脱奴役的命运，他注意到了城市的运动，资产阶级争取自己权利斗争的不彻底性，他摘录了亨利希的《法国史》，同样也注意到了城市共同体的形成及资产阶级产生和实力不断增强的历史趋势。马克思摘录了施米特的著作，又从达鲁的《威尼斯共和国史》摘录了"城市共同体中财富成了参加管理的资格证书"的那段话，理解了共同体中的代表制原则的全部局限性。通过罗素的著作研究了英国议会民主的活动机制，尤其摘录了其中谈到"衰败城镇"制度的地方，注意到了罗素讲的"在议会选举中**领地**在一定程度上是候选人资格的保证"的话。罗素自问自答道：下院代表人民吗？是的，当人民同政府意见一致时，下院代表人民，但是同政府意见分歧时，下院就站在政府一边。马克思在这段论述的旁边画了明显的杠杠。

  再次，对于代议制政体的研究。通过历史研究，马克思把握了代议制的实质，他在《黑格尔法哲学批判》手稿中对比了君主立宪制和代议制两种政体之间的差异，得出了代议制政体是理想的政体的结论，批判了黑格尔拥护的君主立宪制政体的主张。在《克罗茨纳赫笔记》中能够看到马克思对代议制理解的演变路径，通过历史研究，他逐渐认识到代议制是在王权同封建领主进行斗争、城市和城市资产阶级兴起、资产阶级和王权结成联盟对抗封建领主的条件下产生的，因此，他从历史的角度把握了代议制的实质，理解了议会这种政治设施的意义。在马克思看来，把代议制看作是一种政治原则的产物的观点是一种抽象的观点，代议制并不是人民主权、三权分立的一般原则的结果，而是在现实的历史斗争中人民自己的选择，是一种源自现实的历史概念。对兰齐措勒著作附录的摘录包含有对代议制原则的批判，特别重视其中谈到代议制度建立在两种**主要的虚构**（马克思把这几个字加了着重号）上：第一，全体人民组成一个由同类成员组成的统一的社团。第二，这个被叫作人民法人的组织应该受代表议会指导，但是其代表不受选民的约束。1843年9月马克思致卢格的信中已经明确地把代议制界定为私有财产统治的政治表现。① 并提出了把"代议制度从政治形式提升为普遍的形

---

① 《马克思恩格斯文集》第10卷，北京：人民出版社2009年版，第9页。

式，并指出这种制度的真正的基本意义"①。

最后，法国大革命史研究。马克思对这个主题表现了很高的关注度，他首先利用了瓦克斯穆特的《革命时代的法国史》，研究了其中收录的革命时期的各种各样的原始文献，比如革命家的演讲、1791 年宪法、制宪议会的决议等。对于革命前的法国历史形势，马克思特别注意各种封建义务同国家税赋的联系，并对革命前的社会政治生活中的经济要素表现出浓厚的兴趣。在介绍法国大革命的著作中，马克思摘录了大量有关资产阶级利益同财产问题的联系的论述，认识到了资产阶级陷入了私有财产的悖论之中：在宣称资产阶级私有财产神圣不可侵犯的时候，并不认为封建财产是同样不可侵犯的。对于法国大革命中这种有关财产问题的悖论，他摘录了一系列的历史事实，1789 年 8 月 3 日夜间由制宪议会通过的一系列废除封建义务的法律和没收教会财产的决议。摘录了制宪议会发行阿西涅纸币之后，马克思评述道："这里有很大的矛盾，因为为了一方的被认为不可侵犯的财产，要拿另一方的财产来作为牺牲。"② 法国大革命财产问题的这种悖论引起了马克思对法国大革命时期的平等问题的研究，摘录中反映出他的思路是这样的：资产阶级革命具有局限性，资产阶级的革命无法保证实行真正的普遍的平等，现实的平等是被财产所有者拥有的财产所决定的，这样，马克思就把平等问题和财产形式联系在一起，比如，把 1793 年 9 月 4 日发生的反**财富贵族**③的人民暴动以及同一年疯人派提出确立财产平等的要求的地方都摘录了下来；在引用 1792 年 3 月 13 日吉伦特党人维尼奥的讲话时，强调指出，自由对于社会的人来说，是权利的自由而不是财产的自由。马克思也注意到了雅各宾派的罗伯斯庇尔反对大资产阶级的言论，摘录了他认为"内部的危险都来自资产者，而为了战胜他们，必须团结群众"的原文。1789 年 10 月在人民议会上罗伯斯庇尔谈道，每一个公民都应该参加管理作为**他自己事务**的**公共事务**，否则，关于**任何人都是公民**的

---

① 《马克思恩格斯全集》第 10 卷，北京：人民出版社 2009 年版，第 9 页。
② MEGA¹I/1(2).Marx-Engels-Verlag G.M.B.H.Berlin 1929.S.119.
③ 马克思给这个词加上了着重号。

论点就是虚伪的了,马克思在"他自己事务"、"公共事务"、"任何人都是公民"上加了着重号。他还对法国大革命时期的原始资料情有独钟,尤其是一些革命报刊,比如对1831年2月15日《法兰西报纸》上的一篇题为《人民的主权》的文章进行了摘录。马克思把下面的一句话加了着重号:"**这种所谓的人民主权,无非是君主国的有产阶级为了夺取君主的权利而让各非有产阶级相信的骗局。**"在研究复辟时期时利用了兰克的《政治—历史杂志》,主要研究了所有制方面的变化对政治设施的影响,从对其中《论法国的复辟》一文的摘录反映了这样一个思想,拿破仑的成功是建立在恐惧上面的——所有者担心失去自己的财产,但是所有者对可能废除财产资格限制同样是恐惧的,这样的话会把所有者推入君主主义者的怀抱中去。

《克罗茨纳赫笔记》内容十分庞杂,而且摘录的材料所涉及的观点也是很分散的,通过第二笔记和第四笔记的索引能够整合摘录,将笔记中的观点按照主题分类,得到马克思关注的基本问题,而这两个笔记的索引并不是完全独立的系统,彼此之间有着诸多的联系。相比而言,第二笔记反映了马克思研究的特点,涉及很多的概念,在这些概念中最突出的是所有制,马克思在摘录接触的材料时基本都是围绕所有制展开的,这使他理解了所有制在历史变革和发展中的重要意义,沿着所有制这条道路马克思开始了思想的转向。而在第四笔记的索引中,马克思更多关注的是有关政治制度的问题,摘录了很多宪法、等级、平等、自由、制度、管理等等有关国家理论主题的段落,而这些在第二笔记的索引中也是有所涉及,可见,第四笔记的索引反映了马克思研究的深化,所有制看似消失了,但是回到第四笔记摘录中会发现,所有制已经成为了马克思掌握的概念,作为马克思理解历史的一个基础性要素而存在,进入了他的思想背景之中。《克罗茨纳赫笔记》的世界史研究,尤其是法国大革命史研究,对马克思的思想发展起到了重大的作用,他更多关注的是封建社会末期向资本主义社会早期过渡这段历史时期,希望理解他所生活的时代和国度里的诸多的政治现象,从研究资本主义社会形成的历史进程中理解资本主义的本质,这种研究的方式呈现了由经验到理论的思路，这是《克罗茨纳赫笔记》所表现的最突出的特点。所以，《克罗茨纳赫笔记》的巨大意义就体现在马克思是怎样从历史经验中一步一步发现理解历史的钥匙，得出自己的结论，解决国家现实问题。

三、《克罗茨纳赫笔记》对马克思同期著作的影响

1. 对《黑格尔法哲学批判》的影响

《黑格尔法哲学批判》是马克思对黑格尔《法哲学原理》第260—313节的批判研究，表现了马克思思想发展的一个新阶段，马克思在这部著作中发现了市民社会在解释历史发展时的作用，开始了市民社会研究。由于《克罗茨纳赫笔记》和这部著作都是马克思讨论国家问题进行研究的成果，而且在写作时间上十分接近，虽然在《黑格尔法哲学批判》中没有直接利用笔记的证据（《论犹太人问题》中有两处直接引用），但是从思想内容上看，《克罗茨纳赫笔记》和《黑格尔法哲学批判》之间存在着十分紧密的联系。

这一推论是由马克思在写作《黑格尔法哲学批判》时出现的一次文本断裂的事实证明的：在303节的批评后，马克思写下了对这一段的评述，紧接着摘录了304—307节黑格尔《法哲学原理》中的原文。按照习惯来讲，在这之后他应该开始评述这几节，但是很有意思的是，他只写下了一句话，又紧接着对303节做出了评述，重新回归了303节的讨论之中。这种情况的出现，可以利用《克罗茨纳赫笔记》进行说明，可能是由他在第四笔记中摘录兰克《历史—政治杂志》时受到的启发所导致的，这从他在笔记中留下的一段评述中能够得到说明。

第303节："**普遍**等级，或者更确切地说，**在政府中供职**的等级，直接被规定要以普遍东西为其本质活动的目的；**私人等级**在立法权的**等级**要素中获得**政治意义**和政治效能。在这里，这种私人等级既不表现为简单的未被分割的整体，也不表现为分裂为许多原子

的群体，而是**它已有的样子**，就是说，它分为两个等级：建立在实体性关系上的等级，以及建立在特殊需要和促成这些需要得以实现的劳动上的等级。只有这样，国家**内部**的现实的**特殊东西**才在这方面同普遍东西真正地联系起来。"①

马克思指出，黑格尔法哲学中私人等级的定义是存在着矛盾的："**私人等级**在立法权的等级要素中获得**政治意义**。"② 私人等级在市民社会的生活中并不具有政治性，只是在国家政治活动中表现为一种等级要素的时候，才具有政治性的意义，因此，"等级要素是**私人等级**即非政治等级的**政治意义**"③，这应该是黑格尔在 303 节中提到的私人等级是"建立在特殊需要和促成这些需要得以实现的劳动上的等级"的含义。但是，黑格尔认为私人等级还有"建立在实体性关系上的等级"的内涵，私人等级在这里又属于这种国家的本质，又被黑格尔赋予了政治性的矛盾，所以，马克思认为黑格尔私人等级的概念存在着矛盾：一方面私人等级是市民社会中体现特殊性而没有普遍性的一个非政治性的概念，只有参与国家政治活动后被国家赋予政治性；而另一方面，黑格尔又认为私人等级是国家实体性的要素，是一个本身具有普遍性的概念，私人等级是特殊性和普遍性的统一，在这一点上，马克思似乎是不同意黑格尔的观点的。

之后，马克思又分析了黑格尔的附释部分：

"这是与另外一种通行的观念相抵触的，按照这种观念，私人等级在立法权中升格了，得以参与普遍事务，但私人等级都必须通过**单个人**的形式表现出来，或者是由这些单个人选举代表来执行这种职能，或者甚至是由每一个人亲自投票。这种原子论的、抽象的观点在家庭和市民社会中早已消失，在那里，单个人只有作为某种

---

① 《马克思恩格斯全集》第 3 卷，北京：人民出版社 2002 年版，第 88 页。
② 同上书，第 89 页。
③ 同上。

普遍东西的成员才能得到表现。但是,国家在本质上是这样一些成员的组织,这些成员**本身**就构成集团,国家中的任何一个环节都不应该表现为无机的群体。作为许多单个人的**众人**——人们喜欢称之为'人民'——固然是一种**集合体**,但只是**群体**,只是无形式的整体,因此他们的运动和行动只会是自发的、无理性的、野蛮的和恐怖的。"

"有一种设想,主张当已经存在于上述集团中的各种共同体进入政治领域时,即采取**最高的具体的普遍性**立场时,把这些共同体重新分解为个人组成的群体,正因为如此,设想就把市民生活和政治生活彼此分离开来了,可以说是把政治生活悬在了空中,因为政治生活的基础只是任意和意见的抽象单一性,因而使一种偶然的东西,而不是自在自为的**固定而合理**的基础。"

"尽管在一些所谓的理论提出的设想中,一般的**市民**社会**等级**同**政治**意义上的**等级**是截然分开的东西,但语言仍然保持了以前本来就存在的二者的一致。"

"**普遍**等级,或者更确切地说,**在政府中供职**的等级。"①

马克思批判道:"黑格尔是从**普遍**等级'在政府中供职'这一前提出发的。他硬说普遍理性是'等级的和不变的'。"② 马克思指出黑格尔的核心观点是政治领域中的等级差别根源于市民社会中的等级差别,"**私人等级**并没有变成**政治等级**,而是作为**私人等级**它获得自己的政治效能和政治意义"③。私人等级只有依据市民社会的等级差别的原则才能获得自己的政治意义,因此,市民社会的等级和政治意义上的等级在黑格尔看来就是同一的,"这样,国家**内部**的现实的**特殊东西**才在这方面同普遍性真正地联系起来"④。在马克思看来,黑格尔用这种方法使市民生活和政治生活统一在了一起。

---

① 《马克思恩格斯全集》第3卷,北京:人民出版社2002年版,第89页。
② 同上书,第90页。
③ 同上。
④ 同上。

马克思对黑格尔的这个结论表示了反对的态度，"现在这种一致性已经不复存在了"①。但是马克思对黑格尔论证的一个环节相当感兴趣：

> "上述集团〈家庭和市民社会〉中已经存在着**各种共同体**。当各种共同体进入政治领域时，即采取**最高的具体的普遍性**立场时，怎么能想到把这些共同体'重新分解为个人组成的群体'呢？"②

即家庭和市民社会这些私人领域进入具有普遍性的政治生活中达到最高的具体的普遍性的立场时候，怎么能够保持自己的特殊性？随后，马克思用了很大的篇幅谈了这个问题。他从黑格尔阐述问题时的思路入手，黑格尔认为，这种同一性最鲜明地表现在中世纪的历史阶段中，市民社会就是政治社会，市民社会的原则就是国家的原则，但是马克思马上指出问题所在，"但是，黑格尔的出发点是作为两个固定的对立面、两个真正有区别的领域的'**市民社会**'和'**政治国家**'的分离"③。现代社会中这种分离是存在着的，同一性确实已经消失了，市民社会和国家成为了个体政治生活和私人生活的两个领域，黑格尔是以同一性已经消失作为自己理论出发的前提的，市民社会和国家的关系最后还要趋于同一性，同一性是二者真实的关系，而在马克思看来，"只有市民等级和政治等级④的**分离**才表现出**现代的**市民社会和政治社会的**真正的**相互关系"⑤。而且，黑格尔还有一个错误是，他在这里说的政治等级也完全不同于中世纪的政治等级，中世纪各个等级的存在的实质就是它们政治的存在、国家的存在，中世纪的等级就是它们的国家，它们并不是因为参与了立法而成为了政治等级要素，相反，正因为它们是政治等级要素才参与立法，这就是说中世纪的共同体具有政治的同一性，而黑格尔所说的私人等级只是一个利己性为主要特征的特殊等级。

---

① 《马克思恩格斯全集》第 3 卷，北京：人民出版社 2002 年版，第 90 页。
② 同上。
③ 同上书，第 91 页。
④ 手稿中写的是"社会"。——编者注
⑤ 同上书，第 91 页。

紧接着马克思指出了黑格尔论述中的三点矛盾：(1)黑格尔虽然以市民社会和政治国家的分离作为前提论述自己的观点，而且认为这种现实的状况是符合理性发展的，是"**观念的必然环节，理性的绝对真理**"①。但在他的论述中没有一处不表现出市民社会与国家之间的冲突。(2)把作为私人等级的市民社会与国家对立起来；(3)立法权是私人等级的政治领域中的一种权力，是一种政治生活中的活动，市民社会和国家之间是一种逻辑学上的反思关系，这种反思关系本质上也是一种同一性的关系。黑格尔还打算：(1)希望市民生活和政治生活不分离。(2)但是市民等级追求成为政治等级的目的本身就已经证明了市民等级与国家的分离。因此，"黑格尔使**等级要素**变成**分离**的表现，但同时，这一要素又应当是并不存在的一种同一的代表者。"② 这就是黑格尔想要达到的目的，在国家内部中，使分离的市民社会和政治国家达到统一，同时使市民社会各等级本身成为立法社会的等级要素。303节的评述到这里就中断了，这个部分也是《黑格尔法哲学批判》手稿23页的最后部分。但是，马克思似乎只是指出了黑格尔的问题，没有解释他之前为自己提出的那个问题，即家庭和市民社会这些私人领域进入具有普遍性的政治生活中达到最高的具体的普遍性的立场时候，怎么能够保持自己的特殊性？在24页开头马克思摘抄了《法哲学原理》的304—307节的原文，之后在评述黑格尔从绝对观念中引申出政治概念的问题后出现了一个很有意思的现象，马克思又重新回到了303节的评述中去，这个原因只能这样解释，摘引了303节后马克思没有立即进行批判，而是留出了1个印张的4个空白页待以后写评注，之后在24页开始摘引了304—307节，写下了两句话，才开始写303节的评述，由于纸张不够用，在304—307节后续写了评述，以致写到26页的上端。而马克思为什么摘引完304—307节后会重新回到303节的写作呢？这个原因可能和《克罗茨纳赫笔记》中第四笔记摘录兰克《历史—政治杂志》后的那段评

---

① 《马克思恩格斯全集》第3卷，北京：人民出版社2002年版，第92页。
② 同上书，第93页。

述有关系，受到了评述的影响而形成的，我们再来回顾一下那段评述：

> "在路易十八时代，宪法是国王的恩赐（钦赐宪章），在路易·菲力浦时代，国王是宪法的恩赐（钦赐王权）。一般说来，我们可以发现，主语变为谓语，谓语变为主语，被决定者代替决定者，这些变化总是促成新的一次革命，而且不单是由革命者发动的。国王创立法律（旧君主制），法律创立国王（新君主制）。宪法的情况也是如此。反动分子的情况同样是如此。长子继承权是国家的法律。国家需要长子继承权的法律。因此，当黑格尔把国家观念的因素变成主语，而把国家存在的旧形式变成谓语时——可是，在历史真实中，情况恰恰相反：国家观念总是国家存在的［旧］形式的谓语——他实际上只是道出了时代的共同精神，道出了时代的政治神学。这里，情况也同他的哲学宗教泛神论完全一样。这样一来，一切非理性的形式也就变成了理性的形式。但是，原则上这里被当成决定性因素的在宗教方面是理性，在国家方面则是国家观念。这种形而上学是反动势力的形而上学的反映，对于反动势力来说，旧世界就是新世界观的真理。"①

这里批判的主要是黑格尔主谓颠倒的问题，倒置了国家存在和国家观念之间的关系，这从根本上指出了黑格尔问题的所在，这一段评述与304—307节评述所论述的黑格尔问题是一致的，在这一点上表现了二者之间的写作可能有较为密切的联系。既然如此就面临一个问题，到底是《黑格尔法哲学批判》中的304—307节的引文和评述影响了笔记中的黑格尔评述，还是笔记中的黑格尔评述影响了《黑格尔法哲学批判》中的评述。要回答这个问题需要看一下304—307节主要的内容和兰克杂志摘录的主要内容是什么。

首先，第304节谈的是政治上的等级要素只有具有中介环节的时候才能表现合乎理性的关系。这里黑格尔提示这个结论的推理要看302节

---

① 《马克思恩格斯全集》第40卷，北京：人民出版社1982年版，第937页。

的附释,在 302 节的附释中黑格尔认为一个特定环节处于对立地位的时候也同样处于中项的地位,是一种有机的环节,因此,现实国家中产生的对立都是表面的,不是本质的对立。所以,黑格尔要表达的是等级要素与王权原则的对立并不是等级要素本质的表现,因为如果从中介的角度看等级要素的话,它只是理性国家的一个中介环节,这是等级要素的本质所在。第 305 节主要是说明市民社会的各个等级中含有这样一个可以充当中介环节的等级,具有与君主共有的特殊性、普遍性意识和自然规定,这个等级过着自然伦理的生活,它们以家庭为生活基础,以土地占有为生活资料的基础。306 节主要讲的是这个等级为什么可以担负这个历史使命,在黑格尔看来,主要是因为这个等级没有"自由处理自己的全部所有物的能力,或者知道全部所有物将按对子女一视同仁的办法转给子女",例如长子继承权制度。在补充中黑格尔又提到,这个等级具有独立的意志,长子继承权可以巩固和保证这个等级,而长子继承权的根据在于,国家应该依靠必然的东西——财产,财产与人的信仰也有相对的必然联系,拥有独立财产的人是自由的,是不受外部环境的限制的,这样的人具有普遍性,可以为国家做事,但是长子继承权只是在政治生活中才有意义,在没有政治制度的地方,实施长子继承权是损害私人权利自由的。307 节总结了 304—306 节的主要观点,黑格尔指出,这个等级具有主观性和偶然性之间的实体性地位,这是因为,一方面,这个等级实质是被指派去从事合政治目的的活动,另一方面不是因为选举而是由于出生剔除了偶然性,所以这个等级既与王权类似具有普遍意识,同样也与市民社会的其他等级一样,具有需要、分享的权利,所以是王位和社会的基础。因此,从整体上看,304—307 节还是对 303 节的一个补充,具体指出是什么等级能完成特殊性和普遍性统一的任务,所以,很难推断出马克思可以从其中得出国家意识和国家观念的关系讨论。而在兰克《历史—政治杂志》的摘录中,马克思发现了很多有意思的历史事件,路易十八的命运在革命前和革命时不断变化,反映出宪法这种国家意识并不是决定历史事实的,恰恰相反,是历史的现实决定了国家意识本身。

之后在笔记的评述中，马克思还举出了长子继承权的事例，但是在兰克的摘录中并没有提到长子继承权的问题，反而是在《黑格尔法哲学批判》的304—307节黑格尔将长子继承权看作是能够实现特殊性和普遍性相统一的那个等级的本质特征，因为它在一个方面能够体现国家的意志。所以，可能的情况是马克思在摘引完303节后，因为还不能解决个体在达到普遍性的时候怎么能保持自己特殊性的问题，所以空了一个印张，希望以后考察；又抄了304—307节，明白了黑格尔的观点是因为有一个普遍性和特殊性相统一的阶层，他们能够担负这个历史任务；这时正好摘录了《克罗茨纳赫笔记》第四笔记的兰克《历史—政治杂志》，发现了黑格尔颠倒了国家存在和国家意识之间的关系，从而对303节做了评述，但是留有的纸张不够，就在23页的末尾留下了（XXIV.X.）的标志，在24页上接续摘录（打上了X.记号）。而303节与304节之间的那段批判与307节后的那段批判明显是直接地联系在一起的，303—304节之间的论述指出了黑格尔观点矛盾后，在打有X.记号的地方接着进行评述，第一句话就带有对之前评述总结的意味："黑格尔觉得市民社会和政治社会的分离是一种**矛盾**，这是他的著作中比较深刻的地方。"① 但是在马克思看来，市民等级和政治等级的分离其实质是现实中市民社会和国家分离造成的，而黑格尔认为这种分离只是表面现象，最后二者的统一才是最终的结果，本质的结果。马克思认为，现实的市民生活在一个双重的组织中，即官僚组织和社会组织，前者是政治中的个体，后者是市民社会中的个体，在第一种组织中，国家与市民是形式上的对立，而在第二种组织中，市民对国家而言是质料的对立面。因此，要成为现实的公民，就要走出自己的市民现实性而进入个体性，个体性是成为公民的前提，市民社会在自己的内部建立起自己与国家之间的关系，这种关系在一个方面是官僚政治的统治物。在现实中市民社会与国家的关系问题就是代议制和等级制之争，并对代议制采取了支持的态度，黑格尔的核心观点是：市民社会是私人等级，不是政治等

---

① 《马克思恩格斯全集》第3卷，北京：人民出版社2002年版，第94页。

级，是一个人的利己性为主要特征的社会，是一个原子论的社会。黑格尔认为，市民要获得政治意义和政治效能就必须抛弃自己的等级——市民社会，因为市民社会是个体和政治国家之间的中介。在马克思看来，历史的发展首先证明了历史是使政治等级变成社会等级，但是这种转变却先是在君主专制政体中发生的，而这种制度本身干扰了转变的可能，只有法国大革命完成了这种过渡，完成了政治生活和市民社会的分离。这个过程中，市民社会的等级也发生了变化，越来越呈现私人等级的特点，"**享受**和**享受能力**是市民等级或市民社会的原则"。只有在市民社会里成员才获得**人**的意义，"现代的市民社会是实现了的**个人主义**原则；个人的存在是最终目的；活动、劳动、内容等等**都只是手段**"。① **等级制度**的根本目的就是"把他的特殊性变为他的实体性意识，并且利用政治上存在着等级差别这一事实使这种差别也同样成为社会差别"②。

在马克思的论述中表现了对于市民社会的消极认识，对等级制度的否定态度和对代议制的支持，对法国大革命的历史意义的高度评价，表现了对于市民社会有了初步的理解和认识，论述中也把握到了市民社会的基础性地位，"这里的特点只是，**丧失财产的**人们和**直接**劳动的即具体劳动的**等级**，与其说是市民社会中的一个等级，还不如说是市民社会各集团赖以安身和活动的基础"③。现实的历史进程和黑格尔的观点正好是相反的，不是市民社会借助等级制度上升到国家，而是政治等级下降到社会等级来，政治生活和私人生活分离开来。而在对304节的论述中，马克思认为："所谓从属于这种意义的主体是不是这种意义的真正谓语，是不是这种意义的本质和真正实现，那么我们就能最彻底地摆脱这种幻想。"④ 这与《克罗茨纳赫笔记》的黑格尔评述的逻辑是一致的，因此，《克罗茨纳赫笔记》可以说对《黑格尔法哲学批判》具有建构的意义。

---

① 《马克思恩格斯全集》第3卷，北京：人民出版社2002年版，第101页。
② 同上书，第102页。
③ 同上书，第100—101页。
④ 同上书，第104页。

马克思追述了黑格尔法哲学的根本问题是没有正确把握市民社会在历史中的真实情况，完全是为了理论论证而忽视了真实的历史过程，马克思通过历史研究逐渐地意识到了所有制、市民社会、阶级、国家等概念的历史意义，走向了唯物史观，而起点似乎是从《克罗茨纳赫笔记》开始的。

2. 对《论犹太人问题》的影响

《论犹太人问题》是《德法年鉴》时期马克思与鲍威尔论战性的一篇文章，针对的是鲍威尔所提出的解决犹太人问题的实质是让他们放弃自己的宗教，从而实现政治解放的观点，在马克思看来，人的解放更为根本：

> "任何解放都是使人的世界即各种关系回归于人自身。政治解放一方面把人归结为市民社会的成员，归结为利己的、独立的个体，另一方面把人归结为公民，归结为法人。只有当现实的个人把抽象的公民复归于自身，并且作为个人，在自己的经验生活、自己的个体劳动、自己的个体关系中间，成为类存在物的时候，只有当人认识到自身'固有的力量'是社会力量，并把这种力量组织起来因而不再把社会力量以政治力量的形式同自身分离的时候，只有到了那个时候，人的解放才能完成。"[①]

马克思认为，人的解放的实质就是在市民社会中完成的一种解放，政治解放还不是真正的解放，只是让宗教脱离国家进入市民社会中，人的特殊性得到更大的尊重，人把自己的政治性交给了国家，成为公民和法人，具备普遍性。但是马克思认为，市民社会的普遍性只是形式的普遍性，真正的普遍性只有实现人的解放才能到来，把人的政治性拉回人自身，在市民社会中完成人的特殊性和普遍性的统一才能实现人的解放。所以，《论犹太人问题》是马克思政治理论的一篇经典之作，而在这部著作的形成过程中《克罗茨纳赫笔记》发挥了巨

[①] 《马克思恩格斯文集》第1卷，北京：人民出版社2009年版，第46页。

大的作用。

《克罗茨纳赫笔记》究竟为《论犹太人问题》的创作提供了怎样的启迪？马克思在《克罗茨纳赫笔记》中进行了怎样的思想实验？《克罗茨纳赫笔记》摘录反映出马克思热衷的理论主题和《论犹太人问题》讨论的问题是有密切关系的，直接表现这种联系的紧密程度的事实是《论犹太人问题》一文对《克罗茨纳赫笔记》的直接引用，而这些引用并不是在史料的意义上去使用的，马克思在笔记中得出的理论成果似乎促进了《论犹太人问题》主要观点的形成，要理解这一点，需要理解同一段引文在《克罗茨纳赫笔记》和《论犹太人问题》中的不同意义。

马克思对卢梭《社会契约论》一书的摘录表现出他主要关心的是国家的起源和发展的问题，尤其在马克思对人民主权概念的理解上，卢梭的启示性作用显露无遗地表现出来。第二笔记第21—24页上摘录了路德维希的《最近五十年的历史》一书中马克思感兴趣的内容，摘录的形式很有意思：首先，他关注了"贵族和私人所有者"企图援引**人民的主权**（马克思把这几个字加上了着重号）来影响立法议会代表的选举的那段论述；之后马克思跳过了大约二百页文字，摘录了有关国民公会对国王路易十六做出死刑判决后的雅各宾派的政治态度，雅各宾派坚决反对**"诉诸人民"**（马克思把这几个字加上了着重号），其实质是要挽救国王；接着，马克思又跳过了大约五十页文字后记下了一段话，这段话主要论述的是公安委员会和社会保安委员会凌驾于国民公会之上，它们上面没有任何约束的力量——裁判官和最高权力机关，它们遵循的只是**公共福利**（马克思把这几个字加上了着重号）的原则。通过马克思加着重号的地方可以看出，他对于个体人民和整体国家之间的关系有了一定的认识，他站在个体人民的视角看到了人民主权概念的实质只是一种形式，在历史中表现的是一种任意性。历史可以把各种不同的形式塞进这种形式之中，封建时期，贵族和私人所有者利用人民主权的说法来干涉立法议会的决议，而在法国大革命时期，雅各宾派对人民主权采取了否定的态度，公安委员会和社会保安委员会打出了公共福利的旗号，这种公共福利的目的是维护人民权力。所以，马克思在路德维希摘录中发现了人民主权概念的这种任意性，这和他在《莱茵报》时期的经历所得到的认识是非常契合的，人民主权在一定程度上是与国家意识分离的，而造成这种问题的原因究竟是国家意志还是人民主权，这一点使马克思产生了困惑，因此，他并没有停止于历史现象的层面，而是使用了他惯用的分析问题的方式——哲学分析，在对卢梭《社会契约论》的摘录中试图找到这个历史现象的根源。在卢梭摘录中马克思对"共同意志"和"一切人的意志"之间的相互关系问题十分关注，个体意志和社会客观需求在什么样的社会制度下能够统一是马克思在卢梭摘录中要解决的。但他通过历史摘录发现，即使在民主社会中二者也可能不相符合，人民对于福利一直持有渴望的态度，但是没有任何一个国家能给予人民福利，卢梭认为这是由于人民作为立法者在立法中持有私人利益而造成的，这样产生的法律不是纯粹的、具有普遍意识的法律，而是一种私人利益掺杂其中只能代表某一类人的法律。马克思批判了卢梭的这个看法，这可能是与他的历史经验不断丰富有关系，历史中任何阶级都是从自己的思想利益出发对待公共事务的，所以，马克思就需要找到能够把自身的利益看作是国家利益的这么一个阶层，他在摘录中特意强调了下面的这段话：

> "敢于为一国人民确立制度的人，可以说必须自己感到有能力改变人的本性，把每个本身是完善的、单独的整体的个体变成一个更大的整体的一部分——这个个体以一定的方式从这个整体获得自己的生命和存在——，有能力用局部的道德存在代替肉体的独立存在。他必须去掉人自身固有的力量，才能赋予人一种异己的、非由别人协助便不能使用的力量。（《社会契约论》1782年伦敦版第2卷第67页）"①

这段话几乎逐字逐句地出现在了《论犹太人问题》一书中，我们

---

① 《马克思恩格斯文集》第1卷，北京：人民出版社2009年版，第46页。

知道《论犹太人问题》的理论成果是人的解放与政治解放相比，人的解放更为根本，人的解放的实质就是在市民社会中完成人的普遍性和特殊性的统一问题，而这个历史任务由谁担当的疑问是在《〈黑格尔法哲学批判〉导言》中解决的，即无产阶级，这个阶级是一个出身于市民社会但被排除在市民社会之外的阶级，具有政治普遍性的特征，可以担负人的解放的历史使命。马克思在卢梭摘录中特别强调的那段话深刻地表明，马克思开始寻找担负这个任务的阶层的最初探索是在《克罗茨纳赫笔记》中进行的，但是当时的马克思似乎不具备《论犹太人问题》中的问题意识，从一些迹象表明，他感兴趣的是卢梭提出的"个体意识"和"共同意识"之间的关系问题，马克思意识到了二者之间的平衡可能需要别的力量来引导，但是这个力量是什么还没有明确的认识。

　　这里有一个文献事实可以证明马克思解决疑问的尝试：这一处能够理解马克思思想转变的事实是反映在第四笔记中瓦克斯穆特摘录提供的图书目录中的。马克思依据瓦克斯穆特著作中的脚注编制了一个有关法国大革命史文献的图书目录，这是为了能够继续深入的研究而编制的，这个书目汇集了大约120本著作，其中也包括第二笔记摘录过的雅克-沙尔·巴伊尔的著作。这样就产生了一个问题，既然是为了继续深入研究的书目，为什么会把一本自己已经研读过的著作纳入其中呢，这种情况的发生可能是这样的：马克思可能是在编制了这个图书目录之后，才在第二笔记上进行了巴伊尔著作的摘录。如果这种情况成立的话，就需要说明巴伊尔摘录对于马克思而言具有怎样的理论价值。回到第二笔记中会发现，巴伊尔摘录位于第二笔记的44—46页上，在它之前是马克思对卢梭的《社会契约论或政治权利原理》一书的摘录，如果巴伊尔摘录是受到瓦克斯穆特摘录中书目的提示而在后来补充到第二笔记之中的话，那么，巴伊尔摘录或许与卢梭摘录存在一种微妙的关系。巴伊尔在他的《斯塔尔夫人遗著的考证》一书中批判了斯塔尔夫人《法国革命大事纪实》中的主要观点，指责了她对雅各宾专政和人民统治的思想的反对态度。马克思摘录了书中有关贵族和王权的关系论述以及讨论封建社会的性质和所有制对于代议制的影响的地方，尤其重视巴伊尔把封建制度看作是建立在地产基础上的等级制、建立在对大多数人的奴役基础上的千头暴政的论述，马克思在最后总结时专门写下"千头暴政（tausendkopfiger Despotismus）"的提示词，在之后又摘录了有关贵族形成的论述，把注意力放在王权的形成、王权同贵族和城市的相互关系上面。在这里，马克思的目的是认识封建所有制结构对社会结构和政治权力的影响，他发现封建所有制的实质是地产的私有制，在这个基础上建立了封建的等级制和王权统治，但是封建制度就是建立在人民和统治者二分的基础上的，以等级制度和贵族统治强化统治的稳固性，这就是封建社会的本质所在。卢梭谋求"个体意识"和"共同意识"的统一，但是他恰恰忽略了历史性，在封建历史时期二者的分离是封建社会建立的条件，而在封建社会向资本主义社会过渡时期，表现了追求二者统一的社会运动，这是和建立怎样的社会性质有直接关系的。因此，马克思在巴伊尔摘录中考察了封建社会的结构本质，希望理解法国大革命之前的社会本质中关于"个体意识"和"共同意识"是一种怎样的关系。但是在研究中，马克思看到了这是由社会的本质所决定的，对社会本质的把握要通过所有者和社会结构去理解，封建所有制就决定了二者的分离，而理解到这个层级时候，马克思又站到了社会的角度，希望从社会的角度找到问题的答案，与之相反，卢梭摘录是站在主体的角度，希望通过理解个体的意识去解决问题，所以，马克思在这里是以两个路径研究这个问题的。

在《论犹太人问题》中，马克思还直接引用了第五笔记中汉密尔顿的《北美合众国的人与风俗习惯》摘录。第五笔记的汉密尔顿摘录并没有马克思本人的评述，似乎只是在史料意义上进行的摘录，但是澄清汉密尔顿摘录在《论犹太人问题》一文中发挥了怎样的作用还是很有必要的。《论犹太人问题》主要讨论的是政治解放和人的解放问题，而国家与宗教的关系是理解两种不同解放本质的关键，他认为："国家，特别是共和国对宗教的态度，毕竟是组成国家的人对宗教的态度。人通过国家这个中介得到解放，他在政治上从某种限制中解放出来，就是在与自身的矛盾中超越这种限制，就是以抽象的、有限的、局部的方式超越这种限制。"① 这就是说，人对宗教的态度就是国家对宗教的态度，政治解放是人通过国家而进行的解放，因此，政治解放是一种通过中介而解放人自身的间接性的解放，人成为了无神论者，国家也就是无神论国家，但是在现实中人还是受到宗教的束缚，这是因为间接的方式、中介的方式根本不能使人达到彻底的解放。之后马克思指出了政治解放的问题所在，政治解放和宗教都是采用间接的方式、中介的方式承认人的，"人—国家—人的自由"和"人—基督—人的自由"只是置换了中介，而结构是一样的，人在政治上超越宗教，和人在政治上超越任何事物是一样的，并不具有特殊性。此后，马克思举出了汉密尔顿所谈到的美国政治生活中的一个事实，国家取消财产选举权的限制，人在政治上宣布私有财产被废除，对于这个现象的评述，马克思援引了汉密尔顿摘录，"广大群众战胜了财产所有者和金钱财富"②，并且强调了这句话，因此，非私有者也同样具有了立法和选举的资格后，并不是真正地取消了私有财产的限制，只是在观念上取消了，"**财产资格限制**是承认私有财产的最后一个**政治**形式"③。可以看出，马克思是在嘲讽的意义上使用了汉密尔顿的这段摘录，认为这只是一种假象，私有财产在政治生活中还是发挥着关键的影响，其实质是批判政治解放的不彻底性和虚假性。

还有一处使用汉密尔顿摘录的地方是在讨论犹太人解放与货币关系时的文字中。马克思认为，犹太人的解放就是人类从犹太精神中解放出来，这种精神的实质就是做生意和货币，而且犹太人已经用自己的方式解放自己——通过金钱的方式，因此，世人在多大程度上热衷于金钱，犹太人就在多大程度上解放自己，之后，他列举了汉密尔顿摘录的一段话：

新英格兰的虔诚的和政治上自由的居民，是类似拉奥孔那样的人，拉奥孔没有作出最起码的努力去挣脱缠住他的两条蛇。玛门是

---

① 《马克思恩格斯文集》第 1 卷，北京：人民出版社 2009 年版，第 28—29 页。
② 同上书，第 29 页。
③ 同上。

他们的偶像，他们不仅口头上，而且整个身心都崇拜它。在他们的眼里，尘世无非是个交易所，而且他们确信，在这尘世间，他们除了要比自己邻居富有而外，没有别的使命。经商牟利占据了他们的全部思想，变换所经营的货品，是他们唯一的休息。比如说，他们在旅行的时候也要背上自己的货物或柜台，而且所谈的不是利息就是利润。即使他们一时没考虑自己的生意，那也只是为了要探听一下别人的生意做得怎样。①

汉密尔顿摘录主要是论述美国政治生活的一些特点，美国被视为法国大革命精神的践行者，其政治特点具有很多不同于欧洲国度的地方，通过马克思摘引的文字中可以看到他对于美国政治现象非常关注，美国成为马克思考察历史发展特点的主要对象，而摘录显示出的理论兴趣，可能是受到其他笔记的影响。

《克罗茨纳赫笔记》对于《论犹太人问题》主要具有两方面的影响。一方面，在理论上影响了《犹太人问题》的理论路径。在《论犹太人问题》一文中，马克思通过讨论犹太人的解放问题，发现了人的解放相比于政治解放更为根本，人的解放是一种全面的解放，是在市民社会中完成的政治解放和经济解放，是特殊性和普遍性相统一的解放运动，但是问题的关键是人的解放的具体步骤是什么，市民社会中人的利己的特殊性和政治上的普遍性本身就是水火不相容的，需要什么样的途径能使得二者走向统一。面对这个疑问，马克思从《克罗茨纳赫笔记》中得到了启示，受到了第二笔记的卢梭摘录的影响，在卢梭摘录中，卢梭提出了"个体意识"和"共同意识"相统一的问题与个体性和普遍性相统一具有同样的逻辑结构，而卢梭依据的是"人的内向性原则"解决这个问题，希望通过人摒弃自己的利益而上升到共同意识。马克思在摘录中继承了卢梭分析问题的方向，只是不同意卢梭的结论，因为在他看来，人都是从自己利益出发参与社会生活的，关键是找到一个具有普遍意识的阶层，依靠这个阶层使得个体意识过渡到共同意识，通过这

---

① 《马克思恩格斯文集》第1卷，北京：人民出版社2009年版，第51页。

种活动完成历史任务,在此之后,马克思又在卢梭摘录后面增补了巴伊尔摘录希望能解决这个问题,因为巴伊尔的理论态度就是批判斯塔尔夫人否定雅各宾所提出的人民主权的观点。但是在研究过程中,马克思发现了"个体意识"和"共同意识"的关系是随着不同的社会形态而变迁的,是受到社会本质所影响的,因而逐渐走向了依据"外向性原则"研究这个问题,因此,卢梭摘录原本设定的路向在这里改变了,但是在《论犹太人问题》中,马克思又回到了这个问题上,这可能是由于论战本身的性质决定的,需要从人的视角研究这个问题,也可能是当时马克思还没有清楚地区分两种解释原则造成的。这是随着马克思唯物史观的成熟而带来的,他沿着卢梭的思路和自己的亲身体验正式地提出了市民社会中的人的解放的意义,而问题的真正解决是在《〈黑格尔法哲学批判〉导言》中完成的,即个体上升到整体是依靠一个普遍性的阶层而带来的,这个阶层就是无产阶级。另一方面,支撑了《论犹太人问题》的观点,提供了相应的史料。从第五笔记的汉密尔顿摘录中马克思运用汉密尔顿关于美国——不同于欧洲国家的全新大国——的社会现象的论述,批判了政治解放的局限性,指出了犹太人问题的实质,让读者理解了人的解放的意义,《克罗茨纳赫笔记》的价值更加凸显出来。

第四部分 经典著作选编

卡尔·马克思

《克罗茨纳赫笔记》第二笔记内容索引[①]

1）三级会议。赋税。第2页。第3页。鼓动家。第4页。第5页。市民等级的代表只有（1357和58）第5—7页。第三等级。第8、9页。上层人士议会。第18页。

2）农民战争。（第6页）

3）议会。第9页。法官职位的可贿买性，第15、16、18页。第19页。

4）贵族。作为中间集团的贵族，第44页，封建制度的结构，同上，第27页。

贵族。布拉格里起义。第11页。公共福利联盟。第12页。不列他尼[②]。第15页。革命前三个等级的状况：封建私有权利。第24页。关于特权的产生。第25页。特权的融合。第26、50页。在立宪君主政体中的贵族。第54、55页。

5）官僚政治。官僚制度。第11页。邮政与特务制度。第13页。

6）立宪议会。权势与代表。第21页。代表会议与人民主权的关系。第23页。代议制。第42、43页。

---

① 根据MEGA²IV/2.Dietz Verlag Berlin 1981.S.116-119页概括。
② 法国西北部半岛。——译者注

7）所有制及其结果。私有财产的巴托罗牟之夜。第 21、22 页。没收精神财富和国家信仰者的满足。第 22、23 页。多数派与恐怖制度。第 22、23 页。所有者与奴仆同财产之间的联系。第 25 页。财产作为有选举权和被选举权的条件。第 45、46 页。占有与财产。第 29 页。

7）市民等级（参见第一条）在自治共同体中特权者的地位。（第 25 页）它的压迫。第 8 页。

8）梅特涅的政策。第 26 页。

9）平等，在波兰通过封爵。第 49 页。社会平等的状况如何。第 30、37 页。平等与共和国。第 53、56、58 页。

10）自由的否决权，一致性，合法的反抗是反对一致性的手段。第 47 页。

11）家庭是作为最初的国家形式。第 27 页。

12）个人权利与社会权利。第 27、28 页。

13）宪法不是对制定宪法的意志的支配者。第 28、31 页。

14）对外主权。第 29 页。国家财产。第 29 页。

15）社团同普遍意志的关系。第 32 页。

7）财产。有产者同社会的关系。第 30 页。平等与财产。第 30 页。

15）国内主权。普遍意志的表达。公共福利作为目的。第 31 页。个人与普遍的意志同平等之间的关系。第 31 页。普遍意志与一致性。第 31 页。普遍意志与商议。第 31 页。普遍意志与人类意志。第 31 页。

立法权。第 32—35 页。（理解与观察力）。第 35—36 页。自然界与规律。（第 37 页）法律的分类。（第 38 页）在任何条件下少数制定法律。第 43 页。法律。第 49 页。人民主权。第 49、50 页。

16）行政权。第 32、35、39、40、41、42 页。

赋税。第 42、58、59 页。奴隶制与自由。第 43 页。

不同的政体。第 50、51、57 页。

11）立宪君主制。第 53—54 页。权力的分配。第 54—56 页。

12）接收武器是日耳曼人进行收容与解放的形式。第 59 页。

选自马克思恩格斯列宁斯大林著作研究会：《马克思主义研究参考资料》1981 年第 3 期（总 55 期）。页码数字有改动。

卡尔·马克思

《克罗茨纳赫笔记》第四笔记

Ⅳ. 克罗茨纳赫。1843年。7月。8月。

1. 施密特①著《法国史》。两卷。

2. 沙多勃利昂著《从1830年看法国》。格利亚伊赫译（1831年莱比锡版）。

3. 沙多勃利昂著《新建议》。阿尔文斯累本译（1831年莱比锡版）。

4. 兰齐措勒著《论七月事件的原因、性质及其后果》。1831年柏林版。

5. 威·瓦克斯穆特著《革命时代法国史》。两卷。

6. 兰克著《宗教改革时代德国史》第二卷。

7. 兰克《历史政治杂志》1832年第一卷第五辑、第二卷第一辑。

8. 林加尔特著《英国史》。萨里斯译。

9. 盖尔著《瑞典史》。三卷。

克罗茨纳赫。1843年7月。
法国史札记。

---

① 现译为"施米特"。

第四部分 经典著作选编

1. 赫埃连和乌凯尔特著《欧洲各国史》。
3.A.施密特著《法国史》第一卷。

论述墨洛温王朝时期的作者有:[①]

Gregor Turonensis[图尔的格雷哥尔], Paulus Diaconus[助祭保罗], Fredegardus[弗雷德加尔杜斯], Baluzius Capit.reg.Franc.[巴卢戚乌斯《法兰克王国文件集》], Leges Burgundionum, Visigothorum[《勃艮第的、维齐哥特人的法律》], lex salica[《撒利克法》], lex ripuaria[《海岸法》], von Savigny, Geschichte des römischen Rechts im Mittelalter[冯·萨维尼《中世纪罗马法史》], pertz, Geschichte der merovingischen Hausmeier[佩尔茨《墨洛温王朝宫相史》], Phillips, deutsche Geschichte[菲力浦斯《德国史》], Baluzius, Capitularia reg. Franc.[巴卢戚乌斯《法兰克王国文件集》], Michelet, introduction à l'histoire universelle, Par.1831.[米什莱《通史导言》1831年巴黎版], Raynouard, histoire du droit municipal en France, sous la domination romaine et sous les trois dynasties.Par.1829[雷诺阿尔《罗马和三王朝统治时期法国市政法史》1829年巴黎版], Grimm, deutsche Rechtsalterthümer[格林《德国法的古代遗迹》], Eichhorn, deutsche Staats- und Rechtsgeschichte[艾希霍恩《德国国家和法的历史》], Marculf, formulae[马尔库夫《条令集》], Guizot, essais sur l'histoire de France, pour servir ou supplement aux observations sur l'histoire de France de l'Abbe de Mably.Par.1823.[基佐《法国史论, 续马布利神父的法国史考察》1823年巴黎版], Brequigny, diplomata, chartae, epistolae et alia documenta ad res francicas[布勒奎尼《有关法兰克王国事务的证书、公文、书信及其他文件》], Hüllmann, deutsche Finanzgeschichte des Mittelalters[许尔曼《中世纪德国财政史》], du Cange, Glossarium[迪·康热《辞典》]。

---

① 这个书目,和后面那些书目一样,是马克思根据 A.施密特书中页末的引文出处编写的,他抄录的书名照例象书中一样,有时是用缩略语的形式。在这里,这些书名也以这种形式刊印。这几个书目,俄文都保留原文,方括号中的译文为中文译者所加。

Vitae Sanctorum[《圣徒行传》]。Sirm[ond]Concil[iorum][《西尔蒙德大公会议》]；

所有宗教会议的决定。

Histoire littéraire de la France[《法国文学史》]。Guizot histoire de la civilisation en France etc. Par. 1829. [基佐《法国文明史》1829年巴黎版]。

第三章

（一）居民的组成成分及其相互关系 [第73页]

"**高卢的日耳曼居民中的等级差别**主要是以**出身**为基础。自由人和非自由人。自由人为了互相帮助结成较大和较小的团体，即区 [gau]，这些区以作为其中心的城市的名称命名，区本身又分为百户团 [Centene]，而百户团则分为十户团" [第76—77页]。早在六世纪，**贵族**就承担比较高的赎金和对国王应尽的特殊义务。构成贵族的基础的，是**采邑制度，或者说封地制度**，它日益瓦解并限制旧的**区制度或部落制度**……自由人除了有他们自己的地产以外，还从国王那里得到份地（采邑）。普通自由人对国王的亲信 [Leudes] 的关系，同国王的亲信对国王的关系一样。[第77—78页]

（二）**土地所有制关系** [第79页]。就是在德国，**公共所有制**，或者说由于畜牧业受到农业的限制而缩小的**马尔克**，因为遭到暴力的掠夺，也已经逐渐变成了**私有的地产**。对土地的**个人所有制** [Sondereigenthum] 的关系和性质，起初是由占有者的**身份关系**决定的，而到后来这一点就取决于土地关系。自主地 [Alodium]，真正的财产，自由日耳曼人的独立的**地产**；在这里，就像在日耳曼的发祥地一样，每一个自由人最初都是统治居住在这里的人们的**无上君主**，他根据习惯，根据庄园 [主] 法统治他们，王室官吏没有统治他们的权力……正如自由人在日耳曼发祥地不承担任何强制性赋税一样，现在他的财产也是同样的情况。第二种个人财产 [Sondereigenthum] 是**采邑**；由于得到这种财产而产生的义务，首先是同这种财产本身相联系的。第三种个人财产［Sondereigenthum］是那些自愿或被迫接受别人庇护的必须缴纳赋税的罗马人或日耳曼人的**要交纳封建地租的地产**［第80—82页］。

（三）**王国的制度和行政管理**［第82页］。法兰克王国的制度起初是［建立］在旧的部落制度、武装卫队组织、保留下来的罗马人关系之上的，后来**采邑制度**成了主要基础。国王以三重身份［出现］：对于自己的卫队是**卫队的首领**，对于自由人是**部落的最高首领**，对于罗马人代替了罗马皇帝，后来是**最高的领主**；不久，他对罗马人的地位也影响到了他对日耳曼人的地位。通过选举而提高了声望的卫队首领，后来［变成］已建立的王国的首脑，选举只不过是庄严的承认、大加颂扬，等等。他的收入［包括］他自己地产的所得，罗马人缴纳的土地税、人头税、实物税，法兰克人在召开全体会议期间和其他情况下的捐赠，无数的关税，违反和约的罚款（Fredus），没有亲属接受的杀人赔偿金，无继承人的财产，归顺的民族的贡赋。卫队或亲信（Proceres）的会议取代了民众大会。王国的行政管理掌握在伯爵们手中，他们担任战时的统领，主持法院事务，维持区［gau］的秩序；在几个伯爵领地上面，是公爵，在伯爵下面是小区（Centenare，Decane）的长官，伯爵的代理人是**助理教区主教**；在发祥地，［伯爵］是由人民选举的，后来则由国王选定［第82—87页］。

农业是同曾经起过很大作用的畜牧业结合在一起的，但是由于大的份地被并入大地产，而大地产的占有者多半是利用农奴来耕种这些份地，农业的发展受到阻碍；在法兰克豪族显贵的庄园中，在农奴中间也有手艺人，他们满足了自己老爷的大部分需要。非常粗野的习俗［第103—104页］。

关于**法兰克宫相**（Majores domus）统治时期的历史，还应该指出：

《佩尔茨文集》、

Histoire de Languedoc［《朗格多克史》］。*Einhardi vit. et conviv. Car. M.*［艾因哈尔迪《Car. M.的生平和宾客》］，*Gesta reg. Franc.*［《法兰克王国大

事录》], Chron. moissiac. [《莫依西雅克编年史》] Conde, histoire de la dominac. de los Arabes en Esp. [孔德《阿拉伯人统治西班牙的历史》],

弗雷德加尔杜斯和图尔的格雷哥尔的后继者们,

epistolae Bonifacii [《博尼法戚乌斯的书信》]。

Ⅱ. 卡罗林王朝①

作者:

Poeta Saxo[诗人萨克索], Anastas. vit. Hadriani pap. bei Murator[阿纳斯塔西乌斯《哈德里阿尼教皇传》, 穆拉托尔收藏]. Ⅲ. Lorentz Alcuins Leben[洛伦茨《阿尔库因传》], Annales Lauriss. [《Lauriss. 年鉴》], Annal. Einh[ardi][《艾因哈尔迪年鉴》], de Ro ye, de missis dominicis[德·罗埃《论主日弥撒》], Hincmar, de ordine palatii[欣克马尔《论宫廷礼仪》], Mansi, coll. conc. ampliss[曼西《大公会议汇集》]。Thegan, de gestis Lud. Pii[特冈《虔诚者路易言行录》], Astronom, vita Lud. Pii[阿斯特罗诺姆《虔诚者路易传》], Nithard, de dissensione filior. Lud. Pii[尼特哈尔德《虔诚者路易的儿子们的纷争》], Ermold. Nigell., annalles fuldens[埃尔莫尔德·尼格尔《富尔登人年鉴》]。Flori diac. lugdun., guerela de divisione imperii post mortem Lud. Pii[《虔诚者路易死后瓜分帝国的纠纷》]。Annales bertiniani [《贝尔坦年鉴》]。Depping, histoire des expéditions maritimes des Normands et de leur établissement en France au dixième siècle. Par. 1826[德宾《十世纪诺尔曼人的海上远征并定居法国的历史》1826年巴黎版]。

Hincmar, archiep. epist. ad Carol. Calv. [欣克马尔《总主教致 Carol. Calv. 的信》]。Thierry, lettres sur l'histoire de France pour servir d'introduction àl l'ètude de cette histoire[梯叶里《法国史信札, 法国史研究导言》。Convent[《国民公会》]ap. Marsnam 5 Hincmar epist. ad Hadrian. [欣克马尔《致哈德里阿尼的信》]。

法兰克王国的衰落, 部分是由于种族繁杂, 部分是由于在那种社会

---

① 现译名为"卡洛林王朝"。

状况下,观点和相互联系都非常狭小,只有小的集团才能比较紧密地团结起来,但是并没有共同的利益能够把广阔的王国的居民都联合起来[第 200 页]。

查理大帝死后内部关系的改变。封地制度是政治生活的形式。当在卢瓦尔河和塞纳河之间的领土上生活的老百姓由于遭受诺尔曼人的不断蹂躏而被弄得走投无路,终于在 859 年联合起来进行自卫并抵抗在塞纳河流域站稳了脚跟的诺尔曼人的时候,这些领土的统治者就把他们抓起来杀掉,而国王查理曼则于 882 年禁止乡村居民为了自卫而联合起来成立所谓的公会。封地制度的形响破坏了普遍的自由[Gemeinfreiheit]。

和王国,

[第 203 页]。

第二册。封地制度盛行时期的法国史,等等(888—1328)[第 213 页]。

888—987 年。卡洛林王朝的最后几个国王[第 218 页]。Annales Vedast.[《Vedast.年鉴》],Ditmar Merseb.Chron.[迪特马尔·梅尔塞布《编年史》]。Frodourd, hist. Rem. Chron.[弗罗多阿尔德《Rem.编年史的历史》]。Du Chesne, historiae Normannorum scriptores antiqui[迪·舍斯内《诺尔曼人历史的古代作者》](这里是杜多)。Daru histoire de Bretagne[达律《布勒塔尼史》]Ademar. Cab. Chron.[阿德马尔《Cab.编年史》]。Reginon. Chron.[勒吉农《编年史》]。Glaber Rodulf[格拉贝尔《罗杜尔夫》]。Calmet, histoire de Lorraine[卡尔梅《洛林史》]。Plancher, hist. de Bourgogne[普朗舍《布尔格涅史》]。Michelet, histoire de France[米什莱《法国史》]。Assisen von Jerusalem[《耶路撒冷的陪审裁判》], les Coutumes de Beauvoisis[《博韦习俗》](写于 1283 年), le conseil que Pierre de Fontaines donna à son ami ou traité de l'ancienne jurisprudence des François(1253)[《比埃尔·封丹给友人的建议或关于法国古代习惯法的论文》(1253 年版)]。Brussel, nouvel examen de l'usage général des fiefs en France pendant le XI, XII, XIII, XIV et XV siècle. Paris, 1727[布律塞尔《十

一、十二、十三、十四和十五世纪法国采邑一般惯例的新研究》1727年巴黎版〕，Du Chesne,hist.Franc.script.coaet.〔迪·舍斯内《法国历史的当代作者》〕。Etablissements de St.Louis,Ordonnances,ordonnances des rois de France de la troisième race,recueillis par de Laurière,Secousse etc.Paris.1723〔《圣路易的机构，由德洛里埃·塞古斯等人搜集的法国第三王朝国王的圣旨》1723年巴黎版〕。Bongars,Gest.dei per Franc.〔邦加尔斯《法国大事录》〕。Guil.Pictav.gest.Guil.duc.〔吉尔·皮克塔夫《Guil.duc.言行录》〕。

长期以来，土地和职位曾经是唯一的封赏，而从十一世纪以后，所有别的东西，几乎每一种财产，都作为**宣誓效忠**的酬劳，被赐为封地〔第242—243页〕。"最初，陪臣决不仅仅是管理封地的封君，他拥有为在那里居住的人们制定法律并对他们课以捐税的权利；拥有对他们的审判权，每个封臣起初大概〔拥有〕制造铸币的权利"（第245—246页）。内讧和司法上的决斗〔第247页〕。最重要的和直接钦赐的——王室封地，称为"天赐"的封地〔第249页〕。

封地的占有者，封君和封臣，是统治阶层；在十世纪和十一世纪，他们的数目大大增加。封地占有者的威望和名声取决于封地的大小。只有当王室本身获得了更大意义的时候，对王室的直接依赖关系才会带来好处。城市和乡村同样受到奴役，特别是法国北部的城市。法国南部和北部在语言、习俗和法律状态方面的差别。罗马法和日耳曼民族法在法国北部的消失〔第253—262页〕。由于封地依附关系和人身依附关系的普遍流行，最初的日耳曼居民已经不是按部落的村社来划分，但是以由封地占有者或〔国王的〕官宦组成的卫队之间〔的分配〕为转移，结果各个**封地法庭**和〔国王的〕**官宦法庭**的法，后来就是城市的法便取代了民族法〔第262—263页〕。

987—1108年〔第263页〕。Gerbert,epist.〔格尔伯特《书信》〕。Fulbert,epist.〔富尔伯特《书信》〕。Liutprand,rerum ipsius temp.gestarum〔利尤特普朗德《当代大事记》〕。Wippo,de vita Conrad.ed.Pistor.et Struv〔维波《康拉德传》，皮斯托尔和斯特卢弗出版〕。Guil.Gemet〔吉尔·热梅〕。

Annal.senon[《塞农人年鉴》]。Gregor VII epist.[格雷哥尔七世《书信》],Phillips,englische Reichs-und Rechtsgeschichte etc.[菲力浦斯《英国国家和法的历史》]。histoire de la conquête de l'Angleterre etc.par Thierry.Par.1825[梯叶里《征服英国史》1825 年巴黎版]Orderic.Vital.[奥尔德里克·维塔尔]Sugerius[苏热里乌斯]。

1108—1180 年。国内关系,[第 301 页]。Brabazan, Fabliaux et contes des poètes français de 11,12,13,14,et 15 siècles, nouv. edit. par Meon[巴尔巴赞《十一、十二、十三、十四和十五世纪法国诗人的韵文体通俗小说和故事》梅昂出版社新版]。Le vrai théâtre d'honneur et de chevalerie par Vulson de la Colombière[维尔松·德·拉·科洛姆比埃尔《真正的武功和骑士戏剧》];Roquefort, de l'état de la poésie française dans les douzième et troizième siècles.Par.1821[罗克弗尔《论十二和十三世纪的法国诗歌状况》1821 年巴黎版]。Hü：llmann, Städtewesen des Mittelalters[许尔曼《中世纪的国家制度》]。Leber, histoire critique du pouvoir municipal etc.1828[勒贝《市政权批判史》1828 年版]。Thierry lettres sur l'histoire de France[梯叶里《法国史信札》]。Eugen Dubarle, histoire de l'université de Paris etc.Paris.1829[欧根·杜巴勒《巴黎大学史》1829 年巴黎版]。

骑士等级,
封地制度的诗歌。
骑士比武;吟游诗人,在法国南部,市民具有更大的意义,他们在这里从未完全受到奴役,在法国北部,重新建立的[城市];公社(Communio),路易四世,**菲力浦二世·奥古斯都**。**资产阶级的**城市不同于公社,其市民没有受到目的在于互助的誓约羁绊的束缚,不选举城市委员会,而服从王室官吏,不拥有颁布行政规章和司法条令的权利。教会具有最高的威力[第 302—304 页]。

"公社和市民等级的产生,在两个阶级——封地占有者和非自由人(在此以前,几乎全体居民都分裂为这两个阶级,如果不算僧侣的话)——之间造成了第三等级,这个等级依靠争得和获得的权利,可以反抗暴力和专横。代替那些按其状况来说常常同农奴相似的市民而出现的是，争得了对自己自由的承认，对多半是依靠自己，依靠自己的勇敢和自己武器的力量，或者依靠用劳动获得的资金而得到的权利的承认。他们确信将会享有自己劳动的果实，因而，加倍努力，相互间的竞争更加促进了这一点，并且激发了创造精神，手工业和商业已经开始迅速发展，而十字军征伐及其深刻影响则促进了这两者的更广泛的传播……各个城市的市民彼此发生多种多样的活跃的关系；他们在从事同类工作的基础上开始形成比较狭小的团体，对城市公社的事务的共同关心把他们彼此联合起来。正是在公社中要处理这些事务并适当地领导这些事务的任务，导致了**管理艺术的产生**"［第 334 页］。

在菲力浦二世·奥古斯都和路易九世执政时期的国内关系［第 550 页］。

在 1209 年，在菲力浦二世·奥古斯都执政时期发布了一个**命令**，规定今后如果有地块从封地中分出来，那么得到这些地块的人应该宣誓效忠于原来的封君……这个命令对卡佩王朝时代来说是进行共同的、对王国大部分地区都有效的立法的第一个例子；它不是出自国王一人之手，而是国王同许多封臣签订的协定、条约，那些封臣承认这一决定对他们的领地也起作用……菲力浦二世只是企图更紧密地把强大的封臣笼络到自己身边来，依靠这些人的协助，他就可以独立地实现任何普遍的立法，他越来越经常地在自己的宫廷中把他们召集在一起，为的是对他们的同僚实行审判权，为的是同他们一道商议为确保王国的安全或在教会的要求面前确认他们自己的权利所需要采取的措施，为的是同他们一起制定法律……这类会议的最重要的成员是那些大的王室封地的占有者……Pares Franciae（贵族）；还有六名僧侣［第 553—554 页］。

这个时期的**最高级的宫廷官吏**［第 556 页］。

一、**首相**：起草国王诏谕并加盖国王印玺的职务。他主要是［从事］对管理事务的领导……多半是从高级僧侣中选出［第 557 页］。

二、**窗涅沙尔**［Sénéchal］——照管国王的膳食。因此早在十二世纪称为御膳官［dapifer］；同时兼管国王的司法权，对国王领地及管理这些领地的官吏（总督）实行最高监督；有时统率王室军队［第556页］。

三、元帅。王室军队的最高指挥［第557页］。

四、高级宫廷侍从从宫廷职务变成了**宫廷重臣**。对国王的衣服和寝宫的最高监察，并且在接受封臣的封地宣誓效忠仪式时询问他是否愿意因为赐给他封地而当国王的封臣的职务。此外，在巴黎监督旧衣商人，等等［第557—558页］。

五、宫廷礼服总管。首先是监督宫廷的服装，后来在庄严的场合为国王斟酒［第558页］。

菲力浦二世也力图提高市民等级的地位……但是他赐予公社条例只限于一些小城市，在那里自由精神……不可能成为对他的权威的威胁……而直接处在国王领地之中的各个大城市，从他那里却像从他的先辈那里一样，很少得到实行公社制度的权利……在巴黎，享有特权的贸易公司（汉萨同盟）拥有沿塞纳河向巴黎输入商品的专利权，这种很久以来就存在的权利是由路易七世批准的；领导这个公司的是作为贸易法官的商界总督和城市枢密官……菲力浦二世又赐给这个公司以雇佣经过宣誓效忠的公告官员，以监督衡器同时行使低级司法和警察职能的权利［第559—561页］。

沙多勃利昂著《看法国……》

"王位继承权是天赋的权力"，第6页。

"在不完善的政治制度下，选举制就是全部制度［Constitution］；在完善的政治制度下，国家制度——这是没有任何徇私偏袒的、沽名钓誉的、无政府主义的和动乱不定的东西的选举制"［第22页］。

"因为由于选举制，权力的原则不是经常地集中在经常执政的王朝手中，所以这个原则在暂时的国王陛下身上也就变成暂时的了；他没有足够的权力，根据在位的人的性格不同，他不是屈从于无政府状态，就是屈从于专制暴政。如果人们看清了这种危险,在选举制上加上世袭制,那就会产生一种有皇家头脑和人民躯干的两栖动物式的东西,它具有选举制和王位继承权的双重缺点,却既没有前者的优点也没有后者的优点"[第23页]。

"我不相信君主的神授权利,同样也不相信人民的主权"[第38页]。

"有这样一些帝国的显赫的达官显贵,他们被自己的养老金的神圣的、不可解脱的羁绊所束缚,不管是谁给了这种惠赠。在他们看来,年俸就是圣礼;它具有像僧侣和婚姻所具有的那种性质;做出这种善行的人物,不可能变成别样的人;正如各种支出仍然是官家的负担一样,他们[自己]也仍然是官家的负担"[第40页]。

沙多勃利昂著《新建议……》

"自从代议制发明以来,已经证明,无论是共和制形式还是君主制形式的代议制原则,都适用于广大人民"[第14页]。

"对财产的侵犯必然要发生:在一切国家中,财产权都随着王位继承权[的垮台]而垮台;这种继承权是一笔最大的财产;如果有人把它抢走,其他一切财产也会受到威胁。各个组成部分只有在它们是同类的地方才联合起来;如果说王权能够被改造和再改造,分配和再分配,那么没有任何合理的根据说,为什么也是一种王国或者主权的财产,不能够完全同样地被改造和再改造,分配和再分配"[第24页]。

"在遭到病害损坏的社会中,暂时的统治形式是在存在与不存在之间像动物那样混日子。"

"把世袭制原则同选举产生的君主政体结合起来,反对法定的继承程序,接着又立即制定一种新的法定的继承程序——这是值得遗憾的反复无常。是找到了选举产生的君主政体的原则了吗?是的。在一个钟头内就找到了,也只能用一个钟头",第28页。

"假王位继承制的君主国具有王位继承制君主国的一切情欲和嗜好,但是又不敢承认这一点",第31页。

"在1649年,当就要开始审判查理一世的时候,上院否决了两个法案:起诉书和建立法庭。下院立即做了如下的声明:'既然下院议员是人民的真正代表,而一切权力除了上帝以外都来自人民,那么下院也颁布法律,这些法律既不需要贵族的批准,也不需要国王的同意,就可以生效,'"第32页。

"方法,又想利用这种方法来实行贵族统治,等等。不要任何世袭制,但是他们衷心盼望世袭制;差别,它们并不形成真正的贵族,而且破坏各民族的平等;贵族,它是从官吏职位以及宫廷职位的特权中产生出来的,"第33页。

"荣誉就是战争。战争就是破产、严厉的措施、没收财产、断头台",第53页。

"选举产生的君主国是在人民主权的基础上建立的;但是并没有同人民群众商量这种统治形式",第59页。

"古代的王位继承权无非是被人格化了的,并且被保存在一个家族之中的民族的意志",第63页。

"**现存的政权**!这是什么东西?——你们的意志取代我的意志。你们从谁那里得到权力呢?从谁那里也没有得到,或者说从你们自己那里得到。你们根据什么妄想要对我发号施令?是因为你们的才干吗?我认为你们都是庸才。是因为你们有理智吗?我认为你们是缺乏理智的人。是由于你们有力量吗?这是动物的权利,野蛮人的权利,此外,你们也没有力量。你们软弱",第〔67—68页〕。

"我破坏了公众的安定吗?公众是首先希望安定的。但是,别老是以为自己就是公众。**你们**希望安定;这是可以理解的",第〔68—69〕页。

"至于陈腐的指责,说某人是**坏公民**,那么一切政党都利用这种指责;对于那些吃得饱饱的、快乐无忧的人来说,饿肚子的、叫苦的人就是坏公民",第69页。

卡·威·冯·兰齐措勒著《论七月事件的原因、性质及其后果》1831年柏林版。

"君主制在英国丝毫不是国家首脑的［职能的］怪影，［它］既不是虚假的人民主权转移的结果，也不是所谓国家权力合理分配的结果；相反，它［是］强有力的、受到高度尊敬的、十分现实的，因而实质上是以**自己的权利**为基础的王权。英国议会并不以敌对的态度同王权相对立，也不为了想象出来的、没有现实的秤杆和支点就达到的平衡而附属于王权，它无论在其两院中的任何一个议院都不是所谓的代议制度，既不是以选民人数为依据的代议制度，也不是以［这种］按人头计算的原则同其他一些选举原则的结合为依据的代议制度。相反，英国议会实质上是各个所谓封建等级的团体，它由一定的土地所有者和一定的乡镇（像王权本身一样是正面的和**个人的**）组成；这种团体的发展虽然与众不同，但是仍然保留着以前的德意志帝国等级以及德意志领土上的（旧的、真正的）地方官吏的团体的基本特征"，第3页。

"从这一拥有封建领地的贵族（就是说，它要把自己的**命运**同君主国和所有基本的国家设施的命运分开，就不能不担心自己的灭亡，它的**利益**是同依附于它的农民的欢乐和悲哀紧密联系在一起的）中，形成了上院"，第5页。"在英国，部分是由于出身、部分是由于个人地位而产生的等级关系，是一种等级制，它给每一个等级、每一种职业以它所应得的**特殊的**荣誉和尊严，并对关系做有机的分解，如果没有这些东西，穷人和富人、聪明的人和愚众的人、被统治者和统治者，等等之间的分配就会变得麻烦得多，并且在道德上会危险得多……在英国，除了乡镇联盟以外……还有为数众多的、非常积极的团体和协会等等"［第5—6页］。

"任何人类共同体的两种基本形式——**协作**和**统治**——毕竟总是并肩前进的"，第10页［注］。

"土地占有……它在没有依附农民的情况下就失去真正的政治意义"，第11页。

"如果说在这种情况下,选举成员(即贵族院的成员)的成功并没有因为存在**给予国王本人的而不仅是国王自己造成的天生的贵族**而变得容易些,等等",第 11 页。

"这种(议员)选举应该由那些根据任意想出来的选举标准(一定的年龄、一定数额的赋税)从全体居民中选拔出来的人进行;所有这些标准,无论对最大的城市还是对于最小的地方,等等……无论是对国内**最富庶**的地方,还是对最穷困的地方都是一样的。所谓**在法律面前平等**的光辉范例……这种平等用对**极其不同的**关系和对象采取的**平等**态度,以极为愚蠢的方式加剧了它想加以消除的不平等"〔第12—13〕页。

"实质上仅仅是由于宪章,或者说,由于(在词的真正意义上说)国家的宪法而产生的制度",第 15 页。

++在脚注中:

"政府的观点甚至贯穿了那些为纪念国王命名日而发表的答辞。在一篇一答辞中我们看到:'维护宪章是七月革命的基本任务。'在这种情况下,革命对自己的任务完成得不好;它本来应该保留波旁王朝的长系……但没有这样做,却召来了幼系;它本来应该保持宪章的不可侵犯性,但是却把宪章完全推翻了"。5 月 5 日《Courrier français》〔《法兰西信使》〕(第 49 页)。

"法国的人口,包括妇女和儿童,共有三千二百万,其中在现在参加议员选举的最多是二十万,只有大约二万人有可能被选为议员,其中大概有四百五十人可能实际上成为众议院议员。在这里……〔必须〕考虑到,选民们不可能对议员发任何指示或者委托书,但是,通过由个别人的观点和意愿所决定的完全自由的投票,由多数议员决定的东西就被认为是所谓的普遍意志,即人民的意志。关于主权的人民是否希望被人所代表,而且是怎样被代表的问题,甚至没有被提到人民面前,也没有经一致或大多数人投票决定",第 50 页。

"**私人关系和国家关系**的这种**差别和对立**,既不是根源于事物的本性……也不是根源于神的启示",第 56 页。

"我们农民的普遍的健全的理智把那些（用通用的公文语言来说）以'国家'的名义加到他们身上的赋税，都归咎于**国王**。同样他们也不把王国的公职人员（主要是所谓国家官吏）看作是人民或国家的仆人，是某种**司法的或神秘的人物**（君主及其朝廷只能任命其中最重要的人物），而把这些人看作是君主的仆人和官吏，这些人是由君主根据他自己获得的权利任命的，由君主授予权力和同其职务相应的荣誉称号，并且向君主负责，等等"，第70页。

"这个事实（即革命的全部实质）在王国的三级会议用来废除其委任者的委托书并宣布自己是制宪议会的法令中得到了表现和总结。——这样一来，三级会议都用它自己的权力取代了它的委任者……**制宪**权在某个时候，

（兰齐措勒指出：

即在摆脱了人的专横而由神来管理各种事件的时期，是寂静的、暗中起作用的风俗习惯的力量……**造出来的法**，**造出来的宪法**同经过彩绘的或造出来的木料一样，等等），这种制宪权转到了**人的意志**一边；原来符合法国人自己在地方会议上表达的愿望的立法原则，转到了中央会议手中；由国王本人所体现的国民代议制，成了这个会议的特征，这个会议借口把主权转交给人民，却从王权手中把主权夺了过去，留在它自己手中……第一次可以看到由选民们选出的议员，他们想自己当选民，可以看到树梢培育出树根，泉水选择源头"［第81—82页］。(《 Appel à la France contre la devision des opinions 》.Paris.1831 ［《为反对意见分歧向法国人呼吁》1831年巴黎版］。2)［第79页］。

"中央会议的这种僭越行为……创造了……帝国……（即）集中"（同上书），第82页。

"波拿巴除了赋税以外不希望在他的政府和法国之间还有其他任何联系"（同上书），第84页。"他只希望从人民那里征收捐税、招募兵员，得到黄金和鲜血"（同上书），第84页。

"由完全属于君主制权利的东西所代表的王位继承权这个术语，同君主制原则和当时代表这一原则的人相联系的制宪权的观念……

是……危险的论点,等等。把王位继承权的观念只是集中在继承权的[框框]里,就意味着损害法国王位继承权的其他各个方面,意味着把国王的王位继承权变成专门为一个王朝所固有的人格主义学说,变成被同它相矛盾的现实事物所包围的抽象概念……很容易理解革命的目标,革命力求用这种方法把在民族的编年史中融合在一起的王位继承权的各个不同方面分离开来……它(即革命)承认,制宪权不属于人民;但是在路易十八的意识中它是这样被反映出来的,如果这一权利不属于人民,那么就属于国王。这种推论是错误的:制宪权不属于人民,因为它创造了人民,因此它先于人民而存在,高于人民之上;同样,正是这样创造了国王,规定了国王同国民的关系的权力,不可能依从于国王。在法国,如果说国王能够创造社会,那么社会也能够创造国王"(同上),第85页。

集权和分权的问题。

Fievée.Correspondance politique et administrative.Paris,1815,t.1[菲埃魏《政治和行政通讯》1815年巴黎版第一卷]。①
(兰齐措勒,第88页②)

"各个国王反对新设施也使解放了的和自由的公社得到了好处。"

"在行政权中……存在着两种权力……(一)统治的权力;(二)管理的权力。媾和和宣战,领导和统率军队,同别的大国进行谈判,直接任命高级官员,平衡和调解国内各个不同等级的利益——这就是统治的权力……不应该忘记,从马扎然时代起,行政权更多的是进行管理,而不是进行统治;而革命把这种倾向推到了令人难于置信的水平",第90页。

---

① 马克思在《德意志意识形态》中提到了这本书的书名及其作者(见《马克思恩格斯全集》中文第一版第3卷第400页)。
② 从《为反对意见分歧向法国人呼吁》中摘来的这段引文以及书的作者卡·兰齐措勒对这段文字所加的注释,马克思稍加修改和删节后在《德意志意识形态》中引用了(同上)。

"在对关于解放**公社**的重要问题做了公正的考察以后，就应该研究行会即相似的细小利益的联合的问题，为的是维护这些行会"，第91页。

"市政权力和省的权力——这就是在君主制下自由的基础。"第91页。

Benjamin Constant.De l'esprit de conquête［本扎曼·孔斯旦《论征服精神》］。(1814年巴黎版第50页)①。

"十分值得注意的是，形式划一无论什么时候都没有像在为了人们的权利和自由而实行革命的时期那样受人欢迎……而爱国主义只是作为对**地方利益**等等的生动的依恋之情而存在，等等。他们使爱国主义的这个自然的源泉陷于枯竭，并且想用**对抽象本质**，对已经丧失了一切使想象惊讶的东西，丧失了一切能使人牢记不忘的东西的**一般观念**的**人为的喜悦**来取代它"，第93页。"只要权力的铁腕有一瞬间削弱了自己的作用，甚至在早就形成了的国家里，从地方特殊性这种真正爱国主义的唯一源泉中产生的爱国主义就会从灰烬中复活……在这些国家中很快就会形成特殊的公社自豪感，等等，城市的、省的自豪感"，第93页。

在任何地方生活都遭到破坏的一切国度中，其中心会建立小的国家。个人……会疏远他们无论哪里也没有接受的并且作为整体对他们会变得无关紧要的祖国，因为他们的依恋之情不能以祖国的任何一个部分为依托。形式多样是组织，形式划一是机械。形式多样是生活，形式划一是死亡"［第93—94页］。

(本扎曼·孔斯旦在他的《Principes de politique》[《政治原则》] 中断言［第95页］:

"代表某种固定不变的东西的权力存在于世袭的议院中，代表意见的权力则存在于选举产生的议院中"，第96页)

---

① 马克思在《德意志意识形态》中提到了这本书的书名及其作者（见《马克思恩格斯全集》中文第1版第3卷第400页）。

"代议制度……在两种主要的虚构上。第一,在这样一种虚构上:国家的所有臣民的总和,全体人民是一个大的社团或团体,实质上是法律上的或者神秘的个人,这种个人实质上由同类的和权利平等的成员组成。这种社团(公民等级)的存在似乎就是全部法律状态的真正基础……一切单个的现实的社团和分化……在这种情况下都将完全消失,等等"(第97—99页)。"这一虚构……属于应该被代表的那个实质本身的存在和面貌"[第99页]。

"另一个虚构属于人民的臆造的法律身份借以显示出来并发生影响的方式。这个[过程]本来可能而且应该通过代表会议而发生……全体'国家公民'这个大的团体的一小部分成员作为选民会议被召集在一起……从他们当中代表们……这些代表中的每一个人都不应该被认为是国家的某一个地区或者把他推选出来的那个选民会议的代表,而是神秘的整体的代表,代表们不受选民方面的任何指示、任何委托的束缚,但是都享有无限的权力;经他们用多数票决定的事情,就是国民的共同意志的真实表现,等等",第99—100页。

1831年2月15日《Gazette de France》[《法兰西报》]在一篇题为《人民的主权》的文章中①写道:

"自从新宪章成了对全体法国人的奖赏以后,在法国有三千二百万**握有主权者**。理论就是如此;但是这个理论在实践中归结为什么呢?首先应该[从这个数目中]减去所有穷人,可怜的握有主权者,他们的特权就是在病房中使用简陋的床铺……在这一类君主后面……就是拥有某些东西并且得到一些信任的握有主权者:小食利者,等等,[总之,]所有拥有足够的东西可以劳动吃饭,但没有足够的东西去抵补能移交人民主权的权杖的赋税限额的人……他们的实际权力无论在立宪君主国中还是在专制君主国中都只限于缴纳赋税,站岗,把自己的孩子送去保卫国家,有时还亲自出马"[第101页]。

---

① 马克思在《德意志意识形态》中引用了这段引文,也提到了作为这段引文的出处的报纸名称(《马克思恩格斯全集》中文第1版第3卷,第400—401页)。

"可见，真正荣获[最高奖赏]的法国人的数目只有八万选民（从不久以前开始，大约有二十万人）。列入这个数字的并不是进行统治的人数，而是经过其同意可以进行统治的人数，因为对他们来说，五年举行一次的投票……就把他们的主权完全履行完了。如果他们为此还要感谢对他们的家庭或他们的功绩所提供的优待，那就是某种虚荣心的养料；但是他们的权利是以数字为基础的，并且是用加法来证实的：一个生丁将创造这种权利，一个生丁又可以使这种权利消失；人的价值同他所交纳的赋税完全相等；这就是选民，——如果他租用的房屋有门，等等"（第 101 页）。

"每隔五年，除了少数例外情况，就有八万（二十万）握有主权者登上自己的宝座。他们将会颁布法律吗？不。确定赋税吗？不。关心福利，关心国家的安全吗？不，不。他们将把完成这一切事情的人选举出来；这是为期一天的王国，它进行了四百三十次选举后就完结了。这种所谓的人民主权，无非是君主国的有产阶级为了夺取君主的权利而让各非有产阶级相信的骗局……穷人到处都在受苦，而不是在进行统治，劳动者在服从，而不是在指挥；小商人和小业主在劳动，而不是在发号施令；富人到处都由于其金钱的影响而在进行统治，并且参加政权，担任官职"[第 101—102 页]。

1831 年 5 月 1 日《Gazette》[《法兰西报》]。

"我们肯定地说，目前的议院来源于**垄断制**，而不是来源于**人民**……谁创立了议院呢？是有一百埃巨的选民们。是谁创造了这些有一百埃巨的选民呢？是 1817 年 2 月通过的法律。是谁制定了这个法律呢？是另一个议院。可以随便在这里绕圈子，但遇不到人民"，第 102 页。

"既然不允许人民集会发表意见并选举自己的机关，那么随便向人民说什么都是容易的。这正好是垄断制和其他一切形式的专制制度所利用的虚构……波拿巴说：我是法兰西民族的唯一代表。《Temps》[《时报》]今天说：有二百法郎的选民们代表法国人民。这一切也是正确的……这样一来……人民的主权在理论上就由下院所创造的二十万选民所代表。这二十万选民宣布放弃这一主权，把它转让给议会，而议会让这些选民在一天内享有主权,是为了选民把主权交给它五年。这样一来,这一珍贵的理论,权力的源泉,就创造了二十万人和四百三十人之间的中间环节,而人民却要为这出好戏支付十六亿的预算"〔第102—103页〕。

"**国家的债权人**同国家的**官吏**一样是……现代国家的**特权人物**"〔第161页〕。

"政治错误是这样的:执政的诸侯和当局的工作、关系和事务仿佛是……**社会的**工作、关系和事务。这就是说,**每一个**国家实质上都是一个共同体,所谓的共和国……某种实际上是完全虚构的法人"〔第164—165页〕。

"由人们对明显表现出来的、生来就同外界隔绝的关系和社会集团的关心和热爱所巩固的联系瓦解了或者削弱了;在真正现实的公社和其他公社中,在行会组织和其他等级组织中的团体就是如此,君主和臣民之间、领主和封臣之间、土地占有者和依附农民之间、主人和奴仆之间的真正个人的关系〔就是如此〕,等等"〔第168页〕。

瓦克斯穆特。第一卷。

"虽然市政厅官员是由市民构成的,但是当这种职位成为世袭的官职时,其成员就不希望同他们原来归属的那个等级——长袍贵族居于同样的地位了"〔第6页〕。

"只有第三等级被认为是居民中的这样一部分人,对他们可以征收各种苛捐杂税,可以任意要求他们服各种摇役"〔第9页〕。

"敏感的弊端(在路易十四统治时期)在于,享有特权的人对于封建臣民的权利什么也没有丧失,而封建臣民却越来越遭到国家的压迫……消除这些壁垒……并不是路易十四的意愿。他就像喜爱宝座四周金碧辉煌的装饰一样,喜爱甘愿〔在战场上〕和在宫廷中做出个人牺牲的贵族;他喜欢这样和人民隔离开来……消灭差别的做法只涉及贵族过于高傲地昂起头颅的表面;整个内部组织都被封建关系锈住了,如果说君主专制同他们发生冲突,那只是为了用国家实行警察限制和乱加挑剔的办法来压制各下层阶级的生活"[第9—10页]。

1757年对出版做了严格的规定。"写了攻击宗教、煽动人心、企图侵犯国王的权力、破坏秩序和国王臣民的安宁的作品,其作者要处以死刑。规避法律手续而出版什么东西的人,要判处苦役",第23页[注25]。

1762年,卢梭的《爱弥儿》遭焚烧。1768年,把一些书商流放到大船上做苦工,等等,第[23]—24页。

1779年,奈克尔设法要解放王室领地上的所有农奴[第42页]。

"波尔多的议会反对杜帕蒂改进刑事诉讼的人道意图,格勒诺布尔的议会则反对塞尔汪想……废除刑讯……解放宗教改革派信徒的努力",第54页。

波尔多议会抗议(1786年)规定江河河口的冲积地应该转为王室财产的法律:"今年5月14日的特许状会推翻一切正义的原则,**它会破坏各种神圣的财产法律**……**是掠夺制度**的结果,所有正派人早就吃尽了这种制度的苦头,这是**社会福利**的敌人们所支持的制度……这种侵犯**社会自由和财产**的行为会损害全体公民……如果这种破坏**财产**的第一个企图得逞的话,[这类企图的]发展就将没有任何障碍,任何东西都不会有安全,普遍的沮丧情绪会蔓延开来",第54页[注7]。

1787年的名士会议(根据卡龙的倡议)。特权者们的反对派。**1788年**,名士们再次被召集起来[第64—83页]。

"同时……规定议员**委托书**不应该作为议员活动的指导原则把议员们束缚起来的原则生效了……这样一来,国民议会根据的是在[这个原则的]最广泛意义上的复活国家的原则,并且不允许作任何局部的限制",第[121—122]页。

"人身自由和占有自由保留下来了(就是说,由于1789年8月4日夜晚[事件]的结果)",第168页。

1791年4月5日,通过了关于在没有遗嘱而继承时废除一切同年龄、性别和其他各种传统规定有联系的旧的特权的法令[第320页]。

群众欢迎为选举**国民公会**（1792年）而颁布的**选举法令**［所宣布的］平等原则（第500页）。

关于这一点，孔多塞说：

"以前的各种法律……以及在实现人民主权这一权利时的许多限制……对于国民公会都不适用了，在国民公会中，这个权利应该以真正的自由来实现。对**积极公民**的划分［决］不是根据这一点，因为这种划分也是对法律的一种限制。这种划分所提出的唯一的条件是由自然本身所规定的，即必须经常居住在行使公民权的一定地点，具备按国家法律规定……能够……行使自己的人身权利的年龄，最后，保持表达意志的充分独立"，第500页。"法国人的**纪年**也宣布了平等时代的到来；1792年1月2日国民议会法令规定的第四个自由年，现在又加上第一个**平等年**……自由的口号曾经招致向各种压迫人的设施和压制人们权利、看不起［人们本人］的那些暴君们发动进攻；平民对平等的理解则反对市民［burgerliche］社会的一切特权；平等的胜利……在平等中普通的存在高居于尊严和功绩的一切等级之上"［第500—501页］。

瓦克斯穆特在第一卷中所引用的资料①。

（1）Histoire parlemantaire de la révolution française ou journal des assemblées nationales depuis 1789—1815.Par.B.J.B.Buches et P.C.Roux.40 T.Paris.1834—1838.Chez Paulin.8［B.J.B.毕舍和比·塞·卢《法国革命议会史，或1789—1815年的国民议会日志》共40卷，1834—1838年由保兰在巴黎出版，第8卷］。

（2）Der Moniteur,［《通报》］，从1789年起。（3）Labaume hist.monarchique et constitutionelle de la revol.française.［拉博姆《法国革命的君主和立宪的历史》］。

（4）Schlosser,Geschichte des 18ien Jahrh［施洛塞尔《十八世纪史》］。（5）von Schüts Geschichte des Staatsveränderung in Frankreich unter Ludwig

---

① 下述有关十八世纪末法国资产阶级革命史书籍的书目，马克思是根据瓦克斯穆特的书的第一卷页末注释编成的。这个书目中所引的书籍和原书完全一样。

XVI.［冯·许茨《路易十六统治时期法国政变史》］。

（6）Droz, Histoire de Louis XVI.［德罗兹《路易十六史》］。（7）Necker, Compte rendu, id. De l'administration des finances.［奈克尔《报告》；同上《财政管理》］。（8）Montgaillard, hist. de France.［蒙加亚尔《法国史》］。

（9）Prudhomme, Révolutions de Paris. Par. 1789 ff.［普律多姆《巴黎的革命》1789年巴黎版］。（10）von Raumer Beitrage zur neuern Geschichte.［冯·劳麦《近代史论丛》］。（11）Vie privée de Louis XV. Londr, 1781.［《路易十五的私生活》1781年伦敦版］。

（12）Bailly, hist financiére de la France.［巴伊《法国财政史》］。（13）Histoire de la révolution de France Par deux amis de la liberté 1792.［两位自由的朋友《法国革命史》1792年版］。

（14）Louville, Mémoires.［卢韦尔《回忆录》］。（15）Les soupires de la France esclave［《受奴役的法国的呻吟》］（茹里叶或瓦索尔著）1689年版（反对派的传单）。

（16）Chateaubriand, essai sur la révolution.［沙多勃利昂《论革命》］。（17）Biographie universelle.［《世界名人录》］。（18）Georgel, Mémoires.［若尔热《回忆录》］。（19）Soulavie.［苏拉威］。

（20）Alex. Lameth, hist. de l'assemblée constit. 1828.［亚历山大·拉梅特《制宪议会史》，1828年版］。（21）Boissy d'Anglas. Essai sur la vie et les opinions de Malesherbes. Par. 1819.［布瓦西·丹格拉《论马尔塞布的生平和主张》，1819年巴黎版］。（22）Mémoires de Mad. Campan.［《康邦夫人回忆录》］。（23）Weber, Mémoires.［韦伯《回忆录》］。（24）Flassan, hist. de la diplomatie française.［弗拉桑《法国外交史》］。

（25）Correspondance polit. et confidentielle de L. XVI, par Hel. Marc. Williams, Paris. 1803.［埃·马·威廉斯《路易十六的政治书籍和秘密书信集》1803年巴黎版］。

（26）Mémoir de Besenval.［《贝桑瓦尔回忆录》］。（27）Isambert, Recueil des anciennes lois.［伊桑贝尔《古代法律汇编》］。（28）J. B.

Dubois, Notice historique sur Malesherbes.1795.[J.B.杜布瓦《马尔塞布史简论》1795年版]。(29)Oeuvres de Turgot.[《杜尔哥全集》]。(30)Particularités sur les ministres des finances de France.Par.1812.[《法国财政大臣的特点》1812年巴黎版]。

(31)Mémoires de S.Germain.[《S.热尔曼回忆录》]。(32)Ségur,Mémoires.[塞居尔《回忆录》]。(33)Lafayette,Mém.[拉斐特《回忆录》]。(34)Mém.de Rochambeau.[《罗尚博回忆录》]。(35)Mém.de Fleury(Par.1835).[《弗勒里回忆录》(1835年巴黎版)]。(36)Mém.de Tilly.Par.1828.[《蒂伊回忆录》1828年巴黎版]。(37)Brissot,théorie des lois crimin.1781.[布里索《刑法理论》1781年版]。

(38)Mounierd,de l'influence attribuée aux philosophes etc.Par.1822.[穆尼埃《论哲学家的影响》1822年巴黎版]。

(39)Zinkeisen,Lafayette.[赞凯桑《论拉斐特》]。(40)Md.de Genlis,Mém.[让丽夫人《回忆录》]。(41)Livre rouge bei Baudouin.7 Apr.1790.[博杜安的《红皮书,1790年4月7日]。

(42)Collection des Comptes-Rendus,Lausanne.1783.[洛桑纳《报告集》1783年版]。(43)Annales françaises von Sallier.[萨里埃《法国年鉴》]。

(44)Necker,de la révolut.fr.[奈克尔《论法国革命》]。(45)Mém.de Vaublanc.[《沃勃朗回忆录》]。(46)Brewer,Geschichte der franz.Gerichts-verfassung.[布列韦尔《法国法院组织法史》]。(47)Dufey,Hist.des parle-mens.[迪费《议会史》]。(48)Bertrand de Moleville,hist.de la rév.fr.[贝特朗·莫利维尔《法国革命史》]。

(49)Brissot,Mém.[布里索《回忆录》]。(50)Noticef sur la vie de Sieyès.1795.[《西哀士生平简介》1795年版]。(51)Histoire des etatsgénéraux par M.l'abbe S[ieyès].[西哀士神甫先生《三级会议史》]。(52)Duvergier,Collection complète des lois etc.1824.[迪韦尔吉埃《法律大全》1824年版]。(53)Sieyès,Qu est-ce que le tiers état u Essai sur les privilèges.[西哀士《什么是第三等级》和《特权论》(两本书一起由莫列

莱于1822年在巴黎出版）；其次，Vues sur les moyens d'exécution dont les représentans de la France pourront disposer en 1789.[《对于法国代表1789年将能够掌握的执行手段的认识》]。

（54）Mounier, sur les états généraux, [穆尼埃《论三级会议》]，布里索·拉博·圣亚田、佩蒂昂、孔多塞、贝尔加斯、凯尔森、丹特雷格、卡佐侯爵、米拉波、契鲁提、凯尔维列冈、卡米尔·德穆兰、培尔热的同类著作。

（55）Mably, observations sur l'hist.de France.[马布利《法国史考察》]。(56) Mém.De Bailly.[《巴伊回忆录》]。（57）Mém de Ferrières.[《费里埃回忆录》]。

（58）Grille.[《栅栏》]。（59）Barruel, mém.pour servir á l'histoire du Jakobinisme.[巴律埃尔：《回忆录，雅各宾主义史》]。（60）Toulongeon.[图朗热昂]。

（61）Beaulieu, essais historiques.[博里约《历史论文集》]。（62）Bailleul, exam.critique de l'ouvrage posthume de Mdme de Staël.[巴约尔《评斯塔尔夫人遗著》]。

（63）Rabaut, précis.[拉博《文摘》]。（64）Montlosier.[蒙特洛西]。(65) Procédure criminelle instruite au Chatelet sur.6 Oct.1789.Par.1790.[《沙特莱监狱的刑事诉讼程序》1789年10月6日，1790年巴黎版]。(66) Rivarol, Tableau hist.de l'ass.constit.Par.1797.[里瓦罗特《制宪议会史略》1797年巴黎版]。（67）Dussaulx.De l'insurrection Parisienne.[迪索勒克斯《巴黎起义》]。（68）Paganel, essai sur la rev.franç.[帕加内尔《论法国革命》]。（69）Papon, hist.de la rév fr.[帕蓬《论法国革命》]。

（70）Correspondance d'un habitant de Paris.[《一个巴黎市民的书信集》]（瑞士人埃舍尔尼著）。（71）le vieux Cordelier.[科尔德利俱乐部的老战士]。

（72）Dumas Souven.[迪马·苏旺]。（73）Procès de Lambesc.[《朗博斯克诉讼案》]。（74）Ch Comte, hist.de la garde nationale.Par.1827.[Ch.孔德《国民自卫军史》1827年巴黎版]。

(75) la Bastille deveilée. Par. 1790.［《巴士底狱内幕》1790 年巴黎版］。(76) Correspondance inedite de Louis XVI.［《路易十六未发表的书信》］。

(77) Mém. de Grégoire par Carnot. Par. 1837.［卡诺《格雷古瓦回忆录》1837 年巴黎版］。(78) Saint-Gerrais, hist. des emigres Français. 1828.［圣热尔韦《法国流亡者的历史》1828 年版］。

(79) Montrel, hist. de l'émigration. 1825.［蒙托尔《流亡史》1825 年版］。(80) Boyer, hist. des carricat. de la rév. fr. 1792.［布瓦耶《法国革命漫画史》1792 年版］。

(81) Camille Desmoulins Révol. de France et de Brabant.［卡米尔·德穆兰《法国革命和布拉班特革命》］。(82) Lally Mém.［拉利《回忆录》］。(83) Mounier, Exposé de la conduite u Appel au tribunal de l'opinion publique. Londr. 1791.［穆尼埃《行动报告》和《向舆论法庭的呼吁》1791 年伦敦版］。

(84) Godard, Expose des travaux etc.［戈达尔《工作报告》］。(85) St. Priést.［圣普里埃斯特］。

罗伯斯庇尔不希望用某种赋税去作为公民们参加基层会议的条件:"所有公民,不管是什么人,都有权利要求参加各级代表机关。正是这一点最符合你们的《权利宣言》的精神,根据《权利宣言》,任何特权、任何差别、任何例外情况都应该消灭。宪法规定,主权在于人民,在于人民的一切个人。因此,每个个人都有权利参加制定使他负有义务的法律,参加管理作为他自己事务的**公共事务**。如果不是这样,那么,说人人权利平等,任何人都是公民,等等,就是虚假的",第 203 页[注 13]。

(86) Catéchisme du genre humain.［《人类教义问答》］。(87) Papiers trouvés à l'armoire de fer.［《保险柜里发现的文件》］。

(88) Confédération nationale etc. 1790.［《民族同盟》1790 年版］。(89) Mém. de Girardin.［《吉拉尔丹回忆录》］。(90) Dulaure, esquiss.［迪洛尔《纲要》］。

Camille Desmoulins Révol. de Fr. No. 34.［卡米尔·德穆兰《法国革命》第 34 期(瓦克斯穆特第 255 页)］。

"如果我荣幸地当了议员,那么我就要求(在 7 月 14 日邦联节的时候),让卡佩先生无耻地端坐着的王位在高处仍然空着,为了表明国家的主权"。他把国王称为"国家的职员",第 255 页[注 1]。

(91)Mém.de Bouillé.[《布耶回忆录》]。(92)Carra,Annales patriotiques.[卡拉《爱国者年鉴》]。(93)Exposition des principes sur la constitution du clergé par les évèques députés à l'assemblée nationale.1790,[《国民议会的主教代表对僧侣组织原则的说明》1790 年版],由普朗克翻译。

(94)Mém.de Guillon.[《吉荣回忆录》]。(95)Mém.de Grégoire.[《格雷古瓦回忆录》]。(96)la Galerie des états généraux.Par.1789.[《三级会议名人录》1789 年版]。

(97)Mèm.de Choiseul,[《舒瓦瑟尔回忆录》]。(98)Collection von Berville u Barrière.[伯维尔和巴里埃《文集》]。(99)Hébert pére Duchesne.[埃伯尔特《迪舍斯内神甫》]。

1791 年 4 月 8 日:"废除以前存在的没有遗嘱的直系和旁系继承人之间的不平等,由年龄次序产生的性别差别或基于习惯的例外情况的差别",第 320 页。

"在已经变得真正伟大的人民那里,不应该再有关于他们对所谓的伟大人物的尊敬的问题。"丹东[第 334 页注 24]。

(100)Pamphile de Lacroix.Mém.pour servir à l'histoire de S.Domingo.Par.1819.[庞菲尔·拉克鲁瓦《回忆录,圣多明各史,1819 年巴黎版]。(101)Histoire de S.D.an III.1795.[《圣多明各史》1795 年版]。

(102)Gesch.des Revolutionskr in S.D.von Bryan Edwards.[布里昂·爱德华兹《圣多明各革命战争史》]。(103)Portraits bei Madame Roland.[《画像集》,罗兰夫人收藏]。(104)Papiers inédits trouvés chez Robespierre etc Par.1828.[《在罗伯斯庇尔家里发现的未发表的文件》1828 年巴黎版]。(105)Mém.de Dumouries.[《迪穆里埃回忆录》]。

(106)Roederer.Chronique de cinquante jours 1832.[罗埃德雷《五十日记事,1832 年版]。(107)Maton de la Varenne,hist.partic.des évén.pendant le mois de Juin etc.Par.1806.[马东·瓦连纳《六月事件的历史专集》1806

年巴黎版]。(108) Hue. Dernières années de L. XVI. [于埃《路易十六的最后几年》]。(109) Peltier. Précis de l'hist. du dix Août. [佩尔蒂埃《八月十日起义简史》]。(110) Carra, précis hist. et trés exact sur l'origine et lesveritables auteurs de la cétèb. insurrect. du 10 Août 1792. [卡拉《著名的1792年八月十日起义的起因和真正发动者的简史》]。(111) La vérité toute entière sur les vrais auteurs etc. von Felhemesi. [费列梅西《关于起义发动者的全部真相》](即九月大屠杀)。(112) Maton de la Varenne etc., les crimes de Marat etc. [马东·瓦连纳《马拉罪行录》]。(113) Roch Marcandier, hist. des hommes de proie ou les crimes du comité de surveillance etc. [罗克·马康迪埃《凶残者的历史或警戒委员会的罪行》]。(114) Mém. de meillan. [《梅昂回忆录》]。(115) Mém. de Garat. [《加拉回忆录》]。(116) Mém. de Mad. Roland. [《罗兰夫人回忆录》]。(117) Mém. d'un homme d'état. [《一位政治家的回忆录》]。

瓦克斯穆特，第二卷。

1793年9月4日，"由于缺乏面包而引起的**街头骚乱**，成了反对**财富贵族**的新手段……**肖梅特**出现在人民之中，慷慨陈辞反对富人们"，第191页。

"**肖梅特**和蒙莫罗比所有人的都更加赞成**财产**完全**平等**的法案（土地法），就是说，为了使所有富人成为穷人，等等，但是，一切只限于模糊不清的暗示，而且就连肖梅特的拥护者们对此也没有认真研究这个法令。在1793年3月18日国民公会规定凡是提出这种建议者均处于**死刑**以后……肖梅特说：'每个人都有一个肚子，因此应该建立同自然相适应的、以感官需要和本能的原则[为基础]的社会'"，第268页。

比佐说："这些不断诉诸人民主权，以便从人民手中夺走主权的人，究竟是什么人"[第56页注73]。

维尼奥说："不幸的人民……皇权主义者企图利用宪法这个字眼来压迫你，无政府主义者用滥用主权这个字眼的办法欺骗你。他们一方面让每一个市区都相信，主权就留在市区本身，另一方面却差一点没有把共和国推翻掉。现在，反革命分子用平等和自由这些字眼来欺骗你。有一个古代暴君有一张铁床，他命令让他的受害者在铁床上躺一躺……这个暴君喜爱平等，这是用自己的狂暴行为来折磨你的那些恶棍们的平等。自由对于社会的人来说，只不过是**权利的自由**。它是**财产自由**，同样也是身材自由，是力量、精神、活动、手艺和劳动的自由"〔第103—104页，注35〕

"有几个巴黎市区……赞成公社的无政府主义者的主张（1793年3月31日）……篡权的企图，即组织社会福利中央大会……坦白地……其目的是确立**真正的平等**，财产平等……确立……**唯一的真正的平等，财产平等**"〔第109页，注110〕。

罗伯斯庇尔："土地的主人……人类……世界、**自然界的**立法者"，第116页。

罗伯斯庇尔（《Papiers inédits》〔《未发表的文件》〕）："内部的危险来自**资产者**，为了战胜**资产者**，必须团结**人民**。必须……使人们向长裤汉付款，使长裤汉留在城市里。必须充分供应他们武器，激励并教育他们"〔第169页，注6〕。

伊萨傅写信给罗伯斯庇尔说：①

"穷人和长裤汉统治的时代已经来到了，因为他们是地球上的**多数**，而多数应该进行统治"〔第213页〕。

1789年8月4日夜通过的各项决定。

一、国民议会彻底废除封建制度，并且决定，在封建的和交纳封建地租的权利和义务中，属于实物的或人身的死手权和人身依附的权利和义务，都无偿加以废除。

六、一切**终身地租**，不管什么种类和来源如何，不管是实物的还是货币的，等等……都应该……按照国民议会将要规定的限价赎回〔第

---

① 这个地方马克思写得不够确切。下面引用的那段引文是出自雅各宾党人茹利安1793年10月1日给罗伯斯庇尔的信。

575—576 页]。

十、既然全国性宪法和社会自由对各省说来比有些省份以前享有的特权更有利,而且为了使全国各部分密切地统一起来也必须牺牲这些特权,所以特宣布,各省、各侯国、各区、各县、各城市和居民的乡镇所卒有的,无论是货币的还是任何其他特殊的特权,都永远加以废除,这些特权将服从一切法国人都应遵守的共同法律",第 576 页。

西哀士的出版法(在制宪议会中)(第 581 页)。

"公众要求制定关于赋予或者准许出版自由的法律,这样说是不正确的。公民们想、说、写并发表自己的思想,根本不是由于法律,而是由于其自然权利"[第 581 页]。

"我认为它 [印刷术] 是给人的各种最卓越才能再加上的新才能……它使……人类听了会感到惊讶"[第 582 页]。

1791 年 5 月 17 日杜波尔的演说。

"让我们看一看社会舆论……它是怎样理解它(即宪法)的两个基础即自由和平等的?……自由(即社会自由),是每个人的权利的界限,是正义所提出、表现在法律中并为公共权力所维护的界限!"
"……在绝大多数人的心目中……自由只不过是人身**权利**和绝对**权利**的表现,同别人、同我们的同胞没有任何关系;破坏性的,但是同利己主义的一切卑鄙情欲很好地联系在一起的思想,等等。至于**平等**……那么,有一些人[确信],这是财富和财产的平等;另一些人则认为,这是能力和才能的平等。他们全都具有同样的要破坏一切的趋向,因为他们感觉到,有组织的国家的实质就在于使物和人各得其所,加强一切合法的**权力**,使财产神圣化,使理性具有权威……在把山岭铲平以后,最小的高地也似乎是明显的障碍,并且会破坏这种普遍的水平,而这种普遍的水平无非就是被当作制度的谬论本身。这样就达到了个性这个进步的极限",第 590、91 页。

1791 年宪法。

人权和公民权宣言。

第一条。人们生来是而且始终是**自由的和权利平等的**。社会差别只能基于对公共利益的考虑。

第二条。每一个国家联合体的目的都是要保障人的**自然的**和**不可剥夺的权利**。这些权利就是自由、**财产**、安全和反抗压迫。

第三条。主权的来源实质上是在于国民。任何团体、任何个人都不得拥有不是**明显地**来自这一来源的权力。

第四条。自由就在于能够从事一切不损害他人的事情。因此，每个人行使其自然权利，只以保证社会其他成员能享有**同样的权利**为限。这些界限只能由法律加以规定。

第六条。法律是**公共意志的表现**。一切公民都有权利亲自参加或**通过其代表参加**法律的制定。法律无论是施行保护还是进行处罚时对一切人都应该是一视同仁的。一切公民由于**在法律面前都是平等的**，等等。

第十二条。为了**保障人权和公民权**，必须使用**武装力量**；因此，这种力量是为了一切人的利益，而不是为了受委托掌握这种力量的人的私人利益而建立的。

第十三条。为了支付维持武装力量和维持行政机关的开支，必须交纳公共费用。

第十四条。一切公民都有权亲自或者通过其代表确认国家课税的必要性，自由地表示同意征收赋税，监督赋税的开支，规定税额、课税根据、手续和征收期限。

第十五条。社会有权要求每一个公职人员报告委托他负责的那部分管理工作。

第十六条。凡是行使权利没有得到保障并且没有进行权力划分的社会，就根本没有宪法。

第十七条。因为**财产**是不可侵犯的神圣的权利，所以，除非在法律规定的具有无可怀疑的社会必要性的场合和在预先得到公正的赔偿的条件下，任何人的财产都不得受到剥夺〔第592—594页〕。

法国宪法。

国民议会为了在……原则之上制定法国宪法，坚定不移地废除那些损害自由和权利平等的制度。

今后不得再有贵族、爵位、世袭差别、等级差别、封建制度、世袭领地裁判权，不得再有从这一制度中产生的封号、称号和特权，不得有骑士团，不得有为证明贵族或贵族出身所要求的团体或勋章，除了在社会公职人员履行其职责时授予他们的奖章以外，不得有**任何其他特权**。

任何官职今后都不得出卖和世袭。

任何一部分国民或任何个人都不得再享有特权，对全体法国人应当共同遵守的法律不得有所例外。

今后不得再有行会首领委员会，不得再有职业团体、技艺团体或手艺团体［第 594—595 页］。

第一篇。宪法所保障的基本条款

一、人人都可以担任一切职务。二、平均分摊赋税。三、对公民的同样的违法行为应一律处以同样的刑罚。

保障下列**自然权利：人身自由**（迁徙、从一个地方搬到［另一个地方］，等等），言论、通信、出版的自由；宗教信仰的自由；公民集会的自由，请愿的权利，财产不受侵犯……**社会救济**机关、国民教育（为一切人所必需的那部分是免费的），全国性节日活动，全王国共同的民法典。

第二篇。王国的区划和公民的资格

第七条。法律承认婚姻只是民事契约。

第三篇。国家权力

第一条。**主权是统一的、不可分割的、不可转让的和不可剥夺的**，主权属于国民。任何一部分人民或任何个人都不能把主权的行使据为己有。

第二条。国民是一切权力的唯一来源，国民只有通过授权才能行使这些权力。

法国宪法具有代议制的性质：代表就是立法议会和国王。

第三条。**立法权**委托国民议会行使，国民议会由人民自由选出的有一定任期的代表组成，立法权由国民议会经国王批准行使，等等。

第四条。君主制的政体，等等。

第一章。国民立法议会

第一条。国民议会……是常设的……由一个议院组成。

第一节。代表人数,等等。

第二条。代表总人数按照地域、人口和直接税数额在八十四个郡之间进行分配。

第二节。第一条。为了选举国民立法议会,**积极公民**每两年召开一次市和县的基层议会。

按照第二条,积极公民必须生来就是法国人,二十三岁,有住所,缴纳的直接税不少于三天的工资数额,不是当仆役,已在地方市镇参议会和国民自卫军登记注册,履行了公民宣誓手续。

第六条。基层议会选举**复选人**。

第七条。积极公民为了能当复选人,应当符合许多很高的要求。

第三节。第三条。一切**积极公民**,不管其社会地位、职业如何及缴纳赋税的数额,都可以当选为国民的代表。

第七条。各郡选出的代表不是单个郡的代表,而是全体国民的代表;选民不得给他们以任何指示。

第五节。第七条。国民的代表享有不受侵犯的权利;他们在任何时候都不得因其在执行代表职务中所说或写的思想和所做的行为而被追究、控告或审判。

第二章。王权、摄政和大臣

第一节。第一条。王权是不可分割的,它按世袭的办法传给在位者家族,按嫡长次序,男系相承,女性及其后裔永远除外。

第二条。国王的人身是神圣不可侵犯的。

第三条。在法国,不得有超越于法律之上的权力。国王只是根据法律进行治理,他只能以法律的名义要求服从。

第四节。第五条。大臣应对其违反社会安全和宪法的一切罪行负责,对一切侵犯个人财产和自由的行为负责,对任何浪费供其所属部门开支的资金的行为负责。第一条。任免大臣之权完全属于国王。

第三章。立法权的行使

立法当局享有立法创议权并制定法律，决定国家的开支、赋税及其分摊，设立或废除国家官职，决定货币的成色，等等，准许或禁止外国海军力量和陆军部队的入境，每年根据国王的提议决定军队的人数、[各级军官的] 薪饷和人数、晋升程序，等等，决定 [对国家财产的] 管理，追究大臣们的责任，提起诉讼，宣战，媾和，结盟，贸易协定，对其成员的惩戒权，等等……

第八条。立法议会有关规定、延期和征收国家赋税的决定，叫作法律。

第四章。行政权的行使

第一条。最高行政权完全集中在国王的手中。国王是全面治理王国的最高首脑，等等。

第一节。第三条。颁布法律以下述形式进行：某某（国王的姓名）**上承天佑**并根据**国家宪法的规定，**等等。

第二节。第二条。行政官员 [管理机关] 决不具有代表的性质。

第四篇。国家的武装力

第一条。设立武装力量是为了反对外部敌人，保卫国家，维护内部秩序并确保法律的实施。

第三条。国民自卫军既不构成军人等级，也不构成国家内部的一个机构；参加国民自卫军的是被征召在国家武装力量中服役的公民自己。

第十二条。国家武装力量必须**绝对服从**；任何武装部队都不得讨论 [任何问题，不得对任何问题做出决定]。

第七篇。宪法决定的修改

第 1 条。国民制宪议会宣布，**国民享有修改宪法的不可剥夺的权利** [第 595—626 页]。

巴雷尔论法国的语言区。1794 年 1 月 27 日（第 702—707 页）。

"我们发现，称作下布勒塔尼语的方言、巴斯克方言、德语和意大利语使狂热和迷信的统治得以长存，加强了教士、贵族和法律家的统治；妨碍了革命深入到九个重要的省份中去，并且可能有利于法国的敌人。"

"我从下布勒塔尼方言开始……农民们……把**法律**这个词和**宗教**这个词混淆到这种地步,以致当公职人员向他们谈到共和国的法律和国民公会的法令时,他们就欢呼……是否不想要我们不断改变宗教呢?教士们搞了一种什么样的马基雅维利主义,使法律和宗教在这些心地善良的农村居民的心目中混淆起来呀!"

"联邦主义和偏见说的是下布勒塔尼方言;流亡者和对共和国的仇恨说的是德语;反革命说意大利语,而狂热说巴斯克语。"

卡偌的演说。1795 年。

"你们是自由人民的全权代表,人民无论如何不会放弃自己的权利,把它们交给你们,相反,人民派你们来正是为了维护这种权利;你们在这里完全不是为了给[人民]以法律,而是为了起草、制定并颁布作为人民自己意志的表现的法律。你们持有无声的但是限权执行的委托书,它不是你们各自的省,不是某一部分人民,而是全体人民发给你们的;这是人民的意志,而不是你们的意志在创立法律;《权利宣言》把这一点向你们讲得十分明确;它告诉你们,法律是公共意志的表现。你们对事物的看法即使最正确,也不能取代人民的看法;在这里你能够发表的不是你们自己的意见,而是派你们来的那些人的意见,就是说,是你们内心深处认为不是最正确的看法,但这是大多数法国人的看法。如果你们认为这大多数人错了,那就教育他们吧,这是你们的责任;但是,如果大多数人甚至坚持在你们看来可能违背他们利益的意见,那么你们或者应该交回自己的委托书,或者按大多数的意愿或理解进行投票。这是代议制民主的无可争辩的原则;在相反的情况下,公民们,应该拒绝进行人民管理,应该声明,我们是生活在贵族制度之下,我们认为用人民选出来的七百人的意志来代替人民自己的意志好些"[第 716—717 页]。

兰克著《宗教改革时期德国史》第二卷。

在纽伦堡的帝国会议(1521—1523 年)上,普遍对商品的不同寻常的涨价［表示］不满［第37、42页］。

"人们主要是在垄断中寻找原因，而这不是没有根据的，由各大商行组成的公司不顾帝国国会一再重申的命令日益广泛实行这种垄断。有人说，这些公司本身已经拥有大量资金，拥有各种各样的普通海外商站，谁也无法同它们竞争。在葡萄牙，它们准备向国王本人提出比国王通常要求的价格更高的价格，如果国王向他们说，要为此向后来的人索取更多的东西的话"，第43页。

"由于这样涨价，人们不断抨击商人，抨击城市，正如由于罗马的免罪符，人们抨击罗马，由于骑士的抢劫行为，人们抨击骑士一样"，第43、44页。

"人们很乐意地布道说（在农民战争时期），正如大家都是同一个父亲的孩子，大家都同样用基督的血赎了罪的一样，今后无论在财富方面，还是在地位方面，也不应该有任何的不平等"，第187、188页。

"他（闵采尔）认为，当诸侯们统治着人们的时候，要向人们说真话是不可能的。他声明，一切东西——水中的鱼、空中的鸟、地上的植物——都成了某人的财产，这是不能容忍的①；如果把上帝的纯洁的语言坦白地说出来，那么一切东西也将成为自由的。他驳倒了作为国家的基础的一切概念"，第207页。

"他（闵采尔）引用默示录中的话来证明，权力应该交给平民百姓"，第209页。

"在1526年由米哈伊尔·盖斯迈耶尔起草的土地制度中有第五条规定，"各城市周围的所有墙垣，以及农村地区的所有城堡和工事，都要拆除，今后将没有任何城市存在，只有乡村，以便使人们之间的差别［消失］，国内实现完全的平等"，第211页注1。

---

① 马克思在他的文章《论犹太人问题》中利用了闵采尔这段引文的一部分（见《马克思恩格斯文集》第1卷，北京：人民出版社2009年版，第52页）。

《历史政治杂志》Л·兰克。

第一卷。1832 年汉堡版，等等。
第一册。
论法国的复辟 ［第 9—76 页］。
"真正的公国的特征是，不幸只会更加密切地巩固关系。这种关系像家庭关系一样：它是建立在道义的感情之上的；它同内部生活条件有密切的联系"，第 14 页。

"欧洲
（就是说，在他［路易十八］进入巴黎以后）
忍受了革命所产生的后果：法国屈服于旧有各国的基本法律。调停、调解这个和那个东西，就是波旁王朝的任务"（第 19—20 页）。

"旧的法国是以王权首先同贵族和高级官吏的世袭等级，其次同大的僧侣团体，最后同各省和居民点的地方权利的和谐一致为基础的"，第 20 页。

"以前凌驾于它（中间等级）之上的一切，曾经在它面前享有优先权的一切，所有这一切在长年的革命过程中都被它推翻和消灭了：它占据了它们的位置。它抓住法院，从它这个等级中选出了立法机关，它掌握了行政机关，它召开国务会议"，第 22 页。

"它（参议院在自己关于宪法的建议中）废除了**没收的办法**。后来人们就谈论说，私生活有一堵墙保护，不受公共权力的侵犯；正是参议院为此奠定了基础。它想使一切私人财产恢复原来的样子"，第 27 页。

"他（路易十八）采纳了废除没收办法的主张"，第［29—30］页。
"我们是世界上第一个以宪法条文废除没收权利的人民。" Chateaubr. Réflex.polit. sur guelq. écrits du jour ［沙多勃里昂《对当代某些著作的政治思考》第 30 页注 1］。"难道不是由于采用**没收的办法**才实现了对财产［关系］的**全部改革**吗？而以前的
（即革命的）

成就的全部合法性是以这些改革为基础的。""革命利用法推翻了旧的国家并建立了自己的国家,但是正在回来的国王(路易十八——编者)也可以设法利用法来反对新的国家。他拒绝这样做",第30页。

"当革命在1801年同教会实行和解的时候,革命只是在教皇同意把僧侣的财产变为私有财产的条件下才这样做的。现在革命同国王实行和解了。国王必须做出的第一个承诺,就是承认并保障这些改革所产生的财产和生存资料",第30页。

"参议院失去了一部分自己的议员,补充了许多新的议员,变成了贵族院",第32页。

路易十八的宪章规定:"国王颁布为实施法律和国家安全所必需的命令和指示"。

霜月22日宪法。**第四十四条**。"政府提出法律,并且为实施法律而采取措施。"

第四十七条。"政府关心国家的内部安全和外部防卫"[第35页注1]。

"是否……可能使路易十八成为可以说这个革命世界的有同等价值的首脑?",第37页。

"国王(路易十八)实质上论证了自己对这个王位的要求,只是援引自己的世袭权利……仅仅由于这个事实,旧的国家的尊严所仍然剩下的一切,都成了他的要求,这一点他时刻都没有忘记",第38页。"怎么,难道在世界上只存在一种王位继承权吗?难道只有对王位才应该承认这种继承权吗?难道它在一定意义上不包括普通公民的**状况、财产**吗?"[第38—39页]。Montlosier. Monarch. franc. de la seconde restaur. 1818, p.17[蒙特洛西《第二次复辟时期的法国君主制》1818年版第17页][第38—39页注1]。

"最高权力,一切权利的内容和保证",第39页。

"**宪章**正在成为内讧的题目",第41页(由于**流亡者**企图利用宪章授与国王的全部特权,国王任命的权利、[立法]创议权、罢免和减轻惩罚的权利,而革命利益力图在选举设施方面寻找支持)。

"如果认为……在欧洲其他国家，类似法国正在进行斗争的分子的一切，**也**应当**围绕宪法**去进行斗争，是否将会犯错误呢？"第41页。

（兰克认为——由于**宪章**的模棱两可）。

评论。① 在路易十八统治时期是国王恩准的宪法（钦定的国王宪章），在路易-菲力浦执政时期则是宪法恩准的国王（钦定的王权）。总之我们可以发现，主词变成宾词，而宾词变成主词，被决定者取代决定者，总是构成例行的革命，而且不仅从革命者方面来说是如此。国王制造法律（旧的君主国），法律又制造国王（新的君主国）。宪法的情况也完全是如此。反动派的情况也是这样。长子继承制是国家的法律。国家希望有长子继承制的法律。因此，黑格尔这样把国家观念的要素变为主词，而把国家存在的旧形式变为宾词，——但是在历史现实中情况恰好相反：国家观念始终都是国家存在的那些［旧］形式的宾词，——他这样做只不过说出了时代的一般精神，他的**政治神学**。这里的情况同他的哲学和宗教上的泛神论的情况一模一样。非理性的一切形式这样一来都变成理性的形式。但是这里在宗教上是理性，在国家中是国家观念在原则上被变成了决定的要素。这种形而上学是反动派的形而上学表现，对于反动派来说，旧世界是新世界观的真理。

"说真的，我们德国人最没有根据再用空洞的要求去加深我们民族的特殊命运在我们民族中引起的纷争了！"第［581—582］页。Von Savigny.Wesen und Werth der deutschen Universitäten［冯·萨维尼《德国大学的本质和价值》第569—592页］。

"为革命（即苏黎世1830年革命）做了准备的极为重要的因素，是城市和乡村之间的对抗"，第595页。

"如果我们回过头来谈……任何集体谈判和决定的精神，那么这些

---

① 这一段认为黑格尔对国家的抽象观念和这一观念的具体历史形式之间的相互关系的理解是站不住脚的等等的"评论"同马克思的著作《黑格尔法哲学批判》（同上书，第245—404页）的内容有直接的联系。

谈判和决定是为了通过讨论和通报消息达到比单个人更高的了解和确信。因此，**一致同意**是任何讨论的目的，如果容许**多数票**，那么只是由于必要才会发生这种情况，因为任何事情总得有个结局；但是在这种情况下真正的目的毕竟没有完全达到，而只是接近于达到。但是，要想达到这个目的，只有在各个成员明显一样的条件下才有可能，因为只有成员的明显一样才会使明确的精神交往成为可能，在缺少这个前提条件的地方，只能把各个意见**联合起来**，但不是这些意见的有机的统一，只有各个意见的有机统一才能设想为目的……如果……着手按等级、生活方式、职业把公民加以划分，那么这样狭小的公民集团的单个成员就能够容易得多地彼此认识和了解"，第396页。〔萨维尼《论普鲁士的城市制度》第389—414页〕。

"我仍然认为，正是那些对国家形式做了深入考虑的人们，直截了当地否认法国众议院是**代议机关**，这是值得注意的。鲁阿耶·科拉尔说，众议院的选举不符合这一点；不是全体居民都参加选举，居民不是选举众议院去完成一定的目的，去实现做了明确表述的委托……他接着说，议会不是代议机关，它是权力机关；议会不是由先于宪章出现的权利所决定，而是由以宪章作为基础的权利所决定；议会只能表达它自己的意见；向议会提出委托是被禁止的"，第537页。"把统治机关叫作代议机关……看来只有在多少适合于这样做的地方才是重要的，而在我们这里，只要不规定这个名称只意味着统治制度，在这种制度下立法权分为三个分支，其中一个分支是由选举产生的，那么这样做就是不正确的，骗人的"，鲁阿耶·科拉尔〔第538页注1〕。

"在一个实质上是**私有者民族**的民族中，僧侣应该拥有财产，而不是取得薪俸"，第543页〔注1〕。（施弗列在1815年的法国议会中。）

"他（从爱尔巴岛起程的拿破仑）向上阿尔卑斯山和下阿尔卑斯山地区的居民们说，我的归来会消除你们的担心：它会保证你们保有**一切种类的财产**，保证一切阶级的平等。你们曾经行使了二十五年的这些权利，现在构成你们存在的一部分"，第54页。"幸运的天才促使他只是诉诸革命法国的伟大思想和激情，向各个个人确认他们的权利、他们的财产,使整体有可能享有它所赢得的光荣",第55页。"一百万官吏……五十万士兵,六百万由革命造成的私有者……这不再是波旁王朝的法国人了",第56页。

"他(拿破仑)以前认为,他应该用**财产**来战胜**革命**,现在他决定不为当选者规定任何财产资格限制",第62—63页。

"如果说在整个**复辟**时期中,大**财产**都同君主制结成同盟,那么这自然可以认为是由于君主制天然喜爱稳定的原则,但是……发生这种情况也是因为没有为当选者规定财产资格限制的补充法令的规定违背任何色彩的私有者的利益,正如宪章的规定曾经对他们有利一样",第75页。

"我们的理论说,每个国家的人民都有他们自己的政策。它,这种民族独立,究竟想说什么呢……是说我们正在按照上帝要求于我们的方式独立地形成上帝给予我们的自然界、我们的从一开始就有的财产、我们的本质",第91—92页。

"在……自由派的宪章和皇权派的宪章之间,即在这两种人对宪章的了解之间,有不平常的差别……宪法始终是在生活中互相对立的力量之间的妥协……某个时候,宪章本身的条文……斗争的舞台……在一种成分获胜的情况下……宪法就会被破坏",第104页。

[**18**] 30年宪章同路易十八的宪章的本质区别。**总的说,作为前者的基础的是1815年拿破仑执政时期起草的那个宪章**。(一)拒绝钦定的[宪章]。(二)也拒绝承认国家的宗教。(三)废除一切书报检查。(四)第十四条缓和了。(五)给议会两院以立法**创议**权 [第106—107页]。

"统治,这是诸侯的意志……义务……保存个人和财产。"Avertissem.aux souverains etc.von Jouffroy.Par.1831. [儒弗鲁瓦《对君主们的警告》1831年巴黎版,第117、116页]。

"议员的话比作家的声音更深入人心,全体居民、整个省份、公众舆论都用他的嘴巴说话,他的使命是表达**政治信条**。"Lamartine Sur la politi.rationnelle.par.1831 [拉马丁《论明智的政策》1831年巴黎版,第

119、118 页]。

"将来,社会的人在哲学家和立法者眼里,应该成为单个的人现在在真正的基督徒眼里的那种人,即上帝的儿子……他在尘世的父亲即国家面前享有的命运,同在天国的父亲即上帝面前享有的命运是一样的。"同上。"他(拉马丁)认为它(集中),这种有积极作用的力量,是值得惊讶的,**社会思想**一旦被获得并成了法律,通过这种力量转瞬之间就迅速地、按时地、体察入微地、统一地传遍一切行政领域,以便贯彻执行;这就是被称为国家的这些伟大机体的统一。""可见,这位作者是用两种方式进行思考的。起初,他把现存的东西理想化……然后,就使被理想化了的权力具有基督教的倾向性",第 120、121、22 页。

"旧的君主制也不会给诗人提供任何东西,这毕竟是**非常值得注意的**;对于诗人那容易受到启发的想象力来说,没有任何出发点,没有任何精神的支柱",第 124 页。

"存在着感情的皇权主义和理性的皇权主义。前者是一种宗教,它表现最彻底的忠诚;它随时可能会成为中世纪制度的基础",第 132 页。

"他们(学理主义者们)由于受到排挤,得不到复辟时期的收入和职位,就跑去搂住巨人——人民的脖子,他们讨好他,激励他;他们愚蠢地相信,只要他干,那就会使他们能得到官职……他们用一点蓝的东西和红的东西把复辟时期乔装打扮一番,建立了集团。""这种虚假的王位继承权究竟是什么货色?……是人民主权和神权的奇怪结合",第 135 页。Lettre à M. de Chateaubriand etc. par de Briqueville etc. Par. 1831 [《布里奎维耶给 M·沙多勃里昂的信》1831 年巴黎版]。

卡贝(Péril de la situation présente etc. 1831 [《当前形势的危险性》1831 年版]。Compte à mes commetans. Par. 1831 [《致我的选民们》1831 年巴黎版第 137 页]。"坚决主张王室和政府完全分离",第 141 页[注 1]。

《Conséquences de la révolution du Juillet》[《七月革命的后果》]……"注意到一个矛盾,这个矛盾在于世袭的国王同实际上由议会多数任命并对议会负责的大臣们一起工作。唉,要是国王同政府发生分歧呢?国王可能会改变政府；那妙极了；但是多数会把具有同样色彩和持有同样观点的人们派给他。那时候该怎么办呢？他是否应该让政府进行治理呢？他会违背自己的义务，由于这种义务他才拥有行政权。或者解除这些人的职务？他只有通过暴力才能做到这一点"，第141页［注1］。

La monarchie de 1830 par Thiers.Par.1831［梯也尔《1830年的君主国》1831年巴黎版，第144页］。

"大家知道，1827年议会两院的**多数**曾经要求采取改革措施。查理十世没有响应；与此相反，他于8月8日选举了政府。"

梯也尔说："在这一天，明确地表达了代议制这个伟大的问题，在查理十世的政府和路易-菲力浦的政府中规定了神权和国民权利之间的真正差别的问题。""国王是独立于议会多数之外呢，还是不是？他能否在这个多数之外选举自己的大臣呢？"第45、46页。

"有这样的日子，那时居住在几百万平方英里领土上的人民，只有一种思想，一个唯一的愿望，一个同样的呼声……卡卢塞里广场、市政厅、汪多姆广场在7月就是整个法国"。梯也尔，上述著作，第一个虚构——国家的统一［第146—147页］。

"巴黎推翻了1814年的复辟王位，巴黎没有征求法国的意见，法国也不要求这样做，因为法国和巴黎在这时构成了统一的整体。巴黎，即进行了破坏的那些人本身，恰巧取代了他们所破坏的东西。"同上［第147页］。

"现在有人每天一再向我们重复说，目前的政府是建立在民族主权的基础之上的……

（这是根据梯也尔的观点）

大多数人的主权……通过选民、议员、国民所选出的贵族一次又一次地同国民商量。"同上［第149页］。

"正是国家，只有它一个才永远享有迫使一切意见默不作声的权利，既然它发表了自己的意见；这种成熟的或者不成熟的意见就成为天经地义，因为它是占统治地位的意见。"卡齐米尔·佩里埃。1831年12月26日的贵族院会议［第150—151页］。

"好像［这样的］事情只有两次。或者古老的格言'人民的声音就是上帝的声音'是正确的，在多数人的意见中表达了理性本身；那么多数人就是绝对正确的。""或者是多数人犯了错误……那么……这多数人就变成暴君。"兰克，第151页。

署名F.A.S.（这大概是西昂）的［小册子］《1831年9月15日》从**王位继承制**转而谈到**法制**。但是，这种法制是什么东西呢："我们昨天的意志。因为我们自己的意志已经实现了，它以命运的绝对性使自己同我们相对立。昨天是和在我们诞生以前产生的某种东西一样绝对的"，第152页［注1］。

"可见，说选举制度和其他某种制度之间的局部差别丝毫不会影响结果，只要把选民们集合起来，要求他们［选举］议员并服从选民们选出的多数，不久国家的意见就会获胜，是正确的。是的，不管搞什么样的选举计谋，多数总是好的君主"。梯也尔，上述著作［第154页注1］。

"说被选出的议院代表着国家……这是法律上的虚构。十五万选民并不是国家；有被选举权的那些人，并不是法国人民……这种议会制的法国……是一种幻影"，第155页。

"革命政党力图完全剥夺中等私有者仍然享有的优势。它想吸收二三百万小的，但还具有某些独立性的私有者和企业主参加政权。""如果说皇权主义者想走得更远，如果说他们认为，应当给六百万人以政治权利，那么……这不是装样子；他们想了解占有极少独立财产的人，在那里大私有者的影响又开始了，了解农村居民……土地贵族"，第156、57页。

"当那些这样以愚蠢的虚荣心称呼自己的上层阶级，以及其中自称为文明人，主要是懂科学的人——这是真的——但不是正义的、人道的人的那些人，沉入高尚的政治的、宪法的、财政的、军事的、行政的、警察的思考之中的时候，庄严地出现了一种新形势，在这种形势下，多数人民要求向当权者和富人清算长期的非法行为，正是这种非法行为连同他们的**社会地位**确保了他们能够对教育、权力和享受一切人生乐趣实行垄断，使他们成了人类法律的天生的起草人、执行者和解释者，以便这种法律能够保障他们的特权，而使人民的无知、受奴役和贫困的状态永世长存"。《De la révolution a faire d'apres léxpérience des révolutions avortées；par de Potter ete.Paris.Décembre 1831》[波特《论根据已经失败的革命的经验从事革命》1831年12月巴黎版，第158—159页，注1]。

"拉斯拜尔及其信徒反对法律的贵族**内容**"，第159页。

四个集团：

第一个集团——在实行目前的参加选举的权利的情况下……十五万私有者

第二个集团——极左派二百万人

《法兰西报》和皇权主义者六百万人[的集团]。

第四个集团——法国的全部男性居民九百万人[第160页]。

"不管人数上的差别有多么重要……但是没有任何可靠的、有足够的根据能够成为明确界线的参加选举的权利界线。这些差别全都是以同一个原则为基础的……在**高级生物**、一切权利的保障、王朝的合法的全权一次成为多数人的牺牲品以后……在民族主权的原则实际上被承认，多数人的专制被承认以后……那么……就踏上了这样的道路，这条道路由于思想所固有的必然性肯定要逐渐走向极端"，第[160]161页。

"当……发明了事先承担义务，实行限权委托书的时候，表现为各种权力**相互作用**的代议制度的全部保障也发生了同样的情况"，第169页。Salvandy.Seize mois.Par.1831[萨尔旺迪《十六个月》1831年巴黎版，第165页]。

林加尔特著《英国史》

第一卷。"赎金……经立法手续规定的[人的]生命的价格"，第428页。

第二卷。

威廉一世。

"英国是土著居民同外邦统治者、外来的等级制度和外来的贵族［相结合］的独特的奇观",第49页。"几乎所有占据高级职务的人,都是诺尔曼人",第50页。

"英国人被剥夺了自己的大部分地产,为的是哪怕保存一点东西,而且不是以真正的私有者,而是以不公正态度对待他的那个人的封臣的身份保存",第51页。

"国王成了王国里的第一个土地所有者",第52页。威廉使伯爵爵位成了在同一个家族中继承的爵位,第53页。"诺尔曼的贵族既爱挥霍,又贪婪。他们的仆人的巨大数目和财富使他们的虚荣心得到了满足",同上。"不仅王室的直接封臣,而且下级封臣都是外邦人,他们把自己的地产留给了土著居民,土著居民逐渐沦为人民中最低下的阶级",第54页。

"**实行骑士封地制度**……［国王的］每一个直接的封臣必须随时有现成的一定数目的骑士或骑马的武士,他们能够在他的旗帜下战斗,并且服从自己领主的命令",第［54—55］页。每一个封臣根据国王的要求［应该］派出一定数目的骑士,并负责他们四十天行军的给养",同上。"直接的封臣们同自己的领主一样,也要求自己的封地所有者自愿承担同样的任务",第56页。"因此,由国王的封臣或下级封臣所占有的……每一个大领地……都分成两个不相等的部分。其中一部分,土地占有者……为了自己,在自己的**领地**的名义下;有一部分由［这个大地主的］农奴们耕种,另一部分［他］就出租,交给各种佃户,这些佃户必须向他交纳除了服兵役以外的其他各种贡赋,另一半领地他就分成若干部分即**骑士封地**,分给别人,条件是必须根据他的要求在按习惯规定的期限内承担骑兵服役义务",第［56—57］页。"在这样把封地交给下级封臣的时候……每一个土地占有者**完全是**按自己的打算或奇怪念头行事",第57页。除了服兵役以外,封臣还要［履行］许多义务:

一、宣誓表示效忠和尊敬……威廉责成居住在他的直接封臣们的土地上的一切自由居民都要宣誓效忠于他本人。国王自己的封臣们宣誓效忠国王而反对任何人；下级封臣们宣誓效忠于后者［自己的领主们］，反对除国王及其继承者以外的一切人，第［58—59］页。

二、有服兵役义务的王室封臣们……在三个重大节日期间［应该］到宫廷里去；在其他场合，［他们也必须］应召前往……在这些会议上讨论国家事务，起草并修改法律。［这是］王国的最高法庭……**国王的男爵们**；他们共同［组成］英国的**男爵等级**；他们的封地……**男爵领地**……小的男爵领地由于婚姻和继承人之间的瓜分而逐渐被分割了，占有者的贫困迫使他们自愿不参加同等级人士的会议。在［无地］约翰统治时期，在小男爵和大男爵之间有了差别；由于只有大男爵继续享有男爵的特权，所以最后这个封号就只属于他们了，第［59—60］页。

三、［把封地］归还［给领主］……威廉及其继任者们所创立的封地被永远交给了封臣们及其由法定婚姻所生的后继者。把封地归还给领主们的两种情况：①封地的第一个经营者由于没有后继者而断种绝代；②不履行封臣的义务或者该封臣叛变。王室给每一个伯爵领地都任命了官吏，以便确保王室的权利并及时把所有无人继承的庄园没收归入王室的财产［第61—62页］。

四、**赎金**［Relief］。当后继者占有封地的时候，他必须向领主支付一定数额的款项，这笔款项在撒克逊人那里称作 heriot，在诺尔曼人那里称作 relief。在获得赎金时，威廉只要得到死者的一部分马匹、武器、狗和鹰就满足了。威廉的继任者们贪得无厌，竟然重新规定赎金。后来的那些国王榨取了巨额款项［第62—63页］。

五、［**封建的**］**帮助**。威廉曾经庄严地许诺说，他的封臣们将仅仅负担固定的**封臣劳役**。封建的法学家们规定了领主依靠其无上的权利可以要求其封臣提供金钱帮助的四种情况：①领主为自己的封地支付赎金；②把自己的长子封为骑士；③把自己的长女出嫁；④被敌人俘虏。王室的封臣们要求有决定提供这种帮助的数额的权利，——并且通常都行使［这种］权利，——于是国王让他们宽宏大量地根据他们自己的意愿或者用从骑士封地征收款项的办法，或者用每个个人自愿让出一部分动产的办法募集这种帮助［第 63—64 页］。

六、继承办法。通过购买获得的东西，靠勤俭挣得的东西［或者］由于某人的恩惠而得到的东西，留归领主支配，而**封地**既不能按遗嘱转让，不能馈赠，也不能出卖。最亲近的后继者得到一切，并且应该履行原来规定的义务。长子享有当然的继承权。疑问在于第二个［占有者］逝世以后封地是否转交给他的儿子还是兄弟。由此发生王位直系继承的中断［第 64—65 页］。

七、保护。如果继承者未成年，领主立即开始占有［他的庄园］并把收入归自己所有，或者把收入交给某个亲信，或者把庄园出租。他让继承者离开母亲或亲戚，把他置于自己的保护之下［第 65—66 页］。

八、婚姻。继承者常常是妇女。父亲未经领主同意不得让她出嫁。如果父亲去世，领主就是保护人，他根据自己的选择等她满十五岁以后叫她出嫁，或者，如果他允许她不嫁人，那就仍然是保护人，可以不让她缔结他不同意的婚姻。在她出嫁以后，丈夫行使妻子的一切［封建的］权利，代替她宣誓效忠，履行传统的义务。实行这种办法的**借口**是：照顾领主的利益，否则领主的封地可能为不能或不愿［支配它］的人所占有；［领主的］**贪婪**把［封地的］女性继承者变成收入的经常源泉，因为谁出的价钱最高，领主就把同［富有的］女性继承者结婚的权利卖给他［第 66—67 页］。

"咨议会几乎没有一个土著居民的代表；它和以前一样，继续只是由显赫的土地占有者、王室的直接封臣们组成；这个咨议会在同一个确定的时间开会，行使司法权和立法权"，第 71 页。

国王的收入：（一）王室领地的收入。（二）从必须承担兵役义务的封臣们那里作为赎金［赎买款项］而得到的资金，作为帮助——从受保护的那些庄园得到的款项以及［用］把女性继承者出嫁［的办法榨取来］的款项。（三）办理诉讼的人由于得到了在王国法庭上解决诉讼的权利而交纳的捐税。（四）根据法律规定的罚款和按照惩罚者的意愿规定的罚金。（五）桥梁税和市场税，由商人输出和输入的商品税，市镇和农村居民交纳的捐税、赋税、贡税（tallage）。（六）威廉恢复对

丹麦货币征税，第［73—74］页。

亨利一世。在登上王位的时候（1100年）——

自由宪章［第132—134页］：

一、把旧日的特权归还给教会。二、**允许**封臣们出嫁女儿，不用为此而支付任何款项，等等。三、对于整个国家，根据忏悔者爱德华的法律，就像他［征服者威廉一世］的父亲所宣布的，使各个封臣的世袭领地摆脱丹麦货币。废除罚款等……第［134—135］页。

王室粮食征集（Purveyance）。（无偿地供应为供养王室所用的一切必需品［注（a）］。在国王出巡时，总是跟随着高级僧侣、男爵、官吏、成群结队的仆役——王室出巡等于敌军入仅：因为国王的扈从要进行一场搜刮劫掠。他们闯进佃户和农民的房屋，由这些人供养，放火焚烧，烧不了的就毁坏掉。居民们看到，把他们的粮食和牲畜搬走、抱走，当着他们的面糟蹋他们的妻女，如果他们敢有异议，就放火把他们的房屋烧光，把他们本人加以残酷折磨并且处死。国王到来就是居民隐藏家什、逃往森林的信号。亨利一世建立了审判委员会，惩办了这一类罪行［第170—171］页。在亨利统治时期，野禽野兽遍布全国［第198页］。

斯蒂凡（1135—1154年）［第197、232页］。

自从丹麦人入侵以来，英国从来没有出现过如此悲惨的景况。"基督教骑士们以残暴行为自夸，这种残暴行为其实会使他们的异教祖先丢脸"，第232页。掠夺、焚烧、伍斯特、诺定昂及其大部分居民都被烧光、烧死［第232—233页］。

产生这些灾难的主要原因是**城堡**。除了在斯蒂凡登上王位以前就存在的那些城堡以外，在他在位期间又修建了126个城堡。"城堡的占有者们有墙垣和壕沟保护，没有危险，就认为自己可以不受正义和法律所规定的一切限制的束缚。他们掠夺附近的地区，押走居民，把其俘虏中最受尊敬的人投入监狱。在这里使用了各种各样的刑讯拷打，为的是［用这种办法］迫使受刑者付出大量赎金或者弄清他们的财产藏在什么地方"，第233页。

"有些人脚被捆住吊在火上烤,另一些人大姆指被捆住吊起来,用烧红的金属块烙脚掌。惯用的刑讯办法是不给饭吃、不给水喝、用打了许多结的绳子紧紧捆住脑袋,或者把人硬塞进一个底下装着碎石的大箱子",第 233 页。

亨利二世(1154—1189 年)[第 236、238 页]采取了许多改革措施。拆除了城堡。"他把诺定昂伯爵驱逐出王国",全面迫害大领主。"他妒忌一切不是来源于他的和不服从他的意志的权力。当他侮辱了他的傲慢的封臣并压制了最有权势的家族时,他的自豪感得到了满足。他限制他们的特权,分割他们的领地,把他们的女性继承者嫁给等级更低的人",第 245 页。

王国审判庭是"王国的最高法院……国王的法院……在这里掌权的是高级僧侣、伯爵、男爵和王国朝廷里最显赫的官吏们……在这里……国王的直接封臣们受到按等级和他们一样的人的审判……这个法院……是爱报复的君主手中的最卑哪的工具",第 350、51 页。巡回法官……亨利注意的首先和主要是他自己的利益,第 353 页。打猎是诺尔曼国王的主要娱乐……在王国的各个地方都专门划出了森林……对保护野禽野兽的关心,胜过对臣民生活的关心……**林务长官**(Chief Foresters)**法院**……血腥的法庭……微小的过失就受到剜眼睛或失去某一个肢体的处罚……亨利采用罚款和监禁来代替这种办法,第 353 页。

人们向国王购买关于准许在普通[封建]法院管辖范围内作为例外的特许状,法官们的贪污[第 357—358 页]。

全部审判职能都是国王投机活动的对象。

理查一世(1189—1199 年)[第 384、436 页]。

"他的桂冠沾满了鲜血,他的胜利是用人民的贫困化换来的……捞取金钱的卑鄙手段就是搞不正当的行为",第 437 页。在王国内实行统一的度量衡。使海岸法变得缓和了[第 437 页]。

第三卷。

无地约翰(1199—1216 年)[第 3、80 页]。

自由宪章[第 55 页]。

一、英国教会。完全地和毫无阻碍地享有特权［第 56 页］。

二、赎金，显贵们受保护和缔结婚姻［的条件］放宽了，变得不那么苛刻了［第 56—59 页］。

三、国王要求帮助的权利重新像古时候那样受到三种情况的限制。为了取得帮助，除了其他条件以外，必须得到（王室封臣们的）**咨议会**的同意。咨议会的成员是：大主教、主教、修道院院长、伯爵、年长的男爵。这个封臣们的……咨议会召开会议，只是为了批准征收金钱［第 58 页］。

四、最高民事法院，"民事诉讼不应该跟着国王陛下走，但是应该在某一个特定的地方审理"。韦斯特明斯特最高法院［第 59 页］。

五、任何人没有足够的法学知识都［不能当］法官、巡警、郡长或官吏；每年四次往每个郡派去两个法官，以便在由郡的［百户］会议选出的四名骑士参加下，**根据法令**审理关于最近提升到教区担任职务（调查某个教会谁最近呈请提升教士）、关于前任的死亡（最后一个世袭领主是否占有作为封地或领地的份地）以及关于新的侵占事件（是否有谁被非法地剥夺了自己的自由封地）的诉讼。

六、国王"不得向任何人出卖权利和正义，不得对任何人拒绝或者延缓权利和正义"［第 60 页］。

"除非经贵族的合法裁决或者根据国家法律，不得将任何自由人逮捕或投进监狱，剥夺他地产，也不得用其他任何方法强行使他遭失损害。""除非同样封号的人们的裁决并根据过失的种类，不得对伯爵和男爵课以罚款；不得因犯微小过失而对自由人课以大量罚款，也不得因犯比较严重的过失而对他们课以过量的罚款；封地所有者的封地、商人的商品、农民的农具耕畜将一直留归本人所有；课以罚款应该由［该］地方的有权的、经过宣誓的人来执行"［第 61、62 页］。

七、对王室粮食征集加以限制。

八、承认首都和其他一切城市、市镇和港口在陆上和水上的古老的自由和自由的习惯；采用统一的度量衡［第 62 页］。

九、王国出境自由。

十、把严厉的森林法和同违犯森林法有关的惩罚措施**加以放宽**［第63页］。

十一、下级封臣。"国王赋与其封臣的一切自由和特权，在涉及僧侣和俗人同封臣的关系时，也赋与僧侣和俗人。"关于仍然［构成］人数最多的阶级之一的农奴，根本没有提及。

十二、一些临时决定，其中包括关于把城堡归还给贵族的决定等［第64页］。

亨利三世（1216—1272年）［第85、182页］。

批准大宪章。修改自由宪章：从六十一条缩减到四十二条。

一、只是代表暂时利益、涉及国王及其反对者的纯个人方面的所有条文都删掉了［第85页］。

二、许多看来是违反王室的传统权利，例如涉及封建的帮助，同实施森林法、违犯王国出境自由有关的舞弊行为等等的条文被省略了。

三、有关显贵、王室粮食征集权利和［支付］皇家债务的一些改进措施［第85—86页］。

1218**年**，第二次批准做了新的修改的自由大宪章。

森林宪章。把王家森林法加以缓和［第92—93页］。

1225**年**，**再次批准自由宪章**。主要是关于显贵［第98—99页］。

1258**年**，**疯狂议会**。男爵们在其有兵役义务的封地所有者的陪同下是武装起来了，选出了一个由十五个男爵组成的国务会议。使许多王国官吏惊慌失措。［二十四名男爵］委员会的决定：

一、在每个郡中由封地所有者选出四名骑士，以便调查王国官吏在郡里的违法行为并向议会做报告。

二、每年由封地所有者们选举各郡的新郡长。

三、男爵会议每年召开三次，即2月初、6月初和10月初。"但是他们只关心使这些会议只是由他们的支持者组成。那十二名男爵借口为了使［咨议会］的其他成员免去如此经常的旅行所造成的开支和劳累，任命自己为咨议会的代表，即全体伯爵、男爵和王室封臣的代表；做出决定:这十二个人同国务会议共同决定的事情,应该看作是所有人的决定",第[140、141、142、43]页。

在实行国家改革方面行动迟缓[第145页]。

"拖延的真正原因……是政党的头目们不想让出他们所篡夺到的权力。他们在自己的支持者中间瓜分了王室所掌握的肥缺和职位,抓住大部分王国收入不放,私自瓜分了由于把封地归还给领主、由于履行保护人任务、由于王室封臣缔结婚姻交纳酬金而得的收入",第145、46页。

"它们(改革的结果)使国民的希望落了空,激起了要求剥夺一小撮专横跋扈的男爵们的无上权力并把它交给根据法律应该掌握这种权力的人的普遍愿望",第147页。

在亨利统治时期有许多有益的东西,结果男爵的暴乱并没有促进国家的福利[第183—184页]。

议会制度。

一、最初,议会是由[国王的]**直接封臣**组成的。为了实施赋税、修改法律和规定,必须取得他们的同意。很快[产生了]年长的和年轻的男爵之间的差别。"前者……由于拥有大地产……十分关心所有立法文件……他们的影响很大,王权没有他们的协助也**无法**把任何法律付诸实施。因此,他们出席咨议会成了义务,一旦没有理由而缺席就成了违反他们必须忠实于王室的誓言而要受到惩罚。""年长男爵的同意也就意味着年轻男爵的同意,就年轻男爵的财产状况而言,出席会议是很重的负担,是花钱太多了。""因此,咨议会通常……由主教、修道院院长、伯爵、男爵、法官、高级国家官吏、骑士——附近地区的王国封臣[组成]。""如果问题涉及国家的福利和[提供]非常的帮助,国王就召集其全体直接封臣开会;在以前,大概亲自去[邀请]每一个人,后来就只对年长的男爵才用特别发出公函的办法[去邀请],对其他人则下一道给各郡封臣的共同命令",[第185—189页]。

二、只有王室的直接封臣才［享有］亲自出席议会的权利，但是在1265年以前就有时也邀请**各郡的代表**（各郡的骑士）了。回击他的男爵和高级官吏**自私自利地**描绘国家实际状况的手段。因此，如果他（国王）想准确地弄清楚他自己的权利或者他的官吏的贿赂行为，他通常就赋与在各郡存在的由骑士——他们或者由国王亲自任命，或者在郡的会议上选出——组成的委员会以全权，让他们从一个百户到另一个百户，经过宣誓后进行调查，并且把调查结果在咨议会或议会上提交给他……因此，存在选举骑士的旧习惯，为的是让骑士管理郡的事务。骑士征收赋税，向国王提出申诉……剩下的只是采取一个小小的步骤，使他们作为其选民的代表参加咨议会，拥有对赋税投票表决并在解决他们的申诉时要求帮助的全权，这是众议院在其成立以后很长时间还敢于行使的唯一职能。各郡的骑士在当了议会议员以后，领取同以前一样的报酬。这就是，他们——首先是在向国王做了报告以后，后来是在议会［会议］结束以后——得到给郡长的公文，责成郡长补偿他们在注明的多少天内在往返途中以及在出席［会议］期间所花费的款项，而这笔开支由郡负担。贵族们是根据他们自己的权利出席［议会］，因此费用自己负担；而骑士们只是别人的全权代表，因此要求他们为之办事的那些人补偿他们的开销［第189—191页］。

关于邀请各郡代表出席议会的最古老的命令是1213年即［无地］约翰即位第十五年发出的。每个等级都［各自］投自己的票，［而且］它想出多少钱就投票赞成多少钱，没有别人加以干涉。选举权归全体封地所有者整体所有，不管他们是国王的封地所有者还是较小领主的封地所有者，也不管他们是否由于得到封地而负有服兵役或自由人所要履行的其他劳役的义务［第191、193、195页］。

三、在列斯特尔伯爵［埃尔人］当政（在亨利三世统治时期）以前，没有邀请过市民。在两个世纪中，城市和市镇的福利和人口增长了。

各个城市利用使自己的老爷贫困化的办法，逐渐获得了极为重要的特权。现在市民们不再由个人去服摇役，而是缴纳**共同的**捐税；他们的同业公会由保护证书批准；他们取得了进行集市贸易、征税、选举自己的权力机关以及为自己制定法律的权利。他们能够提供金钱和人才；通过减轻他们的负担和关心他们的要求，把他们争取到自己方面来，显然是符合王室利益的。过去，国王在从其封臣那里得到帮助的同时，向各市镇课以捐税，这些捐税是根据对每个个人动产的任意估算征收的……他们［市民］常常提议不交捐税而以送礼的形式交相当大一笔款项，如果国王同意，这笔款项由他们的权力机关自己分摊并交纳。这笔款项数目很大，这就使他们有权自己征收赋税，既然实行了新办法……那么以其让新特权遭到如此众多的单个乡镇的各种各样的责难，不如让代表 会议行使这种新特权，更加符合国民的习惯……这样做的好处为亨利的继任者们所承认，亨利在其统治的最后几年定期地像邀请各郡代表那样邀请各城市和市镇的代表参加议会［第195—197页］。

四、**邀请下级僧侣的代表**，为的是捞取金钱。为了这个目的，在**宗教会议**（每个大主教辖区的僧侣会议）上募捐。

伯爵和男爵们对僧侣等级关于一个涉及非婚生子女的问题的答复："我们不想修改旧的经过考验的英国法律"［第197—201页］。

爱德华一世（1274—1307年）［第219、325页］。

"对英国国家制度的许多改革，［其起源］与其说归功于开明的政策，不如说归功于自私自利的打算"，第286页。"在封地制度的少年时期，军人就是一切，而商人和手工业者是微不足道的。但是，随着文明取得成就，后两个阶级逐渐积蓄了力量［Vermögon］；因此，他们获得了影响，在前一朝代的各次国内战争中，作战的双方都认为各个城市的援助同最有权势的男爵们的支持一样宝贵"［第286页］。

1283年，在战争期间，在威尔士，爱德华……为了从比较不富有的人那里得到资金，召开了仅仅由两个等级即僧侣和分镇组成的议会。

前者应该由通常的办法召集；后者则由每个郡各派四名骑士，每个城市、市镇和贸易点各派两名代表。为了他们的方便，他们被分成三个组：位于特伦特河以南的各郡的僧侣和乡镇在北安普顿开会，北部各郡的代表在约克开会，达勒姆主教辖区的代表在达勒姆开会。三个［会议］全都由国王的特派专员宣布开幕。把议会分成几个独立的团体并没有造成不便，因为其中每个团体剩下要做的事，就只是以它所代表的那些人的名义批准赋税。战争结束以后过了八个月，国王又召开议会，但是，派出代表的城市和市镇数目只限于二十个，关于召开议会的通知已经不再寄给各郡郡长，而是寄给市长、法官［Amtleute］以及这些城市和市镇备受尊敬的人……1295年，收到邀请信的不下于120个居民点，其中有些十分贫困，无法支付自己代表的费用，因此被免除了这种负担沉重的荣誉。国王有理由对这次试验感到满意；如果说各郡的男爵和骑士投票同意按他们的动产［价值］每十一个分尼交一个分尼，那么议会新议员则每七分尼交一个分尼；这件事对未来十分重要，以后就可以利用这件事；从此以后就定期召集城市和市镇的代表开会，而他们的拨款通常都超过各上层等级的拨款达三分之一，就好像这个比例已经确定。其实，这就是邀请他们的真正原因；他们这些等级的人并不懂国家事务，有时，当贵族还在继续开会的时候，就让他们散会了……他们出席会议的好处在于，他们彼此可以商量一下自己的困难，并且让国王知道这一点，而且他们照例是把拨款同要求帮助联系起来，第287—89页。

1297年，叛逆议会的行为迫使亲王（爱德华的儿子）对宪章作了补充："从现在起非经我们王国的高级僧侣、伯爵、男爵、骑士、市民及其他自由人自愿并一致同意，我们或我们的继承者都不得再征收赋税或津贴"，第301页。

设**治安法官**，在此以前是**治安保卫人员**。

"使封地所有者失去拥有自己土地的权利的法律规定，土地应该根据最初分给封地的情况来继承，如果没有直接的继承者则应该归还给领主或其继承者。这个法律的目的是维护领主的权利，其结果是……地产被保留在同一个家族手中,因为占有者被剥夺了把土地让渡出去的权利",第 313、14 页。

"在爱德华即位初期,每个占有世袭自由封地的人,都可以把自己的地产变为设有领地法院、享有特权和豁免权的庄园,可以把一部分地产赠给或卖给两个人或两个人以上,以便根据封地权利让他们永远有义务为自己及其继承者承担[任何]自由劳役或兵役。通过建立这种派生性封地,领地的数目随便增加,结果,大男爵们丧失了从无人继承的封地、赎金、保护而得到的收入,这些收入根据封地条件属于直接领主。由于一再提出申诉,在爱德华即位第十八年通过了一项法律,这项法律禁止建立新领地,规定今后只要把土地变为封地或者把土地卖掉,新的封臣都不是从他得到土地或他买到土地的那个人手中,而是从有关的最高领主那里获得土地。所以,从此以后就不允许人们要求得到在 1290 年以前还不存在的领主权利",第 314、15 页。

人们徒劳无益地企图禁止把东西让渡给同业公会,因为领主——**要知道同业公会并不是死的**——丧失了对赎金的权利,等等[第 315 页]。

爱德华二世(1307—1327 年)[第 327、399 页]。

1309 年。各乡镇的请愿书,它们在请愿书中表达了一个愿望,就是它们的申诉在投票表决赋税以前能够得到满足[第 332 页]。

1310 年。男爵们出席韦斯特明斯特议会时是带有武器的。[成立了]整顿王朝事务并消除国民负担的贵族(拨款审核者)委员会[第 336 页]。

1311 年。宗教改革的条文:前六条涉及教会的权利、公共安全、支付王室债务、把征税事务出租、恪守自由大宪章。未经男爵同意,国王不能离开国家,也不能开始战争;如果国王不在,参加议会会议的男爵们应该选出摄政。废除对呢绒、亚麻布、葡萄酒等的新税。王国的一切重要官吏等,都应该在出席议会的人员的参加并同意下由选举产生,等等。最后,为了确保公正裁判避免延误,议会应该每年召开一次,如有必要可以开得更经常些,第 336—338 页。"在这些条文中有些涉及王室的合法权利,其他一些(反对海弗斯顿、亨利·博蒙)是由于个人报复而加上的",第 336 页。

1322年，爱德华在约克召开议会。**各项决议**（前面提到的）受到了严格的审查。"以王室的名义提出的每一项措施，都毫不费力地通过了。"曾经决定，"国王的臣民所提出的任何建议，不管其权力如何……如果损害了君主的权利，都被认为是无效的，'关于国王或王国和人民在议会中的地位'的一切法律'都应该经国王同高级僧侣、伯爵、男爵和王国的一切等级一致讨论、批准并实行'"，第378页。

1327年。爱德华被废黜（他的儿子被立为国王）并被杀死［第396、399—401页］。

第四卷。爱德华三世（1327—1377年）［第4、127页］。

1370年。"里摩日的流血澡堂事件是他（即黑亲王）良心上的污点。正如成千个其他类似的事件一样，这证明，骑士等级对人类文明所产生的影响，比有时人们认为它起过的影响要小。诚然，骑士等级使勇敢具有诱人的外表，规定了讲究礼貌的法律，并且制定了——常常是错误的——授予荣誉的原则；但是他们无法控制强烈的情欲和复仇心，即使这个时代最完善的骑士也不时会表现他们的六世纪的野蛮的祖先才相称的精神上粗暴无礼的举动来"，第119页。

林加尔特在给这个地方加的脚注中指出：

"可以补充一点，骑士等级产生并培育了深深地鄙视其他等级的心理。黑骑士赐给了那些保卫里摩日免遭他的袭击的骑士们一条命；他很高兴地让市民们，即三千名男人、妇女和儿童流出了不那么高尚的血"［第119—120页］。

"爱德华的几次战争产生了良好的后果。这几次战争使国王债台高筑，使他不得不依从于人民，人民正在为日益增加的赋税负担而叫苦喊冤，但是由于做出了暂时的金钱牺牲为自己及其后代确保了长远的好处"［第129页］。

一、取缔滥用职权的行为［第129页］。

限制同王室粮食征集有关的非法行为和各种苛捐杂税。使行使审判权摆脱了各种最令人发指的滥用职权行为［第131页］。

1351年，在所谓的良善议会上通过了**关于叛变的法规**。叛变指的是七种罪行：预谋和蓄意杀害国王，或者王后，或者他们的长子和继承人；侮辱王后、国王长子和继承人的夫人以及尚未结婚的国王长女，等等［第133—134页］。

二、**议会**。在爱德华统治时期，议会开会70次。完全的议会由三个等级即僧侣、地主和乡镇组成［第135—136页］。

（1）**僧侣**（除了社会地位很高的高级僧侣以外）在单独的地方召开宗教会议，结果很快议会就开始只指其他两个等级［第136—137页］。

（2）**地主**（国家显贵）：①所有以男爵身份从国王那里得到了封地，以及祖先或前辈经常被邀请参加议会的人。这是教会贵族和世俗贵族；②经国王亲自挑选被邀请参加过议会的特定会议的富有的、有势力的领主［第137页］。

（3）**乡镇**。两类：①各郡的骑士。始终在人民一边。在各郡的会议上选出。后来国王和地主干预了选举。②**城市和市镇的居民**。他们的人数每年都有变化；小城镇有时被邀请，有时不被邀请，由郡长裁定。"这一类［议会］成员完全由商人和手工业者组成，是贵族所鄙视的对象。但是它［这类人］相当聪明，能够同骑士们共事……过了几年就同骑士融合在一起了"，第［138—139］页。

"因为各个等级的拨款、要求和利益各不相同，所以它们各自单独讨论问题……僧侣只限于讨论有关教会的问题；地主代表国家的最高利益；乡镇研究商业和工业事务。在国王询问乡镇意见以前，已经过去很长时间，当爱德华终于降恩过问此事的时候，他这样做只是为了有口实向他们要钱。他说，他们不能不让他实现他正在同他们商量的计划……1347年，他询问他们的意见，得到了如下的答复：

"皇上，我们对有关您的战争和您的军队的问题十分愚昧无知、老实忠厚，不能向您提出什么建议。因此，我请求陛下您宽恕我们，请陛下在咨议会的大人物和贤哲们的参加下做出符合陛下及您的王国的尊严的决定；这样经陛下及上述显贵大人们斟酌同意做出的决定，我们一定拥护并像法律一样加以执行"，第142、43页。

"法律就是应臣民的要求而发表的国王意志的结果",第143页。

"任何一个等级都没有违反自己的意愿,受到根据其他等级的要求而通过的法律的约束……为了使一个等级的请愿能够以某种方式影响一切等级,必须取得所有等级的同意",第143、44页。

"这个原则……是各乡镇的主要武器。""它们在这方面取得了重大的成就,终于声明,未经整个议会同意而通过的一切命令(有关赋税等的命令),应该被看作是违反国家自由的",第144页。

"国王对于得到的赋税感到满意,解散了议会,而对他答应照办的那些请愿却很少操心。因此,要执行法律是非常成问题的。

"乡镇由于其在市民生活中的地位最清楚地了解国民的要求和需要;当各乡镇在研究起草新法律并且要求遵守旧法律的时候,地主们却根据旧习惯履行其骑士的义务,调解属于他们这帮人的人们之间的冲突,等等",第146页。

理查二世(1377—1399年)[第188、310页]。

乡镇设法使两名市民被任命为司库,收缴列入新赋税账下的金钱(十分之二来自城市,[十五分之]二来自各郡),并把它完全用于军事需要[第194页]。

1378年,乡镇要求能够查看司库的账目。作为恩典,而不是根据权利允许它们这样做了。它们要求看到有关[征收]十分之十和十五分之十五的清单抄件,以便弄清楚这些税是怎样收缴的;它们被允许了,但不是因为它们要求了,而是因为这合乎国王的心意;最后,他们要求派六名贵族和六名高级僧侣参加它们这个议院,帮助给它们出主意;地主们做了否定的答复,声称他们希望仍然忠实于任命一个委员会来同其他议院的委员会讨论问题的旧习惯,第[196—197]页。

亨利四世(1399—1413年)[第318、365页]。

众议院的作用大大提高了;其调查工作遍及国家管理的一切领域[第365—366页]。

一、维护各郡的骑士选举,反对郡长的专横行为。

二、使[议员]及其仆役免遭逮捕。

三、辩论自由。

四、在亨利执政的第一年,大主教以国王的名义声明:各乡镇,正如它们自己也承认的,最多只是辩护人,而议会的法官只能是国王和地主。但是,为了王国的共同福利,在颁布法律、拨款、[提供]津贴等等时,国王可以听取乡镇的意见并取得他们的同意。由于多次提出申请,乡镇最后取得了一个结果,就是为了避免发生错误,(决议、法律的)登记注册在两院代表团出席的情况下进行[第366—371页]。

在亨利统治时期,它们取得了提出当年度初步预算的权利;照例由它们决定钱花在什么上面。公式:"由乡镇拨款,经地主同意"[第373、375页]。

第五卷。

亨利五世(1413—1432年)[第3、57页]。

确认乡镇的一个权利,未经它们同意,任何法律都不得生效。亨利把他同西吉兹蒙特皇帝签订的条约提交给它们审核批准[第61页]。

亨利六世(1422—1461年被废黜)[第68、191—192页]。

贵族批准了自己的权利:为了行使王权的职能,如果在位君主年幼或者愚笨(国王没有第三等级参加不得任命统治者来主持其继承人幼年时期的事务),他们(贵族)任命了高级国家官吏和咨议会成员,并授予他们决定日常行政事务的全权,但是每当他们自己召开议会或咨议会时,则收回这些权利……如果王位继承问题发生争议,双方都向贵族院陈述自己的要求……如果要求议会做出决定,乡镇只有表示赞同[第192—193页]。

乡镇继续投票表决津贴并决定津贴的使用;颁布法律要求它们协助;它们拥有对高级国家官吏提出控诉的权利。此后,在各郡选举骑士时,只有那些占有扣除赋税以后每年收入达四十先令以上的封地的人,才有表决权;凡不是骑士、骑士的受尊敬的持枪侍从或者可能成为骑士的生来就是贵族的人,都不能当选[第194—195页]。

爱德华四世(1461—1483年)[第199、265页]。

爱德华五世(1483年至理查受保护)[第274、278页]。

理查三世（1483—1485年）［第290、311页］。

亨利七世（1485—1509年）［第511、390页］。在其第一届议会中颁布了反对发仆役制服的条例［第389页］。**薪俸**。（由一个共同的首领领导的人们的集团，这些人穿着首领的仆役制服，佩带他的徽号，他们向他宣誓必须用武力解决他的个人纠纷以及这个集团成员的纠纷。）［第337页］。

第六卷。

亨利八世（1509—1547年）［第5、399页］。

"早在亨利逝世以前，英国国王就成了暴君，而人民则成了一群奴隶"，第403页。

"不用说英国，在那里人民在国王们的统治下始终是比较自由的，而且在任何一个基督教王国中，也从来没有听说过，一个人的威力竟然超过一切人，一个人竟然使一切人服从他的统治和古怪念头，以致在法律中对谁也不存在任何保护，能免遭他的专横行为之害，但是一切都根据他的首肯实现了"。**保罗**，第403页（红衣主教）。

"一、**贵族院**。许多显赫的姓氏逐渐灭绝了，他们的大量地产在宠臣们和朝庭的支持者们之间被分割了……在亨利统治时期，最富有的贵族同其祖先相比也是穷人，而关于废除仆役制服的条例使他们失去了为解决争端而把自己的封地所有者武装起来的惯用手段。他们有很大一部分人是暴发户，他们的地位和地产应归功于亨利及其父亲……其中最骄傲的人由于其他人遭谴责和被处死，学会了为自己担心，乖乖地唯君主之命是从，这位君主把压制显贵，残酷地惩罚他们的过错，完全从下层选择亲信，赐给他们各种称号和**财富**，委托他们行使自己的权力规定为制度"，第403、404页。

"你始终是这样对待那些显贵，使那些拥较小权力的人谁也不尊重他们；对那些犯了任何微小过失的人，你采取了最严厉的行动；你从来没有宽恕过任何人的任何过失；你鄙视一切人；你不能容忍你身边有任何人占据受尊重的或者有影响的地位，同时你又让一些从平民中爬上来的地道的外人围着自己，委托他们于各种极其重要的事情"。（保罗），第 404 页。

二、王国同罗马王位脱离关系使教会贵族变得比世俗贵族更加依赖国王了,诚然,宗教会议仍然召开,但是其立法特权已经消失。其主要任务是批准提供资金,甚至这种批准手续本身也没有效力,而要取得议会同意并且经王室赞同",第 404 页。"这样做的第一个例子是 1540 年",同上。[注(2)。]

三、**平民院**。其成员大部分由国王和地主任命,[第 405 页,注(1)]。亨利认为平民院非常顺从他的旨意,于是他多次召开平民院会议,取得了它对那些最令人发指的专制措施的拥护。在议会开幕式上,亨利亲自演了一出只有[土耳其公爵]迪万才配演出的戏……"亨利装出一副好似他对这种令人讨厌的把人神化的做法漠不关心的样子",第[405—407]页。

"自从亨利以来,关于**顺从地听话**的学说就变成了正统宗教的特征",第 408 页。

"王位继承完全根据国王个人的判断和喜好行事",第 409 页。"叛变的定义被一些极为残酷的、有时是十分可笑的法律所扩大",第 409 页。"国王变成多半脱离议会而独立,因为他颁布了一个使他的文告具有法律效力的条例,又颁布了另一个设立一个由九名枢密官组成的法庭的条例,授与这个法庭以惩办违反这些文告的人的权力",第 410 页。

"用议会决定来赋予亨利宗教上那种永无谬误的崇高特权",第 411 页。"在审理叛国案时提到**小裁判委员会**面前的问题,其实就在于:是谁值得受到更大的信任,是断言他无罪的被告呢,还是认为他有罪的**大裁判委员会**?",第 412 页。

"另一条摆脱困难的出路是克伦威尔(亨利八世的['首席']大臣)想出来的。为了不进行公开审判,这个大臣向议会提出了一项关于褫夺公权的法案(bill of attainder)并且在法案周围摆满了他认为最好要提出来的许多文件。这个法案立即在两院通过,于是被告被判决上断头台或处以绞刑,以致被告[甚至]没有机会张口为自己辩护……在亨利八世统治的最后，这种做法变成了通常的事情"，第 413 页。

第七卷。

爱德华六世（1547—1553 年）［第 9、119 页］。

玛丽（1553—1558 年）［第 138、276 页］。

伊丽莎白（1558—）［第 286 页］。

盖尔著《瑞典史》，勒夫累译（载格埃连和乌凯尔特编《欧洲各国史》）。

第一卷。

异教时期。制度和风俗［第 49 页］。

Diar, Drottnar 是神灵、祭司、法官的共同名称，人们也用这些名称称呼最初的统治者，第 99 页。

"每年的大规模的**献祭典礼**把人民召集在一起，使人民联合起来。在举行祭典的地方，是一派和平景象，参加祭典本身就意味着各个不同氏族之间的和平。为了维护这种和平，要供奉祭品，举办定于祭祀以前的会餐，讨论各种事务，做出判决，进行交易，因此，"**亭**"［ting］——对这种集会的古老称呼——同时也意味着献祭典礼、宴饮、民众集会［Reichstag］、司法会议和集市"，第 99、100 页。

"**占有和耕种土地的权利来源于神灵**。由于民众献祭大典而在乌普萨拉举行的庆祝活动，使上瑞典的让全国有一个国王的要求和权利有了理由。家庭经济以及王国都是以尊敬神灵为基础的，因此，We, Wi 这些词既表示住所，也表示神圣的地方。在家长坐的高处四周的柱子上都刻有神像。家长自己像诸侯一样，被称为 Drotten，他也是祭司、法官、本族成员的首领。父亲［可以或者不承认］新生婴儿，或者加以收养。同父亲或亲近的亲属缔结的购买契约，是结婚的合法形式，它使生育子女合法化了。宗教仪式是同尊敬死者相联系的"，第 100、101 页。神话学把血族复仇神圣化了……横压是合乎神的心意的，第 102 页。

"瓦尔加拉宫的娱乐，是供自由民出身的人，特别是供高贵的和富有的武士享用的。由大批显赫的扈从陪同来到瓦尔加拉宫，被认为是荣耀的事情。被认为特别荣耀的事情是，带着大量财产前往；放到出殡火把上去或者埋到地下的财富，会使人来生享福；因为**世袭的**财宝不能够，而只有**挣来的**财宝才能够陪送死者进入坟丘，所以由于这种信仰……北方居民的海盗行为。相反：'作为穷人去见奥丁神是不好的'，要不是他同显赫的领袖的浑身是血的卫队一起从战场来到这里，穷人未必能在他的殿堂里找到位置。奴隶们都被除名"，第103页。

"只有**武装的**人民才被认为是人民，它被称为Swea-här（瑞典军队），而Svithioà表示武装的民团。乌普萨拉的大规模的集会称为Allshärjarting（全体军队的集会），即全体武装人员大会，有一部分武装人员每年在举行了春季献祭典礼以后，就在自己的诸侯率领下开赴战场。划分百户团或赫拉德［区］同这种军事制度［有关系］，第［103—104］页。

"百户团的首领们……共同［构成］一种贵族；因为Konung（国王）……在古代语言中就是**豪门出身的人**"，第105页。

"乌普萨拉的国王们……［获得了］最高国王的封号……国王的所有儿子都拥有王国的封号，虽然没有王国。有宫廷、扈从，在自己周围征募一个武士卫队，是他们的特权。Härkonung（陆军长官）Sjökonungar（海上长官）"，第106页。人民……"为了保卫自己免遭国王们的暴力之害，从自己内部选举自己的首领"。同上。所以，在异教时代末期被由人民选出的**拉格曼**（现在是省和地区的法官）获得的相当大的权力，这些拉格曼不可能获得Tignar（贵族）的封号，他们自己作为农民，领导本地的公民，在所谓的**兰德亭**（区法院）上发表讲话，在那里他们同那些最贤明的人和最精通法律的人一起向人民解释法律。在大规模的集会［Allshärjarting］上，他们代表人民在国王面前发表意见，第106页。

"*Odalbönderne*，自由的土地所有者……真正的人民，或者更正确地说，国内的特别的民众……非自由人，奴隶（大部分是战俘），不受法律保护，没有财产，没有结婚的权利"，第106、107页。

基督教。斯维埃人和耶特人**为争夺王国的权力而斗争**。1250年[第111、153页]。

福尔孔王朝（1250—1563年）[第153、155页]。

"这个强大的王朝……对于王室权力以及显贵的权力来说都是一个新时代，王室和显贵都靠牺牲人民的利益而强大起来，他们只有在使老百姓唯命是从方面是一致的；因此，对于当权者们来说，自由的时代……为人民制定法律的时代……在古老的氏族制度和联盟制度上面……有两个享有特权的等级，这两个等级的最著名代表高居于人民之上，在讨论和行动中偷偷地代替了人民……以前的人民内部的冲突现在发生在这些立法者们本身之间了"，第153页。

马格努斯·拉杜洛斯（1279年登基）[第160页]。

通常人们传说，**马格努斯**设立了显贵会议，因此，人民被剥夺了立法权，而以前立法权是在大规模集会［Allshärjarting］上行使的。但是，大规模集会同昔日的献祭典礼一起消失了，在由于宗教和夺取王国权力而进行斗争的时期不可能以全王国的国会的形式得到恢复。在伴随着内讧的选举、冲突，各王朝争雄的条件下，人民的权力转到了显贵手中……显贵在发生司法纠纷时期利用其拥护者，滥用他们对普通人民的影响，鼓动普通人民发动叛乱。特别是当国王"召集全王国来进行会商"的时候，［发生了］这类的危险，第163页。因此，国王"同他的参政会和备受尊敬的人们一起在许多场合负责立法"，对人民来说是件好事［第164页］。

由王族或同王朝有亲属关系的家族产生的**旧贵族**。"**显贵**"。"**骑士和高级显贵**"。马格努斯力图提高**官宦贵族**的地位，免去他们的赋税；实质上［这种贵族是］**个人的**，而不是**世袭的**。

国王们力图把世袭贵族变为宫廷贵族和官宦贵族。"由于在宫廷中服务而获得的'最高威望'不仅属于王国的宫廷［第168—169页］。

"**马格努斯**让所有'不管是向谁'承担骑兵服役义务的人免去交给国王的赋税，这里可以清楚地看出，他不仅想把这些要价昂贵但是骑术高超的勇武之士推到王室那边去，而且想从根本上把服役作为取得贵族特权的条件。这样就产生了贵族的**骑兵服役**，因此，凡是自带武器骑马反对过王国敌人的人，就为［自己］及其庄园取得了免交赋税的自由"，第169页。"这叫做'为争取自由地产而服役'，相反的是'作为农民有缴纳赋税和承担徭役的义务'"，第［169—170］页。

"通过这种服役，连农民也能够取得免交赋税的自由……马格努斯最初赋予的骑士称号……对贵族的个人奖励。在官方礼仪中，总是首先提及骑士（在主教之后），他们还被称作老爷；然后［就是］持枪侍从和武装的持盾侍从，其实就是官宦贵族……这两者都是'大贵族'，而不单纯是由于承担骑兵服役而取得免交赋税权利的自由的土地所有者"，第170页。

"执行法律最初只不过是**区法官**个人的事情，他们的责任就是每年向人民宣读法律……他们（拉格曼）不仅牢记从其他法转变而来的普通法的各项规定并且运用这些规定，而且要使之具有最便于记忆的形式并以这种形式告诉人民。第一个立法是以口头的形式，而不是以书面的形式提出来的。法律是说出来的法，Lagsaga（法的言词），最古老的立法者是以司法体裁写诗的诗人，法律的创作者［Lagayrkir］"，第［172—173］页。

1295年，在国王**伯吉尔**统治时期，乌普兰法律在提翁达兰……在国家的所有三个地区的枢密官们的参加下经拉格曼审订并修改……拉格曼已经变成王家的人了，第174、75页。

大公们（国王的兄弟）是国家的祸害，对农民的压迫……慷慨和喜欢豪华以及穷人的贫困，第177、78页。

异邦的国王们。斯图雷家族执政以前的联合（1363—1470年）［第189、224页］。

"实际上，国王已经从瑞典的社会生活中消失。只是他的名字仍然存在……那些彼此都不想把王位让给对方的豪绅们把异邦的国王们引进国内……豪绅们解决王位问题是从偶然的动机出发的，北方三个强国的联合也同这类动机有联系，像某种思想一样的简单事件"。（卡耳马联合），第189页。梅克伦堡的阿尔勃莱希特、波米拉尼亚的玛格丽培和埃里克、巴伐利亚的克里斯托费尔、卡尔·克奴特逊反对奥登堡的克里斯提安。

1369年，全部权力在国家参政会手里。

斯图雷（摄政们）。（国王们：甘斯和克里斯提安、丹麦的甘斯和克里斯提安二世）（1470—1520年）。斯图雷家族依靠农民。同贵族的斗争。1483年的**卡耳马协议**……表明瑞典贵族占有很高的地位及其目的："国王一般受到参政会的限制，他每年必须轮流待在三个王国（挪威、瑞典、丹麦）中的一个王国内；他应该在贵族出身的地方要人们的帮助下进行治理，而不应该把低贱出身的人置于他们之上；在赏赐城堡和封地的时候，他应该考虑宅邸就在将要转让的城堡附近的那些国家枢密官们的意见；参政会应该由贵族和由必要性所决定的一定数目的神职人员组成，没有其他人的同意，不得吸收新成员参加参政会，但是参政会任何成员，如果脱离其他人而把自己孤立起来，都会被可耻地赶走；四个枢密官应该只是保存每个王国的公文和收入的钥匙，他们有义务对这些公文和收入负责并且报告有关情况；国王不能购买贵族的庄园或者夺为己有来顶债；相反，贵族即使不履行并且不承认所有封臣义务，也可以占有被抵押的王室庄园；完全允许贵族在自己的庄园设立防御工事，贵族有权利禁止国王进入他的庄园，相反，有权给失去国王恩宠的人提供避难所，最后，那里还说明：贵族出身、有贵族称号的每一个人或俗人，对于依从于他的人们来说，都是国王，只是属于领主特权的那些情况除外"，第232、233页。

国家和人民在天主教时期［第252页］。

"根据**血缘关系**和**共同履行军事义务**来划分……是我们祖先的社会制度的基础……家庭和百户区［Härad］是他们的最简单的组成部分……到异教时期的末期，全部制度都是联盟制度：每个百户团是各个家族的自由家长的联盟，在自然疆界内部的每一块土地或每一个区域是由特定的、由共同法律联系起来的各个区的联盟；王国则是各个区域或各族人民在乌普萨拉的国王即在举行共同的献祭典礼时的最高主持人作为最高国王统率下的联盟",第253、54页。

按法律规定，瑞典是有一个经选举产生的君主的王国，第257页。

"各个旧的区域性联盟之间的联系同旧的宗教一起瓦解了。各氏族的斗争，每个氏族都要求有权提出国王……旧的联盟在教会、贵族和依靠他们二者的王权的影响下，名义上得到了恢复；王权得到了其他两种[势力]的支持……当贵族在联合中寻求保护的时候，[外邦]压迫的危险所产生的已经不是彼此争雄的区域和氏族，而是由于灾难而联合起来的瑞典人民"，第256页。国王必须宣誓允诺保留旧的法律，等等[第262页]。

"**农民私有者**[Odalbauer]，'独立的人'，自己土地的直接所有者。他生来是自由的，正如因此，是他的财产的世袭土地生来就属于他一样……世袭土地作为家庭的财产未经家庭同意不得缩小或者让渡"，第263页。

"根据厄斯特尔约特兰法规定，在国王和农民之间发生的土地纠纷中，农民的话比国王的话具有更大的分量，为了使显贵的影响不致造成世袭土地的减少。在发生各种罚款等等时也是如此，只要亲属们不赎回这里所说的世袭土地……它就应当自由购买，或者如达拉那法所说：那么就是**世袭农民的钱财**"，[第263、264]页。

"生命和荣誉，同财产一样，由家族共同保护……血族复仇"，第265页。陪审人员[第268页]。

在古代，法官由人民任命。根据乌普兰法规定，国王任命由区或区域提出的三个人中的一个……最后，Nämd（由各方面都表示信任的十二名男子中任命的审判委员会），法院本身的一个组成部分，第269、270页。

"法律是自由人的法律，而'处于农民法律的管辖之下'意味着分享人民的共同权利和自由。特定的区的居民必须互相帮助。在厄斯特尔约特兰法中已经谈到要帮助遭火灾者,区［的居民］应该用共同的努力支持'人和国王的道路',即'乡间土道和桥梁'。如果发生暴力和抢劫行为,就应当割下带有关于发生了这种事件的通知的权标,毫不迟延地送给周围地区……这是带有呼吁周围地区所有居民提供帮助的一定信号的短棒或棍子",第［271—272］页。

"教会用扩大法律和合法权力的概念的办法,帮了世俗权力的忙……世俗权力向教会学习",第276页。

"自从区法官参加了王室参政会,［而］有关王国的事务［开始］在显贵会议上处理以后,自从由于承担武装服役而获得的贵族自由,从原来的世袭农民等级那里把越来越多的最殷实的成员夺走,而赋税负担却越来越重地落到其他成员身上以后;自从显贵的威武卫队不受任何惩罚地横行乡里以后",**贵族**由于封地俸禄和骑士服役而**日益增加**,第278页。

城市在瑞典［没有起过］很大的作用……但是早在1319年,在马格努斯·埃里克逊举行加冕典礼时,市民也被邀请参加了由选举产生的国会,在三国联合时期,被邀请参加国会的［计有］:"主教、大主教、贵族和租佃农民、城市商人和普通农民",作为未来的等级代表机关的组成部分,以取代原来的各区的瑞典人民代议机关",第279页。

"同业公会在十四和十五世纪不仅在瑞典各城市中,而且在乡村地区超过一百个……有服从一定义务和规则的男女参加的、为纪念某个圣徒或圣物而建立的团体、宗教仪式和慈善事业,都［安排］在一定的时间,并且同会餐联系在一起",第293页。

在瑞典,农奴制［Knechtschaft］废除得比任何地方都早。

第三卷。

古斯达夫·阿道失（1611年获得王位）**所碰到的十七世纪的国内关系**［第1、8页］。

国家制度方面最大的变化……世袭君主制［第9页］。

"**参政会**又居于国王和人民之间的调停地位。国王查理九世没有确认贵族的特权。查理只是就他希望使贵族的权利同法律中所确定的他们的义务相适应而言,才是敌视贵族的,第[11—12]页。"实际上,他比任何人都更彻底地主张对贵族持其时代的观点,根据这种观点,贵族比其他人更加是国王和王室的天生仆人。每一个贵族、骑士或持枪侍从都应该亲自骑马出席每年的军事检阅,准备全副武装地自己出钱跟随国王参加作战直到国境为止并再加十四天。这就是对每个贵族都一视同仁的风俗和瑞典法律",第12页。"值得注意的是,正如在以前课税时对每一个所谓的完全享有份地的农民都承担同样的赋税,而且根本不考虑地产的多少,以前的法律也不承认比较富有的贵族和比较贫穷的贵族之间的差别,只考虑会使他们免除赋税的亲自承担的武装服役义务……所有骑兵服役以及为获得封地俸禄而承担的骑兵服役,在古斯塔夫一世时代以前都'根据自愿和情况'来履行",第13页。"古斯达夫·瓦萨首先在瑞典取消了在赋税和免除赋税方面的不合理做法:在赋税方面,是**通过根据收获量的多少来对土地进行课税**的办法,至于免除赋税,则是**通过根据一定的收入**规定武装骑兵服役的办法。看来,贵族没有宽恕他采取的这个措施……承担武装骑兵服役很不得力",第13页。拥有大批卫队的贵族……在古斯达夫·瓦萨执政和世袭君主国时期,国王的以前的贵族变成了王室贵族……所谓的"普通贵族"的增加,"普通贵族"是受赏赐的贵族。但是,高等贵族也变成了受赏赐的贵族,因为这是由埃里克十四首先实行的国王恩赐伯爵和男爵爵位这一措施的含义;因此……在旧民族中仍然有很长时间人们对这些爵位照例采取漠不关心的态度,而且还谈论瑞典贵族中以前的平等,第14页。"贵族和骑士在瑞典拥有同样的特权,按其权利来说是一样的。"(奥克森舍尔那)[第14—15页注2]。"在这个时期的许多贵族特许状中[说],被晋升为贵族的人必须提出书面保证,像国王所命令的那样为国王服务",第15页。"贵族(在古斯达夫·阿道夫时期)在世俗领域占据了几乎全部文武官职——王国的几乎全部国家职务,因此,贵族把他们获得王国官职的要求看作是自己最大的权利;他们还认为,贵族拥有适于从事这一工作的本领",第16页。

"奥克森舍尔那在一次国会上回答农民关于贵族人口在增加的申诉时宣称：'这是被晋升为贵族爵位的你们自己的子弟'，当时，群众中有个人回答他说：'你通过增加造孽者的人数，并没有使人得到多少愉快'"，第16页 [注4]。

"瑞典在比其他任何地方更大的程度上是由于必要才使军事等级变成了王国的等级之一" [注2]（即军队的代表本身应邀参加国会），第17页。"军官和士兵的代表虽然没有表决权，但是加强了贵族在国会中的力量，而每个贵族达到了法定年龄都必须出席国会"，第17页。在古斯达夫·阿道夫逝世以后，越来越明确地形成了一种思想，认为"贵族等级比王国的其他等级高一等，贵族是王国的直接臣民，而农民（比贵族低一等）只是通过中介；而这些要求后来在各个摄政的历届政府执政时期，招致对贵族做了正式表达的确认："在国会上，其他等级不能通过多数表决来战胜贵族"，第18页。

王国的"德罗斯特"**佩尔·布腊黑**在1642年说："国王陛下不应当在这个告谕中把贵族称为**臣民**，因为这听起来有奴颜卑膝的味道，但是要知道，**主人越高，仆人也越高**"，第18页 [注2]。"阿克塞耳·奥克森舍尔那按真正贵族的含义来解释自由这个旧的瑞典概念——[作为] 摆脱王权方面限制的 [自由]"，第19页。

老爷尤汉·许帖，奥克森舍尔那的政敌，想彻底贬低旧贵族。**古斯达夫·阿道夫**发表了这样的看法："许帖派也许可能得出不要国王而进行治理的思想，你们则希望保留国王，哪怕只是作为一个招牌。贵族，特别是富有的贵族是中间**等级，它可能成为**与许帖派**抗衡的力量**，它有本事完全依靠阿谀奉承使许帖派难以把国王抓在自己手掌中。你们，贵族们，生来过于骄傲，不能这样行事。只是要提防你们，使你们别以国王的名义进行治理；因为贵族有厉害的手段。但是，同国王的宰相一样，我认为，相反，民主派一旦取得了政权，将成为嗜血成性的人。此外，在他们经常争吵、内讧的阴影下面，胜利者的桂冠是不会有好结果的",第［19—20］页［注3］。

"因为在他们（平民）身上既没有理智，又没有练达，既没有分辨的能力，又没有认真研究的精神。"古斯达夫·阿道夫，第21页［注3］。

在1612年的国会上，古斯达夫·阿道夫确认了贵族的特权，第22页［注1］。"1613年，在丹麦战争结束以后，（限制性的）声明涉及对贵族特权的正确理解"，第22页。

国王在军事上的老战友之一写道（在1612年）："愿上帝宽恕……在整个这次远征期间，同陛下在一起的不超过八个贵族"，第23页［注1］。"任何时候赐予的封地……都是对全部为国王所做的服务的奖励"，第24页。

在瑞典，同时（1625年）建立了常备军和**常设性的贵族议院**。［Ritterhaus］，第27页。

随着常备军的产生……这样一来，武装骑兵服役就不再是贵族自由的基础了。同上。

"贵族作为完全是世袭的等级，就脱离其他人而居于特殊的地位"。同上。

贵族院［Ritterhaus］**的设置**。瑞典的整个骑士等级，旧的和新的，应该列入名册，并且根据三种级别进行分类，第29页。"第一类包括那些由于被提升取得了伯爵称号或男爵称号并且根据获得这一称号的时间而加入了老爷等级的人；另一类包括那些能够证明他的祖先中有谁当过王国枢密官的人，在此以后，这些人的职位就应该用抽签的办法来决定，永不更改；第三类包括作为免缴赋税者而承担劳役的所有其他人；其中年长者按抽签办法，年幼者则根据王国的公文担任职位；同一类人都必须有带有徽号但没有名字的姓氏图章，这种图章只有在通过国会决议和批准国家法令时才使用。贵族院中首要的位置属于王国参政会，但是没有表决权，在其他方面，每一类由选举出来或者该届国会的同姓之长决定的一个人代表，有一票的表决权，所有其余的人（因为凡是达到规定年龄而又没有缺席的合法理由的所有骑士,均必须出席国会)则站在大厅里,只听不说话",第29页。

"在每一级别中多数票就是这一级别的表决,'因此整个骑士等级由三票组成'是同[这些]级别相适应的……旧氏族占优势是由按级别进行表决产生的,而整个贵族占优势是由于保留下来的邀请所有贵族出席历届国会的情况而产生的",第30页。

古斯达夫·阿道夫把贵族院看作是一种**贵族交易所:**

"让骑士等级一起参加国会和贵族院会议,以便好好讨论和审议有关建议,同时也是为了在这里像在某种**交易所**里一样聚会,和睦地处理各种争端,等等",第29页[注1]。

"军队的军官们此后也被邀请参加国会。决议是以'瑞典的王国枢密官和各等级、伯爵、男爵、主教、贵族、僧侣、军事长官、市民和农民'的名义起草的。军事长官……被称作贵族等级。贵族等级的发言人既以本等级的名义,也以军队的高级代表和低级代表的名义说话"[第30—31页]。国会只能讨论国王的提案,各个等级各自单独表决[第31—32页]。

"贵族虽然负有承担兵役的义务,他们本人,同其家仆一起,却是自由的。受他们管辖的农民,同其他农民相比,应该受招募服兵役的只有半数",第43页[注1]。

"由于财产状况而具有影响的一切东西,在债主、封地占有者、承租人、有利企业的头头身上变成了中间性权力,政府依赖它并不比臣民差。因此,在其他许多方面强有力的政府,在实现其不断保护各下层阶级中存在的优秀东西的意图时却显得软弱无力。因此,政府在本来应该下命令的地方却经常是提出要求和劝告,而如果你看到,一再重申的关于惩罚的告谕涉及有权势的封地所有者或者是王室寄予期望的制铜公司的富有的股东时,由于这些告谕不起作用而产生的惊讶就会消失",第58页。

"就在这个时候(1624年),祖国的骑兵总共有三千五百人,贵族的骑兵服役不算在内",第 60 页。"穿着农民衣服的瑞典士兵及其没有佩戴勋章的军官进行了瑞典历次最出色的战争",第 61 页。

"至于官吏的统治,在瑞典只有在这一政府之下才能了解它。旧的秩序或者说无秩序是**封地占有者们**的多头统治……这种关于官吏的野蛮概念起初用非法手段消灭了。由国王掌握的这些手段是……秘书们的治理,而在他们之下——在乡村地区——是**守城官们的行政管理**。这两者都以怀疑态度对待参政会和地方长官,而信任具有普通称号的人,他们只是依从国王,人们经常发他们的牢骚,[认为]他们是不可避免的祸害……阿克塞耳·奥克森舍尔那后来在 1634 年的《政体》一文中所发挥的东西,[那是]完全的官吏等级制度……五个高级官员领导同样数目的行政部门;为此而任命的市参议会议员和只是到现在才同国家管理有密切联系的那些理事会或委员会给他们帮忙,——这一切都发生在古斯达夫·阿道夫时期,并且在他在位时在很大程度上就已经实行了",第 67 页。

从 1636 年起奥克森舍尔那在瑞典,提出建议(为了减轻战争的负担,"当时人民不能挑更重的担子了"):"减少免于课税的过大的贵族领地,贵族把其他许多庄园也划入这些领地之内,批准在实行王国什一税方面的王国权利并且征收这种什一税;再次暂缓实行免收贵族关税的办法四年;重新修改武装骑兵服役制度",第[312、315]页。奥克森舍尔那回答为免于课税的大型贵族领地辩护的人说:"你们认为,自由就在于不向王室交纳任何东西",第 315 页。

因此,在 1649 年,即克里斯亭娜退位后过了一年,瑞典公使报告关于丹麦的局势。("因为丹麦的国王们都捆住了手脚,他们不通过参政会很少能够行使国王的权利,贵族能够对其他等级和国王本人也握有多数票,普通人不仅对国家事务没有表决权,而且也丧失了在任何时候获得称号和职位的任何希望……丹麦的政体是贵族的或者说寡头统治的国家。基础在弗雷德里克一世时期就奠定了,弗雷德里克一世违反市民和农民的意愿……被贵族扶上了王位",第[337—338]页。"由于治理丹麦国家的是许多人,所以每个人的最大利益就是**保住他自己的东西**。但是,在发生战争的条件下,不管战争是否获胜,贵族的领地都要遭到破坏……因为实际上治理国家的是贵族,[而]在战争进程中(他们)损失最大,此外,他们能够利用本国的边远区域,所以丹麦国家更喜欢和平安宁,而不喜欢战争;因此,贵族也不希望同意让战争在国内真正提上日程……因为贵族就得经常担心,别让国王使军队听命于他,别让国王依靠普通人,而普通人虽然当时是不满的,但是对国王特别忠诚",第[338—339]页。)

("挪威有各种矿场,如果丹麦贵族的**私人利益**不妨碍这一点的话,这种矿场可能会更多,丹麦贵族以不满的心情注视着国王从挪威得到许多东西",第341页。)

克里斯亭娜(1644—1654年),第[353、426]页。

政府企图用"让渡"只是出卖给贵族的"国家财产"的办法来抵补开支,第388页。

"扩大'王室财产'的概念……应该出卖的不仅是王室的领地,而且还有从农民那里收到的王室的地租,因此,农民便落入贵族的控制之下,结果从直接臣民变成了间接臣民。虽然这意味着只是地租从交纳地租的农户那里被让渡了,但是,贵族因此所处的地位,却使他们有许多机会可以去限制和废除瑞典的自由农民(Odalbönder)作为土地所有者历来享有的权利。为了使他们完全屈从于贵族,人们不惜用尽各种威逼利诱的言辞,自由农民在历届国会上一再提出的申诉就证明了这一点。在许多申诉书中说,任何课税办法都根源于王室占有土地的最初权利,因此,把地租转交给贵族悄悄地就造成土地本身的转交",第[388—389]页。

"事情很快发展到这种地步,就是瑞典的土地都归贵族占有,而且首相在保留农民等级的代表权的时候似乎也在很大程度上把农民等级看作是自由佃农等级",第 390 页。

"马格努斯·加布里埃尔·德·拉·哈第……有好几年每年只从地产[得到]八万塔勒的收入",第 392 页。

"由于贵族不愿免交捐税,他们的农民,像伯爵领地和男爵领地的农民一样,免除了向王室交纳的一切赋税、运输和徭役的费用,除了所谓的自由里程[Freimeile]以外,而他们的老爷本人可能宽恕他们,让他们免除这些徭役或者根据自己的愿望减轻这些徭役",第 400 页。

有一篇贵族的抨击性文章说:"非贵族等级占据统治地位"将会……直接招致"平民的统治",其不幸的后果现在在英国是显而易见的[第 404 页]。

"在下一届国会上,事情竟闹到要破裂的地步。僧侣、市民和农民于 1650 年 10 月 3 日呈交了有名的《反对转让王国土地的抗议书》。起初他们一般地提出,"自从若干时候以来,王室失去了土地和赋税,把它们转交给一定的老爷,成了他们的永久财产,过去只是根据封地权利利用过的东西,按照不合适的要求被让渡出去了,因此,王室现在得不到可靠的地租,而是得到作为津贴的不可靠的、新发明的赋税,被征服的土地只是在名义上属于王国;实际上这些土地给私人带来好处,以前王室的直接臣民变成了间接臣民,这给王国造成了重大的损害,并给下层等级带来了负担";后来,他们更加详细地叙述了由此而产生的种种困难,这些困难就在于:"无数贵族庄园享有过大的自由,使过多的人遭受他们的控制……贵族老爷们用高价出售粮食……农民被迫把种畜交给贵族;贵族对农民很不好,农民徒劳无益地要求法律保护,因此,许多农民沦为乞丐,而他们的家园则变成草地、牧场或贵族庄园……[他们坚决要求],有些人对自己的农民像对待农奴一样采用的一切私人监狱和刑讯拷打,必须严加禁止和取缔,等等",第 407、408 页。

王国首相(奥克森舍尔那)经常提出[一个论点]作为主要的

论据：这是对王室主权的攻击，因为这里对王室的攻击就在于，他们攻击了由于王室而产生的并且属于君主制特权的那些特权，第405页。

主题索引①

一、等级差别，第1页，公社，第4页第5页。协作社和统治，第8页。市政机关等等，第10—11页，第14页。资产阶级，第18页。	制度和管理，第1页，第2页。封地制度，第3页。官廷职位，第5页。官吏的俸禄，第6页。国家、国王、官吏，第9页、第14页。议会，第14页。新闻，第14页、第18页。人权，第19页。1791年宪法，第19页及以后各页。	平等、自由。平民院，第8页。宪法，第9页、第10页。	王位继承权，第6页。选举，第6页、第9页，第12页、第15、16页。代议制，第6页、第11页。人民的主权，第11页、第12页、第13页、第15页。下院，第7页。贵族，第4、7页。英国宪法，第8页。上院，第8页。	［废］除固定地租，第18页，第19页。

参见 MEGA² IV/2. Dietz Verlag Berlin 1981. S. 145-221。选自《马列著作编译资料》，北京：人民出版社1980年第1辑，第42—68页，第12辑，第27—68页。

---

① 这个主题索引是马克思为这一笔记本的前二十页编写的。

第五部分 附 录

附录 I 研究文献精选

一、〔苏〕尼·拉宾：《唯物主义的深入和转向共产主义：异化世界和辩证法》（节选）①

在研究《1843年手稿》时，下列情况引起本书作者的注意，即在手稿的后半部（第23印张），马克思似乎结束了对黑格尔《法哲学》第303节的详细分析，并准备接着研究下面几节（在第24印张的头两页他连续摘录了第304—307节），但是，写了头几行以后，他中断了对这几节的分析，做了大量的补充，重新又回到对第303节的研究。② 然后，马克思又摘录了第304—306节，但已不是连续地，而是一句一句

---

① 该文节选自〔苏〕尼·拉宾：《马克思的青年时代》，北京：生活·读书·新知三联书店1982年版，第169—176页。注释有改动。

② 马克思在结束对黑格尔《法哲学》第303节（《1843年手稿》第23印张）的分析时写道，"市民社会各等级本身就必须同时构成立法社会的等级要素（见XIV、X）"（中文第一版《马克思恩格斯全集》第1卷336页）。正如《1843年手稿》几个版本里编辑部的注释中指出的，在上诉引文中括号内的数字表示上述手稿印张的页码。但是在仔细研究了保存在苏共中央马列主义研究院的复制原件以后，可以推断，"数字" X 根本不是页码，而是星号，马克思在手稿中通常用它表示，文中有关部分应移到另一个地方，即他也做相同记号的地方。而第二个这样的记号又在哪儿呢？经过研究复制原件以后可以得出如下的结论：第24印张中的记号实际上与第23印张末尾的记号是相同的，至今把这个第23印张末尾的记号解释为罗马数字 X，也就是说这个"数字"很可能是要寻找的第二个记号（参见苏共中央马列主义研究院党中央档案馆，复制原件1号，目录1号，仅有的一件收藏品113号，第78印张）。至于说到上述的数字14，可以推断，马克思（在他的手稿中这是常有的事）弄错了：他把"24"写成"14"。如果这样的推论是正确的话，那么上面提到的记号所表示的第24印张中的原文应当是第23印张结尾一段原文的继续部分。内容是这样的："黑格尔把等级要素变成了分离的表现……"（第23印张）"黑格尔把市民社会和政治社会的分离看作一种矛盾，这是他较深刻的地方。"（第24印张，用相同记号标明的原文开头）（中文第一版《马克思恩格斯全集》第1卷第338页）。因此第23印张末尾的脚注具有如下形式（见XXIV＊）。

地，对每一句都做了详尽的分析。①

显然，马克思不满意自己上述的分析，他感到似乎有必要重新加以研究。这种不满和这种必要性从何而来？

同样要引起注意的是，在马克思那里当时产生了不少新证据，有利于他对异化的产生及其内容的总看法，对问题的论述本身也变得更清楚、更具体，仿佛是以经验材料的更广泛的知识为依据。这些新证据，这一具体性和大量材料等从何而来？

最后，值得注意的是，正是从这时起，在手稿中可以看出马克思对市民社会及其内部结构越来越注意，并打算在批判黑格尔的国家学说之后，一定要"批判黑格尔对市民社会的看法"②。由于这种打算证实了其论断过程与黑格尔法哲学的总的逻辑相反（在黑格尔《法哲学》中，《国家》部分在最后，而《市民社会》部分在它之前），因此可以得出结论，马克思修正了自己最初的构想。这些修正又是怎样产生的？③

克罗茨纳赫笔记

这些书籍的摘要记载在五个笔记本中，注明的日期是1843年7—8月，标题为《克罗茨纳赫笔记》。这些手稿超过250页，字迹密密麻麻，包括23本著作的摘要，其中既有古典政治学家（马基雅维利，孟德斯鸠，卢梭）的著作，也有一些不那么知名的或者今天已经完全被人遗忘的德国、法国和比利时作家的著作。

---

① 参见《马克思恩格斯全集》第1卷，北京：人民出版社1956年版，第337—338页。
② 《马克思恩格斯全集》中文版第1卷，北京：人民出版社1956年版，第344页。
③ 鉴于这样提出问题，一些研究者在本书第一版问世后，提出一种看法，认为马克思的《黑格尔法哲学批判》手稿一部分写于1842年（这"部分"似乎是上面提到的反对君主立宪的那篇文章），而另一部分写于1843年（参见特·伊·奥伊捷尔曼《马克思主义哲学的形成》第155页1974年莫斯科第二版）。与此同时，持有这种看法的作者不否认这样一个事实，即手稿的开头部分，至今保存下来的第一印张，马克思在方法论方面同他在1842年的著作中所持的方法论相比较，向前（向唯物主义方面）跨进了一大步。在研究了复制的手稿以后，可以确信，手稿后面的所有的印张较晚才写完。由此可见，全部手稿是在马克思离开《莱茵报》以后写成的，即于1843年。这不排除马克思在写1843年手稿时利用1842年文章的可能性。

所有这些著作使人能够从多方面了解许多欧洲国家——法国、英国、德国、波兰、瑞典等——从公元前 600 年直至现代这样长一段时期的历史。但是,马克思不是单纯地积累经验的资料,而是将各国的历史加以互相对照,进行研究,这就使他能在某些国家发展的特殊性后面发现历史过程的一般趋势。其特点在于,历史发展规律的发现同马克思自觉地转向唯物主义立场是同时发生的。由此可见,马克思已开始自觉地运用唯物主义,把它作为研究历史进程的方法。

在克罗茨纳赫笔记中马克思本人的意见和论断不多,但是关于他的看法,则既可以根据引起他注意的、并被摘录下来的那些材料的性质来判断,也可以从科目索引中标题的分类来判断(索引中注有标题和该摘录内容的页码)。

摘要的题目涉及方面异常广泛,但是,不难相信,这不是杂乱无章的堆积而是有着许多细微差别的材料的集中,它对于解决说明国家和市民社会的相互关系,前者由后者异化的历史这一理论任务(它是马克思在编著《1843 年手稿》中的主要任务)具有极大的意义。

第一笔记本全是亨利希著《法国史》三卷集的摘要。马克思在这个笔记本中仔细地考察了作为其他社会机构以外的政治组织——议会的产生。使他注意的一个问题是,主持社会事务的一小部分人的特权的产生。对比埃尔·达鲁著《威尼斯共和国史》一书的摘要,也是研究同一问题的。在第二个笔记本的科目索引中,关于特权的问题单独列出,而且被当作研究使国家和人民完全脱离的官僚政治这一问题的前提。马克思在第三个笔记本中对约翰·马丁·拉彭贝尔格著《英国史》一书做摘要时注意到这样一个事实,即英国议会的议员也和法国议会的议员一样,大多数都不是维护人民的利益,而是维护他们自己的利益。

马克思在研究国家由市民社会异化的历史时,把自己的注意力集中在所有制关系及其对国家和整个社会制度的影响上。就在第一个笔记本中对卡洛林王朝时期的研究得出的结论是指出了军事制度和所有制关系之间的联系。在第二个笔记本中,研究这个主题的范围更广:财产是享有被选举权的条件、私有者对共同体的关系、财产与统治和奴役之间的联系、财产和平等——这只是马克思在这里专门阐明的许多问题中的几个问题。在其后的几个笔记本中马克思阐明了各种不同的所有制形式以及与所有制形式联系在一起的社会关系形式的历史性质。普菲斯特所著的五卷集《德国人的历史,论其起源》一书中许多事实特别引起马克思的注意,这些事实证明,在古代,各种不同形式的土地所有制(自由市民的私人所有制,王室所有制,自治团体所有制),是德国人的生活基础;地方会议是社会生活的中心;与此相反,以后,在城市里发展起来的各种所有制形式的作用有所增长时,社会生活越来越受国王颁布的全国性的准则和法律的约束。

马克思对私有制所关注的各个方面,都贯穿着历史主义。马克思甚至能从尤·麦捷尔的肤浅著作《爱国者的幻想》中吸取有价值的知识,他记载着:古代国家体制只保障个人本身的自由,后来,个人自由受到土地占有自由的限制。在古代罗马人那里,隶属关系是一种私法的关系,而在德国人那里,农奴的从属关系却是一种国法的关系。在克·若弗卢瓦的著作《继承原则和英法德贵族》中对英法两国采地的从属关系的发展过程所做的对比引起了马克思的注意。托·汉密尔顿的著作《美国人和美国风俗习惯》给马克思提供了在美国存在着极其尖锐的社会矛盾的有关材料:联邦主义者反对让没有财产的人享有选举权;黑人虽然名义上是自由的,但实际上是最受鄙视者,他们的真正解放还有待于种族偏见的克服;尽管形式上全体公民在法律面前一律平等,但富人贪图特权;金钱和重利盘剥是美国人的真正上帝。①

正如维·格·莫索洛夫所指出的,卡·马克思对该书中所阐述的工人们的要求,其中包括那些主张平分财产的"过激派"(这是汉密尔顿的用语)的要求,都做了详细的摘要;应当指出,每当汉密尔顿用资产阶级惯用的诬蔑词句来诋毁工人的地方,马克思就不引用的。② 马克思在做约翰·马丁·拉彭贝尔格的《英国史》第 2 卷的摘要时,注意的中心是这样一个命题,即现今的私有制是长期发展的结果。

马克思在考察二千五百年来各种不同的社会过程时,清楚地意识到

---

① 参见《马克思恩格斯全集》1929 年柏林版第 1 部分第 1 卷下册第 136 页。
② 参见《历史学家马克思》第 100、101 页 1968 年莫斯科版。

法国大革命的世界历史意义,因此,他力求尽可能更深入、更详尽地研究这一事件——它的准备阶段、它的进程和后果。他做过摘要的大部分书籍,正是研究法国历史的。而这些书籍几乎全都以这种或那种形式谈到了1789年革命。例如,在第二个笔记本,即路德维希1833年所著《近五十年历史》一书摘要中,马克思就把他的注意力集中在和革命密切相关的政治过程和社会过程上。在这里,也摘记了雅克·沙尔·巴伊尔对德·斯塔尔夫人有关法国革命的著作所做的批判性的分析。在对这些书籍的摘记所做的科目索引中马克思专门标出下列题目:封建制度的结构;三个等级对革命的相互关系;财产及其后果,《私有制的巴托罗缪之夜》,① 没收教会财产和满足国家债权人的奢望,② 最高限额和恐怖制度。③

马克思从维·瓦赫斯穆特的《革命时代的法国史》中吸取了关于法国革命进程本身的重要资料。他从这里摘抄了著名的1789年的《人权宣言》和1791年宪法中的许多段落。(后来,马克思不仅把这些材料用于《1843年手稿》,而且还用于刊登在《德法年鉴》的文章。)在这里马克思还了解了孔多塞、德穆兰、丹东、阿贝尔派、罗伯斯庇尔、长裤汉以及其他人的革命活动中的一些波折。

马克思从弗·沙多勃利昂论法国1830年7月革命后的复辟和立宪君主制的两本小册子、什·拉克雷特尔的《复辟后的法国史》和卡·兰齐措勒的《论七月革命的原因、性质和后果》等著作以及从这一时代的某些报刊杂志所做的摘录都是用来研究革命以后发生的事。

在第四个笔记本里,马克思一面做摘记,一面编纂了200本左右有关法国历史的书目,其中有以下资产阶级古典历史学家的著作:基佐的

---

① 这里指1789年8月3日至4日夜间,制宪议会在农民起义的压力下宣布完全废除封建制度:无代价地废除个人义务、废除向教堂缴纳十分之一税等。

② 在这一点上马克思所注意的是国民议会在处理私有财产问题上的矛盾:牺牲一个等级(僧侣)的私有财产,以保障另一个等级(即作为王权的债权人的大资产阶级)的私有财产。(参见《马克思恩格斯全集》1929年柏林版第1部分第1卷下册第119页。)

③ 指雅各宾党人专政时期革命政府实行的一种制度:规定一切生活必需品的最高限价,严格管理商业,严厉追查投机活动。这些措施限制了支配财产的权力并引起了资产阶级的不满。

《法国史纲》、《法兰西文明史》以及梯叶里的《法国历史通讯》和《查理大帝逝世后国内关系的转变》。马克思对法国革命的历史以及与此相联的对整个法国历史日益增长的兴趣,使他在1843年年底产生了编写一本国民公会史的计划。但是,在1844年马克思加紧了对经济问题的研究,因而影响了这个计划的实现。

笔记本和手稿的共同点

在研究历史问题的过程中得到的具体材料对马克思进一步编写《1843年手稿》的工作起着重大作用,它不仅为马克思提供了新的经验的论证,而且也促使他能够更深刻地理解所研究的问题的本质。

在这方面,马克思在阅读利奥波尔特·兰克编辑的《历史政治杂志》(1832—1836年)时所写的意见是具有代表性的。他指出,历史发展过程中,在一定条件下各种历史因素之间的关系可以发生急剧的变化:起决定作用的东西和被决定的东西常常互换其位。例如,有这种情况,一直主宰人民命运的某个等级会一下子被从前是它下面的另一个等级推翻。但是保守势力会把这种变化看作只是一种偶然的、表面的现象,在这之后必然是美好的旧时代的恢复。于是,反动派臆想,似乎他们的过去将是现在的结果,换句话说,他们认为"旧世界是新世界观的真理"。马克思把这类思想上的幻想称为"政治神学"。

马克思把黑格尔的法哲学就称为德国社会保守势力的政治神学,在这个法哲学中当时已经过时的普鲁士国家形式被描绘成与国家的"真正理念"是相适应的。

"当黑格尔把国家观念的因素变成主语,而把国家存在的旧形式变成谓语时——可是,在历史真实中,情况恰恰相反:国家观念总是国家存在的[旧]形式的谓语——他实际上只是道出了时代的共同精神,道出了时代的政治神学。这里,情况也同他的哲学宗教泛神论完全一样。……这种形而上学是反动势力的形而上学的反映,对于反动势力来说,旧世界就是新世界观的真理。"①

---

① 《马克思恩格斯全集》第40卷,北京:人民出版社1982年版,第368—369页。

马克思在《1843年手稿》中似乎直接进一步阐述了第四个笔记本中的这一思想,他指出,黑格尔把新时代的已失去其政治意义的等级同中世纪的具有这种意义的等级混为一谈,并做出结论说:"这还是用新眼光来解释旧世界观的那一套非批判的神秘主义做法……这种非批判性,这种神秘主义,既构成了现代国家制度形式(……它的等级形式)的一个谜,也构成了黑格尔哲学、主要是他的法哲学和宗教哲学的秘密。"①

在分析现实历史过程及其在兰克式的反动分子的观念中的歪曲反映时,在把这些观念和黑格尔的法哲学进行比较时,马克思弄清了意识形态现象(黑格尔哲学)和产生这些现象的社会政治关系的性质之间的联系。这是向历史唯物主义迈出了重要的一步。

由于马克思灵活掌握了大量的史料,这时他能断定,黑格尔在维护现代国家中等级的政治职能时"不是用人所共知的名词来称呼现在所谈论的问题。争论的问题在于代表制还是等级制。代表制迈进了一大步"。② 正因为马克思现在能更具体地看出黑格尔的立场同现实的历史过程之间的联系,所以他再次讨论了黑格尔《法哲学》第303节。

二、〔法〕吕贝尔:法国大革命对青年马克思思想形成的影响③

"我亲爱的孩子,你也许会认为,我太喜欢书了,以致在这样不适当的时刻为了书的事还来打扰你。但是你大错特错了。我只不

---

① 《马克思恩格斯全集》第1卷,北京:人民出版社1960年版,第348页。
② 《马克思恩格斯全集》第1卷,北京:人民出版社1960年版,第338页。
③ 该文选自《第欧根尼》1991年(1)(总第13期)第1—22页。注释有改动。本文根据作者为《数学和应用经济科学研究所手册》(Cahiers de l'L.S.M.E.A.)专刊《马克思学研究》(Etudes de marxologie)撰写的论文压缩而成,原题为《法国大革命思想家马克思》(Marx penseur de la Révolution française),见《数学和应用经济科学研究所手册》S辑,第26期,1989。在同一辑上,还可以看到路易·雅诺佛的论文《自由、平等、财产与边沁》(Liberté, Egalité, Propriété et Bentham)。此外,笔者还参考了拙著《在波拿巴主义面前的马克思》(Marx devant le bonapartisme),巴黎—海牙,1960;该书《导论》的原拟标题是《法国史研究者马克思》(Marx historien de la France)。

过是一架机器，注定要吞食这些书籍，然后以改变了的形式把他们抛进历史的垃圾箱。"

——马克思致劳拉·拉法格，1868年4月11日。①

上面引作题铭的这段自白，以混合着苦涩之情的坦诚，说出了一个如饥似渴的读者的如此不可抗拒的狂热，他无疑有着无止境的求知欲，但又充分意识到需要完成的事业的崇高目的：对"使人成为受屈辱、被奴役、被遗弃和被蔑视的东西"② 的那种社会组织的世界体系进行科学的批判。在一个感到不可忍受的世界里做诗和研究哲学，这不啻使自己成为制造号称现代文明的野蛮暴行的罪魁（个人和体制）的同谋。但是，要进行战斗，就必须探索源自遥远的过去的奥秘的历史领域，在这个领域里，唯有伟大的社会革命标志着进步的阶段；这种进步是多种含义的，因为它是经历了难以描述的倒退现象才取得的。只有一场革命——法国大革命是在矛盾的标记下展开的：一方面是以普遍目的为标榜的解放运动，另一方面是虽然走向衰落而又留下了不可磨灭的影响。马克思研究了法国大革命的始末，认为从其历程和争取解放的前景来说这是唯一的事件。如果说马克思确实"从来没有写过一部法国旧制度史"，那么同样确实的是他以一个热衷于历史的学生的刻苦精神，**研究**和编纂了大量文件，**足以**"使人理解法国旧制度如何孕育了大革命"，不管弗朗索瓦·菲雷怎么想（见《马克思与法国大革命》，巴黎，1986，第79页）。不仅如此，《资本论》的作者还从法国大革命史中汲取了"未来的史诗"的灵感，描绘出这样的前景：

"代替那存在着各种阶级以及阶级对立的资产阶级旧社会的，将是一个以各个人自由发展为一切人自由发展的条件的联合体。"③

1. 末日审判的号角

1843年10月初，马克思离开他的祖国莱茵普鲁士，前往法国。他

---

① 《马克思恩格斯全集》第32卷，北京：人民出版社1974年版，第533页。
② 《马克思恩格斯全集》第1卷，北京：人民出版社1956年版，第461页。
③ 《马克思恩格斯全集》第4卷，北京：人民出版社1958年版，第491页。

旅居于巴黎的瓦诺街（当时的圣日耳曼区），陪伴他的是他的妻子燕妮·冯·威斯特华伦（本名）。马克思曾同《德国年鉴》（德累斯顿）和《哲学轶文集》（苏黎世）的前主编阿尔诺德·卢格合作，并说服卢格同他一起创办《德法年鉴》。事实上，马克思已不可能再在弗里德里希—威廉四世统治下的普鲁士继续从事独立的出版活动："在德国，我不可能再干什么事情。在这里，人们自己作贱自己。"他在1842年10月至1843年3月曾任主编的《莱茵报》被查封，在他看来这是"政治觉悟的某些**进步**"，是某种解放，使他摆脱了"曲意奉承"的工作和"小手小脚而不是大刀阔斧的做法"①。

在马克思的行李中，带着大量文稿、各种雄心勃勃的写作计划所需要的研究资料，表明这位青年作者想在巴黎继续从事和完成早在波恩和柏林大学年代就考虑成熟的研究课题。年仅23岁的哲学博士马克思，在柏林经常同青年黑格尔派聚会，并在波恩同布鲁诺·鲍威尔合作；鲍威尔比他年长9岁，在以正统神学家的身份批驳了曾掀起轩然大波的《耶稣生平》一书的作者大卫·施特劳斯的无神论之后，又以批判《圣经》的著作名噪一时。作为自由思想喉舌的这个"博士圈"，以颇出人意料的崇敬和赞赏之情欢迎这位年轻的同伴，虽然当时还没有任何东西能够对他做出确凿有据的判断。不过，某些同他交往的人的证言可以使我们推测出为什么这位青年雄辩家的品格会对他的年长的同伴产生如此大的吸引力。请看当时已经以思想激进而著称的莫泽斯·赫斯写给他的朋友、小说家贝托尔德·奥尔巴赫的信："你将愉快地结识现在成为我们朋友的一个人，虽然他生活在波恩，不久将在那里执教。……此人给我留下了深刻的印象；……你可以期望结识最伟大的、也许是目前活着的**唯一的真正哲学家**，如果他不久将出现在公众面前（通过著作和讲坛），会把德国的视线吸引到他身上。就其倾向和哲学修养而言，他不仅超过施特劳斯，而且在费尔巴哈之上！如果他讲授逻辑学课程时，我仍能在波恩，我将是他的最热心的听众。……时至今日，我才发觉自己

---

① 《马克思恩格斯全集》第27卷，北京：人民出版社1972年版，第439—440页。

对真正的哲学是多么无知。……马克思博士，这是我的偶像的名字，他是一个年轻人（至多 24 岁左右），将给予陈旧的宗教和政治以致命的一击；他把最深邃的哲学精神与最辛辣的讽刺结合了起来；卢梭、伏尔泰、霍尔巴赫、莱辛、海涅和黑格尔的形象融合于一人，我说的是**融合**，而不是杂乱无章地拼凑，他将是马克思博士。"①

马克思和他的来访者之间的谈话可能涉及哪些内容？赫斯不可能了解马克思 1841 年 4 月在耶拿大学缺席提交的博士学位论文。这部未发表的著作题为《德谟克利特的自然哲学和伊壁鸠鲁的自然哲学的差别》。马克思离开了特里夫斯，去波恩同布鲁诺·鲍威尔重聚，希望在那里开始自己的哲学"讲师"生涯，并刊印博士论文；但是，由于他的朋友被神学系的同事们指责为亵渎神明而遭解职，他的这个希望成为泡影。仅有的可能是实现自 1841 年 3 月以来就构想的计划：创办一份哲学杂志《无神论文献》。路德维希·费尔巴哈曾表示愿意参与这一工作。后来，恩格斯在多年后承认，费尔巴哈的《基督教的本质》一书激发了普遍的热情："我们所有人都曾一度是费尔巴哈派。"这种思想倾向性说明马克思为什么决定同鲍威尔毗邻而居将近一年，合作撰写猛烈抨击黑格尔的所谓无神论和雅各宾主义的匿名小册子。在《对无神论者和反基督教者黑格尔的末日审判的号角——最后通牒》这个故意模仿滑稽的标题下，两个渎神者假装成信仰的不妥协的虔诚派捍卫者，对黑格尔的《宗教哲学》展开猛烈抨击。② 这个"反基督教者"在青年黑格尔派中间找到的非但不是敌人，反而是秘密地同他一起工作来毁灭基督教国家的同盟军；而最危险的敌人乃是法国人；被神圣同盟打败的"反基督教民族"，借助这位德国思想家而大奏凯歌；黑格尔对一切神圣的东西充满仇恨，使"地狱公会的律令"重新肆虐。

---

① 莫泽斯·赫斯：《致贝托尔德·奥尔巴赫——1841 年 9 月 2 日》，见《莫泽斯·赫斯书信集》（Moses Hess, Briefwechsel），海牙，1959，第 79 页。

② 布鲁诺·鲍威尔：《对无神论这和反基督教者黑格尔的末日审判的号角——最后通牒》（Die Posaune des jüngsten Gerichts.über Hegel den Atheisten und Antichristen.Ein Ultimatum），莱比锡，1842。法译本，巴黎，1972，蒙台涅出版社。

在抨击了否定一切外在权威、推崇内在性的普遍原则的黑格尔哲学之后，两位作者通过虚拟的判决完成了他们的审判；在判决中，越轨者——颂扬法国大革命，把法国大革命看作是人类的赎罪和哲学在其中完全显示出它的统治世界的使命的事业——乃是反对精神和信仰的最严重的罪犯。黑格尔这个"极端的雅各宾党人"，竟然厚颜无耻到把法国看作"各国人民的真正的救世主"，把大革命看作"人类的真正的赎罪"！他的门徒们无视德国的特点，而他的追随者，诸如"神经错乱的科本"和仇视德国的阿尔诺德·卢格等人，错误地自以为受到政府的压迫，避而不谈任何爱国的情感、倾向和热情。如果人们得知科本是青年讽刺家的密友，而卢格两年后将成为马克思借以宣告同黑格尔的政治哲学最终公开决裂的《德法年鉴》在巴黎的共同出版者，那么下列警告有着象征的价值："有谁知道在他们（科本及其追随者——笔者）中间是否已经出现了明天的丹东、罗伯斯庇尔和马拉？"

在马克思的后来的著作中，当批判的靶子是昔日的伙伴和兄弟鲍威尔、阿多诺德·卢格、麦克斯·施蒂那时，可以再次看到许多巧妙地混合着从黑格尔那里借用来的语句的表述。这将是"进行清算"的阶段，或者更准确地说，是检验意识即强调哲学研究让位于把所获得的知识运用于历史著作和经济研究的阶段。但是，在他们分道扬镳之后，当马克思通过出色的新闻活动在自己的祖国从事于宣传法国大革命的自由成果的时候，"青年"马克思同不信神的神学家布鲁诺·鲍威尔接触中学到的东西，以及他在共同战斗中给予鲍威尔的影响，丝毫没有消失或者被遗忘。透过文章性质所要求的那些夸张言词背后，可以从其理解"现实世界"和解释法国大革命的主要人物的哲学思想来源中分辨出未来分析和批判法国唯物主义的方式。选择法国作为一切决定性的社会变革的优先产生地，这说明了马克思的政治直觉，即他认为德国资产阶级没有能力粉碎普鲁士极权主义的桎梏，这是它的"历史的"局限性。

"也许您已读过对黑格尔的《末日审判号角》，也许您还不知道此事，我想告诉您——不过需在严守秘密的情况下——，它出自鲍威尔和马克思之手；我读着它，不禁哈哈大笑。"这段话的作者乔治·荣格是科隆的青年德意志运动的领导人,他向阿尔诺德·卢格披露了上述秘密;而在此之前的一封信中,他还告诉卢格说,马克思、鲍威尔和费尔巴哈马上要联合创办"一份神学—政治杂志","天使们最好是保护好可尊敬的上帝",因为"这三个人肯定无疑将把他逐出天国,而且在他背上贴上诉讼状"。① 这轰动一时的计划的消息一经传到卢格那里,他又把此事告诉了一位朋友:"布鲁诺·鲍威尔、马克思、克里斯蒂安森和费尔巴哈将宣布或者已经宣布成立山岳党,他们把无神论和他们终有一死的命运作为自己的旗帜。上帝、宗教和永生不灭被废黜了,人们宣布建立哲学共和国和人的神圣性。"几个月之后,布鲁诺·鲍威尔告诉卢格说,他的"神学家马克思"、他的"献身基督的同监人"仍然在撰写《末日审判号角》的第二部分。② 根据一部深入研究青年黑格尔派的叛教者布鲁诺·鲍威尔的著述,这个时代是鲍威尔"全面接受法国大革命的最激进倾向的影响"③ 的时代。这也是青年哲学博士马克思虽然论著还不多,但被看作能够解决"哲学危机"的思想家出现在受自由的激进主义思想鼓舞的同伴们中间的时代,他成为决心超越自己的哲学导师黑格尔的唯心主义和走向"思想实践"的"新哲学家们"的首领。④

因 1839 年的土耳其—埃及冲突而产生的东方问题在 1841 年达到顶点,造成了法国和德国之间的一触即发的紧张关系。它在两国掀起了爱国主义的浪潮,引导知识界的代表们醉心于发表种种政治信仰的主张。正是在这种政治危机和哲学危机的环境下,同时也由于被他的大多数同事和政府确认为"异端"的布鲁诺·鲍威尔最终停职的公告,马克思决定公开作出回答,满足他的朋友和仰慕者们的期望。他从事学术研究

---

① 乔治·荣格:《致阿尔诺德·卢格—1841 年 10 月 18 日》,见 M.吕贝尔:《马克思著作导论》(Introduction aux Oeuvres de Karl Marx),"七星丛书",第 3 卷,1982,第 76 页及以后诸页。

② 布鲁诺·鲍威尔:《致阿诺尔德·卢格—1841 年 12 月 6 日》。

③ 恩斯特·巴尔尼科尔:《布鲁诺·鲍威尔——研究和资料集》(Bruno Bauer, Studien und Materialien…),阿森,1972,第 59 页。

④ 莫泽斯·赫斯:《德国哲学的当前危机》(Gegenwartige Krisis der deutschen Philosophie),《雅典娜神庙》(Athemaum),柏林,1841 年 10 月 9 日。

生涯的全部希望从此埋入心底，而将运用自己的作家和辩论家的天才，为他终生不渝地信奉的事业——争取思想自由服务。1842年2月10日，他给阿尔诺德·卢格寄去了为《德国年鉴》撰写的第一篇政论文章，这篇文章具有公开宣布自由的信仰的价值；该文在1851年即《共产党宣言》发表之后三年再版，说明了它的作为定论的性质。①《评普鲁士最近的书报检查令》可以归入《人权和公民权利宣言》的"永恒"原则的传统，而且如果离开了自1789至1830年实现解放的希望阶段与反动的现实阶段交替出现的法国革命史的背景，就不能得到充分理解。从他为博士论文和为撰写哲学、宗教史、艺术史、黑格尔法哲学等不同题目的文章准备的研究笔记中，可以衡量他的哲学和法学研究的广度。作为这些哲学和法学研究的总结，《评书报检查令》首先把矛头指向"伪自由主义"，其表现方式是"在被迫让步时，它就牺牲个人这个工具，而保全事物的本质——当前的制度"。

马克思在批判普鲁士法令的"反自由主义"时，坚持在批判书报检查中引进对基督教国家的批判；这种执着态度也反映在同对法国革命的先期研究联系在一起的他的政治理论的未来雏型中。他将必须接受一个自称是基督教的权威所宣布的书报检查，以便一方面对道德与宗教之间的关系，另一方面对国家制度与言论权的自由行使之间的关系提出疑问。这项研究开始于普鲁士，完成于法国；在法国，由于重新阅读了研究笔记中的记载，马克思将发现政治与政治经济学之间的内在联系——他的著作的具有决定意义的真正课题。

继《评书报检查令》之后，应该是《末日审判号角》的第二部分《对基督教艺术的诉状》。由于书报检查禁止这篇假冒正统派的时评，使马克思放弃这个计划。何况，马克思已经准备为卢格的《哲学轶文集》撰写另一篇文章："我为《德国年鉴》写的另一篇文章是在**内部的国家制度**问题上对黑格尔自然法的批判。这篇文章的主要内容是同**君主**

---

① K.马克思：《评普鲁士最近的书报检查令》，《雅典娜神庙》第1卷，1843。该文又收入K.马克思：《论文集》，科隆，1851。中文版见《马克思恩格斯全集》第1卷，北京：人民出版社1956年版，第3—31页。

立宪做斗争，同这个彻头彻尾自相矛盾和自我毁灭的混合物做斗争。Res publica 一词根本无法译成德文。"① 马克思在没有终止撰写这篇论文的同时，为《莱茵报》提供了一系列文章，继续和补充在《评书报检查令》中开始的对书报检查的批判，并对第六届莱茵省议会审议案中关于新闻和出版自由的辩论展开评论。② 这一著述大量援引了法国大革命及其显然是来源于《人权宣言》的自由精神，由此产生了该文为英国、荷兰、比利时、瑞士和美国等国家中培养起来的言论自由原则和传统辩护的特点。至于法国，马克思提到了 1830 年《大宪章》，这个宪章虽然最终废除了书报检查，但保留了 1817 年法令强加于新闻出版的种种限制：对新闻过失实施审查，加重对损害国王个人和君主制度的行为的惩罚，暂时取缔法，增加保证金。

2. 民主的颂歌

莫泽斯·赫斯在发表于《莱茵报》上的许多文章中，试图要该报的读者了解，共产主义思想适应了时代的需要，是值得严肃对待的。在法国，工人们充分觉悟到自己斗争的目的，并越来越频繁地倾向于共产主义。在当时于斯特拉斯堡举行的一次学术会议期间，许多欧洲国家的参加者讨论了被剥夺阶级的社会状况，提出了"一无所有的阶级"的问题，但是这个阶级现在要求分享掌握政权的中产阶级的财富，这是 1789 年的经验证明了的，当时第三等级要求并获得了贵族的特权。《莱茵报》报导了这场讨论，由此引起了奥格斯堡一家报纸的恼怒，指责《莱茵报》在公众面前"**毫无掩饰地**介绍了共产主义真相"，针对这种指责，马克思指出："西哀士的预言应验了，tiers état（第三等级）成为一切，并希望成为一切"，而众所周知，对今天斯特拉斯堡发出的警告，广大公众不应该漠不关心。但是，这个问题"过于严肃了"，"我

---

① K.马克思：《致卢格——1842 年 3 月 5 日》，《马克思恩格斯全集》第 27 卷，北京：人民出版社 1972 年版，第 421 页。

② K.马克思：《第六届莱茵省议会的辩论》（Die Verhandlungen des 6. rheinischen Landtags…），《莱茵报》，科隆，1842 年 5 月，参见《马克思文集》第 3 卷，1982，第 138—198 页；中文版见《马克思恩格斯全集》第 1 卷，北京：人民出版社 1956 年版，第 35—96 页。

们没有本事用**一句**空话来解决",因为它是"**两个**民族在解决的"问题,① 而所谓两个民族,即是莫泽斯·赫斯早就指出的法国和德国。②

从此时起,马克思反对普鲁士的书报检查的斗争运用了吸收自他的最初的社会主义读物(特别是法国的)的思想,以及对黑格尔政治哲学的越来越富有批判性的分析。政府以违者禁止相威胁,毫不迟疑要求改变《莱茵报》的倾向,股东们要求采取比较温和的立场,而同"解放派"集团的冲突又导致了《莱茵报》大部分柏林的撰稿人退出合作。1843 年 1 月,该报编辑部做出最后的决定:《莱茵报》在 4 月 1 日停止出版。马克思拒绝向股东们的犹豫态度屈服,提出辞职,并公布了正式的辞职声明。③ 他向卢格建议,在斯特拉斯堡创办《德法年鉴》。发表在《莱茵报》上的关于 1789 年和 1830 年革命的大量文章,促进了他对黑格尔的国家、等级和官僚制度观念的批判性反思。关于从 1843 年 3 月马克思辞去《莱茵报》编辑部的职务到同年 10 月他旅居巴黎这个相对说来较短的阶段,存在着一篇具有首要意义的自传性文献:1859 年的《政治经济学批判序言》,而 1867 年的《资本论》第 1 卷正是《政治经济学批判》的续篇。在马克思勾画出的关于这一进程的传记性概述中,缺少足以使人理解导致他在 1843 年出现——用他在 1845—1846 年采用的固定术语来说——"批判的唯物主义世界观"④ 的那些研究的重要的详情。事实上,除了"批判地修正黑格尔的法哲学"之外,马克思在 1843 年 3—10 月间进行了认真的历史研究,特别是在法国大革命史研究的领域里。同样可以认为,他对黑格尔的批判性清算——检验哲学意识的同义词——受到他在同一时期对某些历史著作特别是费尔巴哈的《哲学改革的临时提纲》(1843 年)的研读的强烈影响。马克思对黑

---

① 《马克思恩格斯全集》第 1 卷,北京:人民出版社 1956 年版,第 131、132 页。
② 莫泽斯·赫斯:《法国的共产主义》(Die Kommunisten in Frankreich),《莱茵报》,1842 年 4 月 21 日,《德国的政党》(Die Politischen Parteien in Deutschland),《莱茵报》,1842 年 9 月 11 日。
③ 见《莱茵报》,1842 年 3 月 18 日。
④ 参见马克思、恩格斯:《德意志意识形态》,《马克思恩格斯全集》第 3 卷,北京:人民出版社 1960 年版,第 261—262 页。

格尔的批判不仅仅针对这位导师的政治哲学的"神秘主义",而且特别是针对他把"理念"和"概念"视为有生命的实体、本质或"客观化的抽象"的方法:黑格尔用"神秘的方式"将国家变成人格化的主体、"神秘的实体的一个环节",即与国家主权同一的君主。马克思提出了一个二难推理:"不是君主的主权,就是人民的主权——问题就在这里!"① 马克思在以民主观的名义同黑格尔清算中所做的这一"批判的修正",清楚地反映出他初步研读法国大革命史学家们的著作的影响。马克思写道:"在君主制中,整体,即人民,从属于他们存在的一种方式,即他们的政治制度。在民主制中,**国家制度本身**就是一个规定,即人民的自我规定。在君主制中是国家制度的人民;在民主制中则是人民的国家制度。民主制是国家制度一切形式的猜破了的**哑谜**。在这里,国家制度不仅就其本质说来是**自在的**,而且就其存在、就其现实性说来也日益趋向于自己的现实的基础、**现实的人**、**现实的人民**,并确定为人民**自己的事情**。"

马克思后来认为这篇未完成的手稿是引导他去向唯物史观的道路上的一个阶段,它乃是把民主看作一切国家制度的理想形式的第一个尝试。随着他关于历史和经济研究成果的知识的丰富,他将形成另一种新的观点,即认为国家是同真正意义上的民主的存在不相容的。但是,他的未来的"无政府主义"的萌芽出现在他最初的理想化观点中:"民主制对其他一切国家形式的关系就像对自己的旧约全书的关系一样。在民主制中,不是人为法律而存在,而是法律为人而存在;在这里**人的存在**就是法律,而在国家制度的其他形式中,人却是**法律规定的存在**。民主制的基本特点就是这样。"② 民主作为普遍和特殊的统一,不能容忍政治的人同非政治的私人分离;财产、契约和婚姻在这里不是存在于政治国家之外的特殊制度,而政治国家只不过是人民的一种特殊存在方式。马克思更明确地指出:"现代的法国人对这一点是这样了解的:在真正

---

① K.马克思:《黑格尔法哲学批判》,《马克思恩格斯全集》第1卷,北京:人民出版社1956年版,第279页。

② 同上书,第281页。

的民主制中**政治国家消失了**。他可以说是正确的，因为在民主制中，政治国家本身，作为一个国家制度，已经不是一个整体了。……在民主制中，国家制度、法律、国家本身都只是人民的自我规定和特定内容，因为国家就是一种政治制度。"① 对黑格尔的这一冲击包含着马克思在着手"政治经济学批判"同时展开的"政治批判"的最初因素。他的许多历史—政治著作，像《资本论》一样，都是未完成的，但包含着可以称之为"现实的民主理论的绪论"的因素，可以并非冒失地断言，在马克思论述法国大革命史学之前研读的著述中，托克维尔通过对"美国民主"的考察来研究"民主本身的形象"的论著，深刻地影响着他对黑格尔批判的方向。但是，恰恰是由于研读了一批杰出的法国社会主义者和共产主义者的著作，马克思能够超越这个冷眼旁观的旅行者的贵族观点。托克维尔虽然认为"民主革命"是美国的业绩，但从中依稀看到的与其说是一个他所祝愿的，毋宁说是深感恐惧的世界未来。②

3. 法国大革命史学

马克思受早期研读法国大革命史学家们的著作的影响，尤其明显地体现在1843年手稿的篇幅最长的末尾部分，在这一部分里马克思分析了黑格尔关于"立法权"的论点（第298—312节）。③ 根据马克思的看法，国家制度"不是自己形成的"，在国家制度中必须先于已经确立的东西的"立法权"，它虽然存在于国家制度**之外**，但又归于国家制度。要建立新的国家制度，"总要经过真正的革命"。因此，就历史发展而言，谈论**逐渐推移**是错误的，因为要取得国家制度进步，国家制度的真正支柱——人民必须成为它的原则。马克思像托克维尔一样，对欧洲和美国的制度做了比较，但托克维尔没有在法国革命的法律

---

① K.马克思：《黑格尔法哲学批判》，《马克思恩格斯全集》第1卷，北京：人民出版社1956年版，第282页。

② 托克维尔写道："我认为在美国我看到的比美国人更多；我在那里寻求民主本身的形象……我希望认识它，这样做只是为了至少知道我们应该对它寄予希望抑或表示恐惧。"见托克维尔：《论美国的民主》（De la démocratie en Amérique）第1卷，1835；加尔尼埃—弗拉马里出版社，1981，第69页。

③ 《马克思恩格斯全集》第1卷，北京：人民出版社1956年版，第311页及以后诸页。

成果中寻求这些制度的根源。马克思对"政治国家作为现实国家的单纯的形式主义而存在着"或者"立法权和行政权同出一权"这种情况下的国家制度与立法权之间的关系提出了疑问,由此而通过重要的历史追溯来说明他的论点,亦即对黑格尔的批判:

> "立法权完成了法国的革命。凡是立法权真正成为统治基础的地方,它就完成了伟大的根本的普遍的革命。正因为立法权当时代表着人民,代表着类意志,所以它所反对的不是一般的国家制度,而是特殊的老朽的国家制度。行政权却完全相反,它完成了一些微不足道的革命、保守的革命、反动的变革。正因为行政权代表着特殊意志、主观任性、意志的巫术部分,所以它不是争取新宪法反对旧宪法,而是反对一切的宪法。如果问题提得正确,那它就只能是这样:人民是否有权来为自己建立新的国家制度呢?对这个问题的回答应该是绝对肯定的,因为国家制度如果不再真正表现人民的意志,那它就变成有名无实的东西了。"①

马克思没有直接引证法国大革命史学家的著述或其他哲学和法律性质的文献,而是在对黑格尔的立法权观点的整个批判过程中,运用和更新了各种论据,这些论据丰富了法国大革命后研讨保存着某些封建权力制度——例如:同业公会、等级(Stände)等——的社会中出现普遍性的民众要求时有关的宪制和法律问题的著作。马克思写道:"各等级(Stände)在国家内部是国家和市民社会之间**已经存在的矛盾**",不过他马上又补充说:"但同时这些等级也是**解决**这个矛盾**所必需**的。"马克思再次证明黑格尔作为研究国家的思想家谈论"群众"、"群氓"和"人民"是错误的,表示支持"无定形的群体",而这种群体的运动和行动可能是"自发的、无理性的、野蛮的、恐怖的"。他承认"作为两个永久的对立面、作为两个完全不同的领域的市民社会和政治国家的分离",而且补充说:"当然,在现代国家中这种分离实际上是存在的。"

---

① 《马克思恩格斯全集》第 1 卷,北京:人民出版社 1956 年版,第 315—316 页。

在中世纪，各种等级有着一种政治的存在，因为"它们的存在是国家的存在"；在古希腊，"市民社会是政治社会的奴隶"；现代既不同于中世纪，也不同于古希腊，它有了同市民社会分离的政治国家，因此黑格尔十分正确地理解了这个问题，但并非没有根本的自相矛盾之处：他把市民社会与政治国家的现实的分离当作"理念的必然环节"和"理性的绝对真理"，并把市民等级变为实际上不存在的某种同一性的代表性因素。黑格尔"忘记了这里所谈的反射关系，于是就把市民等级本身提升为政治等级，但是这仍然只是在立法权方面，所以它们的效能本身就是分离的证明"①。

这种"现实的分离"构成现代国家中的社会关系和个人存在两者的本质标志；因此可以理解为什么马克思在获得了对法国革命史和政治经济学的丰富知识后，从1845年开始终于选择了这样一个题目作为他毕生从事的著述的课题和标题：《政治和政治经济学批判》。② 他对于解脱了由市民社会与国家（即表面上结合于同一个个人的公民与非政治的私人）的分离—对立所强加的奴役的共同体的理论做出了独创性的贡献；预断了这种外部和内部的对抗的毁灭性后果。

几个月之后，当马克思撰写和发表这部尚处于草稿形态的著作的《导言》时，他的思想因克罗茨纳赫笔记中研读哲学著作的收获而变得更加丰富，这方面的成果同样也表现在《论犹太人问题》一文中。不过，在上述批判黑格尔的手稿中，可以看到作为马克思的未完成的著作的实质的分析社会和道德的冲突的认识论的和伦理学的前提。随着我们进一步阅读他的评述，可以发现研读严格意义上所说的历史书籍对他有着重大的影响：

"历史的发展使**政治等级**变成**社会等级**，所以，正如基督徒在天国一律平等，而在人世不平等一样，人民的单个成员在他们的政

---

① 《马克思恩格斯全集》第1卷，北京：人民出版社1956年版，第336页。
② 1845年2月1日在巴黎同达姆施塔特的出版商C.W.列斯凯签订的合同预定撰写一部两卷本的著作。这种双重"批判"在当时只处于雏形状态。参见M.吕贝尔编：《马克思文集》第1卷，《导论》，第63页。

治世界的天国是平等的，而在人世的存在中，在他们的社会生活中却不平等。从**政治等级**到**市民**等级的转变过程是在君主专制政体中进行的。官僚政治实现了反对一个国家中有许多不同国家的统一思想。但是，甚至有绝对行政权的官僚机构存在，各等级的**社会差别**仍然是政治差别，仍然是在具有绝对行政权的官僚机构**内部**并且和它并列的政治差别。只有法国革命才完成了从**政治**等级到**社会**等级的转变过程，或者说，使市民社会的**等级差别**完全变成了**社会差别**，即没有政治意义的私人生活的差别。这样就完成了政治生活同市民社会分离的过程。"①

虽然无论是"社会阶级"或者"无产阶级"等名词都没有被用来描述实际上完全适合这类术语的状况，但严密的逻辑推理导致马克思从等级走向阶级，从市民社会走向资产阶级："分离"观念在其对黑格尔的"神秘化"进行的前所未有的批判中获得了如此丰富的发展，马克思不仅扩大和深化了这个观念，而且用"否定"或"斗争"的概念对之进行补充。同样，发表在巴黎《德法年鉴》上的两篇论文都可以被看作第一阶段思考的逻辑结论，而这个阶段的顶点则是对《人权和公民权利宣言》所做的批判性解释。②

马克思在指出现代宪制国家的现实生活、市民生活和政治生活中的矛盾和异化与黑格尔的"逻辑神秘主义"及其对君主国家的理想化相对立的同时，把超越国家权力内在批判的局限的论据引进了对法国大革命史的研究；这一方向在逻辑上是与政治和政治经济学批判工作相适应的，而批判的目标早已在巴黎的《德法年鉴》上公开提出：人类的解放。因此，必须在这个伦理学原则的基础上来判断马克思研究历史著述特别是他对法国大革命史学的兴趣的重要意义：

---

① K.马克思：《黑格尔法哲学批判》，《马克思恩格斯全集》第 1 卷，北京：人民出版社 1956 年版，第 344 页。

② K.马克思：《论犹太人问题》和《黑格尔法哲学批判》导言，《马克思恩格斯全集》第 1 卷，北京：人民出版社 1956 年版，第 419 页起。

> "政治解放当然是一大进步；尽管它不是一般人类解放的最后形式，但**在**迄今为止世界制度的范围内，它是人类解放的最后形式。不言而喻，我们这里指的是实在的、实际的解放。
>
> ……
>
> 只有当现实的个人同时也是抽象的公民，并且作为个人，在自己的经验生活、自己的个人劳动、自己的个人关系中间，成为**类存在物**的时候，只有当人认识到自己的'原有力量'并把这种力量组织成**社会**力量因而不再把社会力量当做政治力量跟自己分开的时候，只有到了那个时候，人类解放才能完成。"①

4. 克罗茨纳赫笔记（1843年7—8月）

克罗茨纳赫笔记是编号为1—5的五个笔记本，总计约260页，密密麻麻地记满了来源自23本历史和政治著作的摘要。它们的主要研究题目是法国，其他谈得较多的问题则有中世纪的封建德国、诺曼底人占领后的英国、瑞典及其自古代至世袭帝国和贵族统治建立时代的政治和宗教制度。具有"已实现的民主制"的北美洲的美国的革命前景，受到这位集纳史料摘要用于生产性"消耗"的研读者的特别注意。

虽然在1843年7月尚未决定流亡法国，但马克思和卢格想必像海涅在法国七月革命后移居巴黎前一样沉思：

> "如果只是把法国大革命史与德国哲学史做一比较，就会产生这样的想法：法国人受那么多需要他们绝对清醒对待的现实任务所牵累，于是要我们沉睡并在此期间设想一下他们的处境，而我们的德国哲学只不过是法国革命的梦境。这样，我们同思想领域里的现实和传统发生了断裂，就像法国人在社会领域里发生这种断裂

---

① K.马克思：《论犹太人问题》和《黑格尔法哲学批判》导言，《马克思恩格斯全集》第1卷，北京：人民出版社1956年版，第429、443页。

一样。"①

马克思对法国的关心从头两册笔记的内容中可以得到证明，在这两册笔记中首先包含的是从公元前 600 年到公元 1589 年横亘将近 1000 年的一张年表。被马克思选中的历史学家克里斯多夫·戈特洛布·海因里希是启蒙主义哲学的信奉者，他撰写的《法国史》依据了最严肃的第一手和第二手史料，详细介绍了自起源至 19 世纪初的政治、军事和外交事件。

法国的整个编年史见诸于表明日期为"1843 年 7—8 月"的第二册克罗茨纳赫笔记；在笔记的封面上，马克思开列了八本研读过的著作的清单，其中有两本是德国人写的，五本是法国人写的，一本是英国人写的。

马克思借助卡尔·弗里德里希·恩斯特·路德维希的著作《近五十年史》第 2 卷（阿尔托纳，1833），接触了自召集"显贵"会议到"恐怖时代"政府倒台的法国大革命史。② 他从卢梭的《社会契约论》中摘录了一百多条论述，而其他一些重要性并不在其次的著述引导马克思不仅以同时代人的眼光，而且主要从揭示打上了资本统治和主权国家的印记的即将来临时代的奥秘和性质的"启示者"的身份，来思考法国大革命。辑录在克罗茨纳赫笔记第二册中的两部著作帮助了他从因果发展和解放的潜力两个侧面来思考法国大革命：

1. 雅克·夏莱斯·巴伊尔：《对题为〈法国大革命主要事件评述〉的斯塔埃尔男爵夫人遗著的批判研究》，第 1—2 卷，巴黎，1818。

---

① H.海涅：《〈卡尔多尔夫论贵族〉导言》（Einleitung zu: Kahodorf über den Adel），诗人叙述了同他站在一起的"哲学雅各宾派"，并把康德看作"罗伯斯庇尔"，把费希特看作"拿破仑"，而把黑格尔看作德国哲学界的"奥尔良派"。

② 参见《马克思恩格斯全集》，柏林，米加版（MEGA），第 4 卷，第 2 册，1981，第 84 页及以后诸页。《克罗茨纳赫笔记》和《巴黎笔记》已全文发表于《马克思恩格斯全集》米加版第 4 卷，第 2 册，第 9—298 页。

2. 孟德斯鸠：《论法的精神》，经作者重新审阅、修改和大量增补的最新版本，第1—4卷，阿姆斯特丹、莱比锡，1763。

克罗茨纳赫笔记第二册末尾有一个注明相应页码而没有提到作者名字的各种观点索引，从中可以看出经过研究的资料包括法国古代史、法国大革命、波兰以及孟德斯鸠和卢梭的著作。因此，这本文摘对马克思后来的工作可能大有裨益。下面是几个关键性的概念：

1. 全国三级会议。各种捐税。蛊惑人心的政客们。第三等级只有一个代表（在1357—1358年的会议中）。第三等级（1383年）。显贵会议（在弗朗索瓦一世统治下）。

2. 农民战争。

3. 最高法官。司法职务的捐税。

4. 贵族。作为中介团体的贵族们。封建制度。布拉格叛乱。公益团。布列塔尼。大革命前的三等级：封建的私人权利。特权的起源。关于特权的各种学说混合。君主立宪制度下的贵族。

5. 官僚制度。公务员。邮局与间谍活动。

6. 制宪议会。财富与代表制。代议制议会与人民主权的关系。代议制（根据卢梭的观点）。

7. 财产及其后果。私有财产的圣泰勒米岛。没收教会财产与国家清偿债务。极刑与恐怖制度。财产与主人和奴隶制度（达鲁）之间的关系。作为被选资格的条件的财产。占有与财产（……）。①

马克思在克罗茨纳赫笔记第三册（1843年7月）中研讨了英国史，对两部著作进行了辑录，其中一部分论述的是"自亨利七世统治时期直至现代"的阶段（约翰·拉塞尔）；他主要摘录论述法国大革命对英国

---

① 参见《马克思恩格斯全集》，柏林，米加版（MEGA），第4卷，第2册，1981，第84页及以后诸页。《克罗茨纳赫笔记》和《巴黎笔记》已全文发表于《马克思恩格斯全集》米加版第4卷，第2册，自第116页。其他题目包括：梅特涅的政策，作为最初的国家形式的家庭，个人权利与社会权利，平等与财产，普遍意志的行使，寡头政治与法，各种捐税，君主立宪制，等等。

国内形势影响的章节。在克罗茨纳赫笔记第四册中（1843年7—8月），法国占据了极重要的地位，文摘的内容涵盖了自高卢—罗马人和封建时代的加洛林王朝直至瓦卢瓦王朝的腓力六世的整个阶段（根据 E.A.施密特的《法国史》）。

在此之前几个月，马克思已同卢格有信件来往，其中主要谈到了德国问题：在"法国大革命后 15 年"，德国恢复了"旧专制制度的一切最无耻的东西"。马克思写道："最完善的庸人世界，我们德国，当然远远落在使人复活的法国大革命后面。"① 在马克思看来，有一点是明确的，亦即他旅居巴黎后，作为一个政论作者的工作必须承袭伯尔内和海涅等在他之前流亡的许多同胞建立起来的文学批判传统。他流亡前夕的最后几封信证明了他在研究一系列历史事件发展中的执着追求：将"大革命"同"对业已建立的秩序的毫不容情的批判"联系起来，因此也就是同通过他所渴望参加的现实斗争来进行的"政治批判"联系起来。

这个雄心勃勃的目标必然要求他借助严肃的历史学资料，马克思的选择是最有眼光的：恩斯特·威廉·瓦克斯穆特，此人是《大革命时代法国史》（汉堡，1840—1844 年）的作者。同样，他还大量摘录了利奥波德·兰克论述法国复辟、1830 年宪章和"革命党"的著述。恰恰是在摘录兰克对于因 1830 年宪章所授予的特权而受惠的流亡贵族的看法时，马克思做了评注（这是罕见的事！）从中可以看到他后来批判黑格尔政治哲学的手稿中的理论前提。下面是其中几行颇能说明问题的语句：

"在路易十八统治下，国家制度是国王的恩赐（国王授予的证书），在路易十八统治下，国王是国家制度的恩赐（被授予的王

---

① K.马克思：《致卢格—1843 年 5 月科隆》，《德法年鉴》，巴黎，1844 年。中译文见《马克思恩格斯全集》第 1 卷，人民出版社 1956 年版，第 410 页。在同一封信中，马克思还提到："拿破仑向他的侍从指着许多掉在别列津纳河里快要淹死的人叫道：'Voyez ces crapaude！'（看这些癞蛤蟆！）"他接着评述道："专制制度的唯一原则就是轻蔑人类，使人不成其为仁……专制君主总是把人看得很下贱，他眼看着这些人为了他而淹在庸碌生活的泥沼中，而且还像癞蛤蟆那样，不时从泥沼中露出头来。"同上，第 411 页。

权)。我们可以一般地指出，主语转为谓语和谓语转为主语的变化，限定词与被限定词的颠倒，这始终预示革命即将到来。"①

即使是像兰克这样一个保守的历史学家所解释的波旁王朝复辟和七月革命，也为马克思提供了一个同他在法国大革命史领域里的初步的研读紧密结合在一起的研究园地。他即将离开德国，前往法国这个"因其革命的首创精神和社会倾向性被当作德国的榜样"的国家。这行引文是皮埃尔·勒鲁创办的《独立评论》双月刊在《德法年鉴》于巴黎问世时所做的评述。因此，马克思在动身去巴黎之前，没有停留在对兰克著作的研读上，而是参考了能够丰富他在欧洲政治史领域里的知识的其他作者的著述，这丝毫也不令人感到奇怪。在第四册克罗茨纳赫笔记末尾，可以看到选自两部著作的大量摘录。对这两部著作的研读孕育了他的未来的研究工作：

——约翰·林加尔德：《罗马人第一次入侵以来的英国史》，译自英文……，七卷本，法兰克福，1827—1828年。
——埃里克·古斯塔夫·盖耶尔：《瑞典史》，译自手稿……，汉堡，1832年。

马克思为这第四册笔记编了一个五栏的索引：

1. 各种等级。
市镇。同业公会和统治。市政权，等等，资产阶级。
2. 宪法和行政。
封建制度。宫廷的开支。官吏的薪金。国家，国王、官吏、最高法院。报刊。人权。1791年宪法。

---

① 《马克思恩格斯全集》米加版第4卷，第2册，第181页。黑格尔通过将国家理念的诸环节转变为主语，而将过时的政治现实转变为谓语，表述了"时间的普遍性，**他的政治神学**"。

3. 自由，平等。

众议院。宪法。

4. 合法性。选举。代议制。人民的主权。下议院。英国的宪法。

5. 取消永久公债。

克罗茨纳赫笔记的最后一册即第五册在封面上列出了下面的标题：

1. 菲斯特：《德国人史》，五卷本。
2. 莫泽：《爱国的幻想》，四卷本。
3. 《继承权起源》，柏林，1832年。
4. 汉密尔顿：《北美洲》，两卷。
5. 尼科洛·马基雅维利：《国家论》。①

5. 巴黎笔记和马克思的藏书

马克思移居巴黎甫毕，立即准备撰写一部"国民公会"史，进一步充实在克罗茨纳赫所做的关于法国大革命的著述的研读。他在《论犹太人问题》中分析了1791年的《人权和公民权利宣言》；他根据该宣言的1793年文本以及宾夕法尼亚和新罕布什尔州的宪法，扩展了这方面的思考，以加深他对政治权利的批判。马克思指出："不同于 droits du citoyen（公民权）的所谓**人权**（droits de l' homme）无非是**市民社会的成员的权利**，即脱离了人的本质和共同体的利己主义的人的权利""私有财产这项人权就是任意地（a son gré）、和别人无关地、不受社会

---

① K.马克思：《致卢格—1843年5月科隆》，《德法年鉴》，巴黎，1844年。中译文见《马克思恩格斯全集》第1卷，北京：人民出版社1956年版，第221页。在长达40页的摘录中，两部著作得到了马克思特别注意：J.克里斯蒂安·菲斯特的五卷本《德国人史》(*Geschichte der Teutschen*, 汉堡，1829—1835年) 和苏格兰人托马斯·汉密尔顿的游记《美国的人情风俗》(*Man and Manners in America*, 1832年)，马克思阅读的是后一本书的德译本（1834年)，该书的法译本同年在布鲁塞尔出版。见 M.吕贝尔：《〈美国人情风俗〉一书介绍》，由斯拉特基内·雷普林茨编辑出版，日内瓦，1979年。

束缚地使用和处理自己财产的权利；这项权利就是自私自利的权利"；自由权即是"作为孤立的、封闭在自身的单子里的那种人的自由；这是**"狭隘的**、封闭在自身的个人的权利"；"平等无非是上述自由的平等，即每个人都同样被看作孤独的单子"；通过"安全"概念，资产阶级社会没有"超越自己的利己主义。相反地，安全却是这种利己主义的**保障**"。①

如果说在对《人权和公民权利宣言》的这种批判中，马克思揭示了政治权利的局限，那么这远非是要否认它作为在既存"世界秩序"内部进行斗争的手段的重要意义。马克思在否弃目的是"为了维护自然的和不可剥夺的人权"而进行的"政治结合"的"利己主义"同时，用解放了的人们的世界共同体的伦理学同资产阶级市民社会的道德相抗衡。

*　　　　*　　　　*

1843—1849 年间，马克思在克罗茨纳赫、巴黎、布鲁塞尔和科隆逗留期间拥有的个人文献和藏书目录总计 400 种，其中有 200 多种同法国有关，而 1789 和 1830 年法国革命史著述占了约 50 种，其中有些是多卷本著作。在这个书目之外，还应该加上一套属于社会主义和共产主义著述的书籍以及诸如博马舍、格雷古瓦、珀谢、雷斯枢机主教、朗巴尔亲王夫人、圣西门公爵和泰雷神父（由科凯罗代笔）等一大批作者的回忆录。要衡量以法国的国民公会为中心问题的写作计划的广度，只需要参照一下阿尔诺德·卢格的证词就够了。卢格仿佛进行追踪似地描写了他昔日的同伴在《年鉴》失败后的行为：

"马克思的极端的敏感性……通常表现在他工作至病倒和一连三夜甚至四夜不睡觉的时候。"应该说明，马克思想"写一部国民

---

① K.马克思：《论犹太人问题》，《马克思恩格斯全集》第 1 卷，北京：人民出版社 1956 年版，第 437、438、439 页起。

公会史，他积累了有关的资料，摘录了异常多样的观点……为了这项工作，他希望利用他逗留在巴黎的时机，这是完全可以理解的"。①

这个计划的唯一具体记载是一篇手稿，它显然是今天尚不为人知的其他许多活动中的一项准备工作。其内容是关于勒奈·勒瓦塞（来自萨尔特）的《回忆录》的评注。②

马克思在一本总计 28 页的笔记本的 6 页纸上分两栏书写，左面一栏里是原文的文摘，右面一栏里是对法文原文做了若干改动的引文的德译文。第一段原文摘录说明了马克思想要赋予他的工作的意义："人们今天当作几个狂热的疯子的梦呓的东西，却曾经是一个整个民族的共同情感，而且在某种程度上是他们的生存方式。"③

马克思终于决定放弃撰写一部"国民公会史"的计划。在他"对黑格尔的法哲学做批判的修正"的过程中，马克思懂得这位柏林的教授"18 世纪的英国人和法国人为榜样"所理解的"市民社会"，不可能通过"人类精神的普遍进化"来解释；恰恰相反，全部人类群体的社会、政治和精神生活的发展扎根于"经济结构"之中，换言之即扎根于"生活的物质条件"之中，由此产生了转向政治经济学研究的必要性。在这个新的精神探索方向上，恩格斯走在了马克思前面，早在《德法年鉴》上发表了"批判经济学范畴的天才的概述"。

有一个事实证明马克思突然放弃了作为历史学家的工作：在摘录勒瓦塞的《回忆录》诸段落之后的 12 页笔记，记满了亚当·斯密的《国民财富的性质和原因的研究》一书的法文版摘要。在巴黎时期，马克思开始在另一本标明日期为 1844 年春季的笔记上进行辑录，而政治经济

---

① A.卢格：《致路德维希·费尔巴哈（1844 年 5 月 15 日）》。
② 前国民公会议员勒奈·勒瓦塞（来自萨尔特）的《回忆录》，第 1—4 卷，巴黎，1829—1831 年。载《马克思恩格斯全集》米加版第 4 卷，第 283—293 页。
③ 前国民公会议员勒奈·勒瓦塞（来自萨尔特）的《回忆录》，第 1—4 卷，巴黎，1829—1831 年。载《马克思恩格斯全集》米加版第 4 卷，第 283 页。

学研究正如他的巴黎笔记和布鲁塞尔笔记证明的那样，从此促动着他的研读热情。在巴黎笔记和布鲁塞尔笔记中，同摘录一起出现的是批判性的评论。法国大革命史从此成为马克思的思想的组成部分，"政治的批判"是同"政治经济学批判"不可分割的。因此，在他被迫离开巴黎前夕同出版商列斯凯签订的合同规定未来的著作的标题把上述双重批判结合在一起，这绝非偶然，使人清楚地看到，对于马克思来说，两者是同一回事。

大概是在马克思旅居布鲁塞尔（1845年2月）之初写的十一点提要，浓缩了自1843年3月他被迫辞去《莱茵报》主编职务以后的历史研究的心得。马克思在这里勾勒出了他应诺出版商列斯凯将要撰写的著作中所论述的问题的主干领域，从中可以看到法国大革命是他思考的中心。

1.现代国家产生的历史或法国大革命。政治存在的自负——与古代国家混为一谈。面对市民社会的革命家们。一切因素既作为市民存在又作为政治存在的双重性。

2.人权宣言和国家宪法。个人自由与国家强权。自由、平等和统一。人民的主权。

3.国家与市民社会。

4.代议制国家与宪章。

宪制的代议制国家即是民主的代议制国家。

5.各种权力的分离。立法权和行政权。

6.立法权与各种立法团体。政治俱乐部。

7.行政权。集中化和等级制。集中化和政治的平民化。联邦制度和工业主义。国家政府和市政府。

8'.司法权与法。8".民族性与民族。

9'.各种政党。

9".普选权,争取消灭国家和市民社会的斗争。①

代结论

  法国大革命史学对马克思的政治理论产生了深刻的影响。政治解放的主要阶段,《人权和公民权利宣言》,无不在法律上论证了现代人的内在矛盾(或异化)和现代社会分裂成阶级的状况,从而成为以人类的完全解放为使命的社会运动的信号。对于马克思来说,主张完全解放——其结果是"充分发展(allseitig)的个人"的出现——的观点,即是意味着主张进行争取言论自由和结社自由的革命,这是"资产阶级的"战利品,但又是获得具有更重要意义和深远影响的另一个战利品的必要条件。经常接触法国社会主义的著作和巴黎的工人环境,丰富了马克思基本上是从伊壁鸠鲁、卢克莱修、伽桑狄和斯宾诺莎等最初的思想导师那里获得的人文主义文化修养,使之有了一个新的内容,即被理解为争取"绝大多数人"的解放的伦理学的空想学说;作为这种空想学说的信徒,他从古德文、欧文以及夏勒斯·傅立叶、皮埃尔·勒鲁甚至巴贝夫等人的学说中汲取了基本因素。正是由于联想到了康德,马克思试图从革命史的线索中发现被称作"规律"的解放运动的奥秘,这种解放运动归根结底需要服从于对某种"绝对命令"的认识;作为资本主义生产方式和"科学社会主义"的理论家,马克思的政治活动始终是同反对作为人权宪章的否定的三种主要形式的普鲁士极权主义、俄国沙皇专制主义和法国波拿巴主义的不断斗争结合在一起的。

  也许令人感到奇怪的是,"共产主义者"马克思在作为科学家和政治活动家的整个生涯中不得不为争取"资产阶级的"要求,即不得不为争取奠定了自由民主基础的宪章——《人权和公民权利宣言》所宣布的理想的胜利而战斗。他之作为争取出版自由和尊重习惯法的政论家的斗争,他在"共产主义者同盟"中的战斗作用,他之作为"国际工

---

① M.吕贝尔编:《马克思文集》第3卷,七星丛书,巴黎,1982,自1027页起。

人协会"的领导成员和鼓舞者的活动，始终是同对于一部学术巨著的艰苦构思结合在一起的，并对之做了说明。这部学术巨著虽然具有未完成的性质，但它使马克思成为法国大革命思想家、政治理论的一位先驱和抨击政治伎俩的最内行的批评家之一。

Maximilien Rubel：LA REVOLUTION FRANÇAISE
DANS LA FORMATION DU JEUNE MARX
（DIOGÈNE No.148,1989）

三、马克思 1840—1843 年摘录笔记的介绍（节选）①

《莱茵报》被查封后马克思"从社会舞台退回书房"，他的第一个研究成果是《黑格尔法哲学批判》，我们已按照手稿把它发表在本卷上册之中。马克思本人把他的研究概括为如下结论："法的关系和国家形式，既不能从它们本身来理解，也不能从人类精神的所谓一般发展来理解，相反，它们根源于物质的生产关系之中，这种关系的总和黑格尔……称之为'市民社会'，而对市民社会的解剖应该到政治经济学中去寻找。"②

然而这个结论，不仅仅是《黑格尔法哲学批判》的成果，而且也是全面进行历史、政治研究的成果；这种研究也许是与他对黑格尔的批判同时进行的，五本内容丰富的摘录笔记就是这种研究的见证物。这五本笔记的标题表明，它们是于 1843 年 7 月与 8 月在克罗茨纳赫写成的。我们在上册的导言中说明，马克思在退出《莱茵报》编辑部之后，无疑是很快就开始了对黑格尔的批判。我们在上述导言中确认，《黑格尔法哲学批判》手稿的最后部分在写作时间上，同克罗茨纳赫笔记是一致

---

① 该文节选自《马克思早期思想研究译文集》，熊子云、张向东译，重庆：重庆出版社 1983 年版，第 64—68 页。注释有改动。

② 参见《马克思恩格斯选集》第 2 卷，北京：人民出版社 1972 年版，第 82 页。

的。这种一致性以及《批判》手稿末尾已包含着许多历史的解说与论证表明：对黑格尔法哲学的批判同时引起了在克罗茨纳赫进行历史与政治的研究，这是由于马克思不限于对黑格尔本身的批判，不限于证明黑格尔体系的内在矛盾，而是逐渐转向分析具体的历史发展和具体的政治关系。在这种历史与政治的研究过程中，对黑格尔法哲学的逻辑的批判分析转变为对资产阶级社会和资产阶级国家的历史的批判分析。所以，克罗茨纳赫摘录笔记在其中的重要意义在于：它体现了马克思创立唯物史观过程中的一个阶段。

这五本笔记摘录了23部著作，包括有写了字的255页。① 笔记本用编号1—5从外表上标明了它们的联系。此外，第一本和第三本笔记都带有《历史—政治笔记》的标题。第二本笔记上写明是《法国史笔记》。第四本和第五本没有综合的标题；然而笔记中所摘录的著作的性质，是同其他笔记所摘录的著作的性质一样的。除第五本外，所有其他笔记都注明了日期，即第一本和第三本是"克罗茨纳赫，1843年7月"，第二本和第四本是"克罗茨纳赫，1843年7月、8月"。确凿无疑的根据说明，这些笔记不是一本接一本地产生的，而是几本在同一时期里写作的。

马克思紧接在他结婚（1843年6月12日）② 后的两个月里，汇集了这么丰富的资料，令人感到极大的惊讶。他首先钻研的是收集到德文版的大部头的和最好的关于法国、德国、英国、瑞典等国的历史著作，在这些著名的著作中详细地论述到国家的甚至城市的制度、行政管理和法律等方面的历史。值得注意的是，复辟时期法国名作家们的著作没有

---

① 摘录的方式并不是千篇一律的。对其中七部著作只有少数几处做了笔记（达鲁、卢克莱泰尔、贝勒尔、布鲁哈姆、沙多勃利昂的两篇文章、兰克），对其余的十七部著作做了较详细的摘录。马克思通常是按原文的字句摘录，在有的地方整句整段摘录时也是这样。有两处，即在摘录亨利希的法国史和蒲菲斯特的德国史时，他密切联系原文做了编年史式的提要摘引；在对亨利希著作所做的编年史式的提要中，又加进了一些较长的原文摘录。——原文编者注

② 这个时间是指申请缔结婚约的时间。而举行婚礼的时间是1843年6月19日。参见《马克思生平事业年表》，北京：生活·读书·新知三联书店1977年版，第31页。——译者注

出现在马克思的阅读书目之中。

关于法国大革命前的历史，马克思读了亨利希出版于1802—1804年的三卷集著作，和赫伦—乌克尔特丛书中的埃·亚·施密特的法国史第一卷。关于法国大革命时期他读了路德维希1833年出版的最近五十年的历史，贝勒尔1818年同德·斯泰尔夫人论战的两卷集著作，以及赫伦—乌克尔特丛书中瓦克斯穆特的两卷著作。关于法国复辟时期和七月王朝有这样一些代表性的著作：卢克莱泰尔1831年出版的法国复辟时期的历史，沙多勃利昂的两本小册子，兰齐措勒关于七月议会的小册子，最后是兰克发表在《历史—政治杂志》上的论文。

关于英国的历史他基本上读了三部著作：约翰·罗素的英国政府与宪法的历史，赫伦—乌克尔特丛书中拉彭贝尔格的英国史，和林加德的七卷集著作。在这些著作中没有一本涉及1830年以后的时期；关于英国选举改革的斗争只是在C.G.朱弗诺关于继承权原则和法国的与英国的贵族地位的小册子中才论及到。

关于德国的历史在被摘录的书中有三部长篇著作：蒲菲斯特的德国史，尤·默瑟尔的爱国主义的幻想，马克思对这本书做了非常详细的摘录，和兰克的宗教改革时期的德国史，马克思从这本书中只摘录了七处。与此有关的还有一些是发表在《历史—政治杂志》上关于德国史问题的文章。

马克思对盖耶尔的瑞典史之所以感兴趣，肯定是由于这本著作有很大的篇幅论述了社会与宪法的历史。

关于意大利他所读的是达鲁的威尼斯共和国的历史。关于波兰读的是布鲁哈姆1831年出版的小册子，关于美国读的是托·汉密尔顿关于北美合众国的人与风俗习惯的论著，关于瑞士读的是布隆茨利发表在《历史—政治杂志》上的文章。

马克思密切结合这些历史论述钻研了卢梭、孟德斯鸠、马基雅维利的长篇政治理论著作，这充分表明了他研究的方法与方向的特征，他的这种研究在于探讨资产阶级国家的与社会的理论同历史之间的内在联系。正是这种对马克思思想往后的整个发展如此具有特征的关于理论的与历史的研究方法的统一,在克罗茨纳赫摘录笔记的内容中明显地表现出来。对卢梭的社会契约论和孟德斯鸠的《论法的精神》特别详细地做了摘录,而对马基雅维利的《君主论》(按照齐格莱尔德译文)只从一些章节中挑选了具有特征的几处。

所有这种关于历史和国家理论的研究同他半年之后发表在《德法年鉴》上的文章——《论犹太人问题》和《〈黑格尔法哲学批判〉导言》,是密切相联的。从整体上来看,这些研究形成了马克思认识道路上的最重要的一个阶段,循着这条道路他最后地、最终地认识到:"对市民社会的解剖应该到政治经济学中去寻找。"①

使马克思感兴趣的并非直接就是法国的、英国的、德国的或瑞典的历史,而是现代国家与民族发展中的宪法的、行政的和社会的历史诸方面,也就是现代资本主义社会的和资产阶级政治的产生和本质。摘录笔记极大多数属于这个方面。马克思的这种特别兴趣明显表现在他所做的提要式的目录中,他给克罗茨纳赫的两本笔记(第二本和第四本)写了这样的目录。看一看这些提要,人们就会相信:马克思所摘录的不是一般历史内容的著作,而是专门摘录对国家理论、对宪法的、法律的和社会的历史有专门研究的作品。

我们要特别注意克罗茨纳赫笔记第二本围绕"所有制及其结果"这一范畴所做的提要。在这里看到,它涉及财产关系同政治法律关系之间的内在联系。马克思曾计划在写作题为《黑格尔法哲学批判》这一著作的同时,撰写《对黑格尔关于市民社会论述的批判》。在后述文章中大概要详细地论述"所有制及其结果"这一问题。

在整理《历史—政治杂志》之后不到一年,就用生产关系来说明财产关系的本质。

众所周知,马克思在巴黎对法国革命、"国民公会的历史"做了大量的研究工作。在存放着著名的关于费尔巴哈的提纲的同一笔记本里,

---

① 《马克思恩格斯选集》第2卷,北京:人民出版社1972年版,第82页。

还有一个关于"现代国家产生史或法国革命"的著作提纲。[①] 这个关于国民公会史或法国革命史的巴黎计划，在布鲁塞尔扩充为关于资产阶级国家产生史的计划。布鲁塞尔提纲的个别段落，例如"人权宣言和国家建制……代议制国家和宪章……权力的分配。立法与行政权"，就使人可以设想，马克思为这一著作充分地利用了他的克罗茨纳赫的"历史—政治笔记"。这个计划一直没有执行。

克罗茨纳赫笔记对于马克思此时直至《德法年鉴》结束这段时间的文章，虽然具有如此重要的意义，但从语言上可证明直接利用"历史—政治笔记"的只有少数几处：即黑格尔法哲学批判的结尾部分；关于天赋人权的段落；关于作为私有制的政治制度的论述；关于城市与乡村的对立，有关这一问题摘录了布隆茨利发表在《历史—政治杂志》上的文章。关于等级制度的分析也是专门同第四笔记相联系提出来的，在这本笔记中，它的索引表明，在近代的法国等级区别是当作主要问题之一。此外，还应该提到《论犹太人问题》的几处地方：即关于托马斯·闵采尔，引自兰克的宗教改革史；关于玛门，即美国人的偶像；关于从政治上消灭私有制；除此以外还依据瓦克斯穆特著作多处引用人权宣言。

对整个笔记除上面已提到的两个索引外，马克思在有些情况下还概括了他对个别著作所做摘录的内容：如对路德维希的最近五十年的历史的摘录，对达鲁的威尼斯共和国的历史的摘录，对拉克雷泰尔著作和布鲁哈姆著作的摘录。

（摘译自 MEGA1 第一卷下册）

四、马克思1843年克罗茨纳赫摘录笔记[②]

格·亨利希，《法国史》，三分册，莱比锡，C.弗里茨出版社，1802—1804。XXII，10页，XII，592页，X，594页。

[①] 参见《马克思恩格斯全集》第42卷，北京：人民出版社1979年版，第238卷。
[②] 该文选自《马克思主义研究参考资料》1981年第3期（总55期）。

A，克罗茨纳赫笔记Ⅰ—Ⅱ册，第一册全部，第二册20页①；总共80页。

B，略。

C，从公元前600年至1589年编年的提要式的摘录。摘录截至第二分册第268页。较精确地摘录，也就是逐字逐句地摘引了亨利希的如下论述：在皮平·封黑利施塔尔统治下国民议会的恢复（Ⅰ70—71）②。在皮平统治下每年一度短期的三月议会（Ⅰ71—72）。在查理·德·格统治下的军事制度与财产关系（Ⅰ93—95）。在查理·德·卡伦的统治下官职与领地的世袭制，征兵权的逐渐取消（Ⅰ117—118）。德国对法国有限的统治权（Ⅰ127）。伯爵与公爵的争斗（Ⅰ127）。在卡洛林王朝统治下贵族与僧侣的权力地位（Ⅰ151—152）。十字军东征的后果（Ⅰ175、178—181）。欧洲的衰落，由航海业、贸易和工业的促进，市民阶层的兴起（Ⅰ180）。国王权力细小地扩展（Ⅰ180—181）。农奴的解放（Ⅰ181—182）。诸侯的权力与掠夺野心（Ⅰ182—183）。在路德维希六世统治下建立自治共同体，城市制度，它的权利与义务（Ⅰ184—186）。在十字军东征中诸侯的割裂与斗争（Ⅰ204）。司法制度、国内制度、赋税，萨拉丁什一税。在菲力浦二世统治下贵族的产生（Ⅰ213—215）。路德维希九世统治下的司法制度，交战权利的限制，圣·路易的工场，由施特范·波莱奥建立的巴黎的城市警察（Ⅰ229—234）。1302年神圣一致的诏书（Hulle Unam Sanctam）（Ⅰ253）。在菲力浦四世统治下的币制、驱逐犹太人，新贵族的委任。1302年第三等级的代表出席了帝国议会，三级议会全体大会，巴黎议会（Ⅰ266—267）。1355年三个等级代表的全体大会（Ⅰ291—296）。农民战争（Ⅰ308—309）。压制第三等级（Ⅰ339）。1484年在图恩召开的帝国议会（Ⅰ443—444）。（马克思把第三等级的要求称为"自由主义的空谈"）。名流的集会，议会，对上谕进行登记，在弗兰茨一世统治下议会席位的贿买（Ⅱ113—123）。

---

① 指摘录在笔记中所占的页数。——译者注
② 指原书的分册与页码。——译者注

卡尔·弗里德里希·恩斯特·路德维希。《最近五十年的历史》。两分册（德文版），从名流的号召到推翻恐怖政府期间的法国革命史。阿尔托纳，汉美利希出版社，1833年，XX、511页。

A，克罗茨纳赫笔记第二册。4页。有十八段部分是长的、部分是短的摘录。

B，略。

C，马克思用如下言论概括了这一摘录："在国民大会中权势的代表，财产的巴托罗牟之夜，在私有财产问题上国民大会与自身的矛盾，多数派、雅各宾派反对人民主权，反对拥护这种主权的保皇党人。革命政府。革命前的法国状况。"此外，马克思的摘录还涉及如下问题：按职业与出身来看的第三等级的代表；第三等级组成为国民议会，整顿公债并宣布它是神圣的。不得侵犯国民议会的成员；8月4日特权者自愿放弃特权，8月4日的革命意义；争取否决权的斗争；没收教会财产；塔莱兰德关于提案的说明，第一共和国纸币兑现［马克思批注："其中包括重大矛盾，一方面宣布私有财产不受侵犯，另方面又牺牲私有财产。"］，纸币兑现的结果，多数派；贵族与僧侣要求更新过时的委任书，米拉贝奥表示反对，国民议会声明在完成它的工作之后才解散；雅各宾迫使国民议会宣判国王的死刑；反对国民大会的革命政府做出福利与安全的决议；三个等级以及它们在革命前的内部结构；德斯穆林论圣·朱施特。

P.达鲁，《威尼斯共和国史》，共七卷（法文版）。斯图加特，霍夫曼出版社，1828年，第四卷。

A，克罗茨纳赫笔记第二册，2页。有四段不长不短的摘录。

B，略。

C，马克思本人以下述论断概括了这一摘录："关于特权的产生（它自身以外的权利、通过代表享有的权利的起源……没有无领主的土地），在自治共同体中总督取得了统治地位（名位的财产），特权的融合。"

什·拉克雷泰尔,《复辟时期以来的法国史》。三卷（法文版）。斯图加特,霍夫曼出版社,1831—1832 年。第三卷,320 页。

A,克罗茨纳赫笔记第二册。8 行。有两段短的摘录。

B,略。

C,希腊的起义是烧炭党人的新阴谋。当前政治的目的就是维护现存秩序。马克思本人对这两段摘录加上了这样的标题:"梅特涅论希腊的起义,论当前政治的目的。"

让·雅·卢梭,《社会契约论或政治权利原理》。伦敦,1782 年法文版,264 页。[方括号中的页码系指让·雅·卢梭,《社会契约论》。出版者：德勒伊菲斯—布里萨。巴黎,1898 年,XXXII 424 页。]

A,克罗茨纳赫笔记第二册。$17\frac{1}{4}$ 页。有一百零三段短的和中等的摘录。

B,在摘录第 3 页至 11 页 [4—9] 时马克思做如下注释:"卢梭对后面一句话做了如下值得注意的符号。"余略。

J.Ch 贝勒尔,《斯泰尔夫人遗著（法国革命大事纪实）考证》。第 1—2 卷（法文版）。巴黎,贝勒尔出版社,1813 年。IV,346、484 页。

A,克罗茨纳赫笔记第二册,三页。有八段部分短的、部分长的摘录。

B,略。

C,贵族在法国封建制度中的统治,国王只是作为头号地主捍卫着他的政治权力。封建制度是基础牢固的等级制。在这里财产统治着人,在现代社会里人控制着财产。

布鲁哈姆,《波兰》。布鲁塞尔,诺马勒书局,1831 年。

A,克罗茨纳赫笔记第二册。$1\frac{1}{2}$ 页。有五段中等的摘录。

B,略。

C,马克思用下述短语说明了这些摘录的内容:"绝对的否决权,一致性，联盟，封爵的等同性。"

孟德斯鸠，《论法的精神》。1—4卷（法文版）。经作者订正、修改、大量补充的新版。阿姆斯特丹与莱比锡，阿尔克斯泰与梅局斯出版社，1763年。XCVI、311页，XII、373页，XII、368页、IV、375页。[方括号里页码系指《孟德斯鸠全集》，附最初各种版本的异文，最佳注释与新注解选录，出版者拉波拉耶。第3—4卷，《论法的精神》，巴黎，1876。]

A，克罗茨纳赫笔记第二册。15$\frac{1}{4}$页。有109段大多是短的摘录。

B，在摘录第289页22行至24行时马克思做了如下注释："按居里意见舆论的情况如何。"余略。

克罗茨纳赫笔记第二册索引

［原编者说明］① 在这本笔记的末尾有一个由提要构成的索引。我们用被摘录著作的有关页码替代马克思所指明的笔记的页次，并运用如下缩略语：H 等于亨利希：《法国史》。L 等于路德维希：《最近五十年的历史》。第二分册：《法国革命史》。D 等于达鲁：《威尼斯共和国史》第四卷。La 等于拉克雷泰尔：《复辟时期以来的法国史》。R 等于卢梭：《社会契约论》。B 等于贝勒尔：《斯泰尔夫人遗著〈法国革命大事纪实〉考证》。Br 等于布鲁哈姆：《波兰》。M 等于孟德斯鸠：《论法的精神》。（精确的标题与版本参见如上）。

1，三级会议。赋税［HI 290、294、295、296］。鼓动家［HI 301、302］，市民等级的代表只有（1357和58）［HI 302、305—307］。第三等级［HI 339、360、365、366］。上层人士议会［HII 118—123］。

2，农民战争［HI 308］。

3，议会［HI 360］。法官职位的可贿买性［HI 470, II 6、120、

---

① 方括号内的文字是由译者加的。——译者注

122]。

4，贵族。作为中间集团的贵族［BI 28］。封建制度的结构［BI 71，72；L 8］。

贵族。布拉格里起义（1439—1443年）［HI 398］，公共福利联盟［HI 410］，不列他尼①［HI 467］。革命前三个等级的状况：封建私有权利［L 8］。关于特权的产生［DII 21、22、23］。特权的融合［DII 25，MI 29、30］。在立宪君主政体中的贵族［MI 265—267］。

5，官僚政治。官僚制度［HI 407］。邮政与特务制度［HI 440］。

6，立宪议会。权势与代表［L 92］。代表会议与人民主权的关系［L 201、203］。代议制［R 171—176］。

7，所有制及其结果。私有财产的巴托罗牟之夜［L 144—147］。没收精神财富和国家信仰者的满足［L 194—198］。多数派与恐怖制度［L 197、198］。所有者与奴仆同财产之间的联系［D22］。财产作为有选举权和被选举权的条件［BII 341］。占有与财产［R 31］。

7，市民等级（参见第一条）。在自治共同体中特权者的地位［D 23］。它的压迫［HI 339］。

7，财产。有产者同社会的关系［R 35、36］。平等与财产［R 36、37］。

8，梅特涅的政策［L 432］。

9，平等。在波兰通过封爵［Br 100］。社会平等的状况如何［R 36、37、90］平等与共和国［MI 75、76、290、292、293、188］。

10，自由的否决权，一致性，合法的反抗是反对一致性的手段［Br 15］。

11，家庭是作为最初的国家形式［R 4、5］。

11，立宪君主制［MI 121、257、258］。权力的分配［MI 266、267、272、273、281、289、290、293、294、303］。

12，个人权利与社会权利［R 22—24］。

---

① 法国西北部半岛。——译者注

12，接收武器是日耳曼人进行收容与解放的形式［MⅡ 182］。

13，宪法不是对制定宪法的意志的支配者［23—25、38］。

14，对外主权［R 27］。国家财产［R 32、34、35］。

15，社团同普遍意志的关系［R 56］。

15，国内主权。普遍意志的表达。公共福利作为目的［R 38、45］。个人与普遍的意志同平等之间的关系。［R 39］。普遍意志与一致性［R 38、41］。普遍意志与商议［R 45］。普遍意志与人类意志［R 45、46、50］。立法权［R 49、50、53、62、64］。（理解与观察力）［R 65、67、68］。自然界与规律［R 71、72］。法律的分类［R 94、95］。在任何条件下少数制定法律［R 194、197］。法律［MⅠ 1、14］。人民主权［MⅠ 17—19、24、25］。

16，行政权。［R 48、64、104、108、110、111、126］。赋税［R140、171、172，MⅡ 42、47、54］。奴隶制与自由［R 175、176］。不同的政体［MⅠ 38、43、46—49、21、22］。

约翰·罗素，《从亨利希七世的统治到近代的英国的统治与制度的历史》，P. L. 克利茨根据有重大增订的英文第二版翻译。莱比锡，布赖特科夫和亨特尔出版社，1825年。Ⅳ，343页。

A，克罗茨纳赫笔记第三册。$20\frac{1}{2}$页。有四十九段一般长短的摘录。

B，略。

C，自由和秩序的结合是资产阶级社会所能达到的最高的文化阶段。在伊丽莎白和雅各布统治下严厉的书报检查制度。在伊丽莎白统治下穷人的增加。济贫法。大规模失业，低微的工资。劳动是唯一的财富。议会：自爱德华一世以来下议院的成员是骑士、城镇居民。赋予下议院成员的权利是市镇理想的特权。都铎王朝大量授予这种特权。克伦威尔进行议会改革的失败的尝试。皮特的改革计划。对选举舞弊的控诉。议会的成员不是人民的代表，大部分是他们自己利益的代表。用普通的和平等的选举权来否决议会改革。国王通过各种干预方式对议会施加影响。指出以选举改革作为开端的法国革命来拒绝选举改革。报刊是社会许多阶级的舆论机构。

J.M.拉彭贝尔格,《英国史》(德文版)。(《欧洲各国史》。由 A.H.L.赫伦和 F.A.乌克尔特出版)二卷。汉堡,佩特斯出版社,1834 年。第一卷,L XXVIII,631 页。

A,克罗茨纳赫笔记第三册,6 页,有三十八段部分是中等的,部分是长的摘录。

B,略。

C,现代私有制的体系是长期发展的产物。旧的(盎格尔-撒克逊)英国的组织:国王是元首,由贵族选举。国王与王后的拥有全权的地位。宫廷官员。除王系世袭贵族外只有功勋贵族和采邑贵族。乡村郡的长官,即郡牧,他同样属于国王的扈从,即侍从。他们拥有一定的地产、官职、权利和服兵役的义务。此外还有大量的自由民和非自由民。基督教僧侣的重要地位。政治制度和宗教制度的结合。被占领地的公有制,但经常变成国王及其扈从的私人财产。在乡村划分为郡,郡的首脑除了郡牧以外,还有郡长,郡下划分区,它行使审判权。随着社会不断发展,领主的保护替代了家族关系的法的担保。自由民担负缴纳什一税的义务。

恩·亚·施密特,《法国史》(德文版)。(《欧洲各国史》,由 A.H.L.赫伦和 F.A.乌克尔特出版)。四卷。汉堡,佩特斯出版社,1835—1848 年。第一卷,XII,763 页。附录 116 页。

A,克罗茨纳赫笔记第四册,5 页,有 22 段中等的摘录和关于 80 部著作的文献索引。

B,略。

C,在高卢由自由民和非自由民组成的德意志居民。在戈昂自由民联合。从自由民中产生贵族。它的基础是采邑制。从州郡制向采邑制过渡。公有财产,即马尔克的财产变成私有财产。私有财产的不同形式:自有地、恩赐地、有付息义务的产业。首先是全民制,然后是采邑制。国王作为最高的领地主是帝国的元首。他的收入:他的产业的收益、税收、贡品，等等。立法议会只是由他的扈从组成。州郡的管理权由伯爵们所掌握。他们放弃权利。农奴制阻碍着农业和工商业的发展。贵族用暴力摧垮人民的防卫组织。土地和官职，自十一世纪以来还授予不同于采邑的其他形式的财产。王室的领地是最主要的领地。领地的所有者组成统治阶层。城市制度：在法国南部与北部城市发展的差异。在法国北部废除了德意志民族的权利，城市体制的取消。城市体制的重新建立。在法国南部市民阶层较重要的地位。自由市民联合成公社，由于路德维希四世和菲力浦二世奥古斯特的支助，组成联合会、自由民阶层或资产阶级，但是它还没有自治，而是受国王官吏的管辖。市民阶层的兴起。菲力浦二世重新建立的采邑制度。王室领地的所有者是法国的贵族、宫廷官吏。由于市民等级的赞助，加强了国王反对采邑制的势力。

弗·奥·夏托布里安，《1830年7月以来的法国概况》。德文本依据《论复辟时期与选举君主制度》，由弗里德里希·格莱希博士翻译，莱比锡，尼德兰大众书店，1831年，43页。（余略）

A，克罗茨纳赫笔记第四册，$\frac{1}{2}$页，有五段部分短的、部分中等的摘录。

B，略。

C，正统性——世袭的权力。夏托布里安不相信统治者的神圣权利和人民的神圣主权，他否定选举的君主制。

F.奥·夏托布里安，《关于放逐查理十世及其家族的新建议，或者我最近的〈论复辟时期与选举君主制度〉一文的续编》。L.V.阿芬斯莱本据法文本译，莱比锡，尼德兰大众书店，1831年，IV，96页。（余略）

A，克罗茨纳赫笔记第四册，$1\frac{1}{2}$页，有13段中等摘录。

B，略。

C，代议制既可采用共和国的形式，又可采用君主制的形式。王位的继承是最大的财产，废除这种继承就威胁着一切财产。继承制与选举君主制是不相容的，选举君主制虽然建立在人民主权的基础上，但并没有人民群众参加。较古老的正统性——在一个家族里民族意志的维持与人格化。

K.W.V.朗西佐勒、《论七月议会的起源、性质和结局》。附有一些有关文章的梗概。（政治杂志与国家法杂志论文集 I.）柏林，弗迪南德—迪姆莱尔出版社，1831 年。X，172 页。

A，克罗茨纳赫笔记第四册，$5\frac{1}{2}$ 页，有 32 段极大部分是不长不短的摘录。

B，略。

C，英国的君主制的基础不是人民主权，而是特有的权利。英国的议会是封建等级的组织。上议院是地主贵族的代表。表现明显的等级关系。法国的贵族院缺乏英国的大地产，它的召集由国王决定。下议院按照等级选举权来选举。宪章——法国国家的体制。捍卫宪章是七月革命的主要任务，但它没有完成这个任务。在乡村居民看来，国王就是国家。国民议会的第一个篡权行为表现在由等级的集会专断地变为国民议会。这就是中央集权的起源，这种集权的完成者是拿破仑。路德维希十三世依据合法性这一虚假的概念来确立他的地位。菲埃维和康斯坦丁反对中央集权制，拥护公社和行会的权利。康斯坦丁要求一个世袭的议会和一个选举的议会。代议制基于两重幻想：统一的公民权利的幻想和代表大会是全民代表的幻想。特别是等级选举法表现出人民主权的骗局。

威廉·瓦克斯穆特，《革命时代的法国史》（德文版）。（《欧洲各国史》，由 A.H.L.赫伦和 F.A.乌克尔特出版），四分册，汉堡，佩特斯出版社，1840—1844 年。第一分册，XIX，649 页；第二分册，XXI，770 页。

A，克罗茨纳赫笔记第四册，9 页，有 66 段长短不一的摘录。有摘自脚注的包括 117 部著作的文献索引。

B，略。

C，第一分册：长袍贵族的产生。只有第三等级无条件地有纳税与服役的义务；特权者的封建权利继续存在，此外国家的要求越来越大；路德维希十四世需要宫廷贵族，等级的差别不能消除；国王的行政权仅仅施加于"较低级的阶级"，高级贵族逍遥于这种权利之外。压制反宗教的和政治的文学作品的严厉措施。1786年波尔多议会反对国王；1787年和1788年上层名流召集会议，特权者持反对立场，国民大会代表的委任书是不受约束的。人身自由和财产自由，8月4日持续的后果。1791年4月5日法令规定一切合法继承人的平等。孔多塞论国民代表大会的新的选举法，对一切公民的平等；从1792年起平等的时代取替了自由的时代。早在1789年罗伯斯庇尔赞成准许一切公民参加初选大会，反对规定"正式公民"的条件。德斯穆兰论路德维希十四世和王权。丹东关于蔑视所谓的大人物，代之以伟大的民族。

第二分册：起义者宣传拥护土地法即1793年3月18日法令，对提议别的土地法者处以死刑；1793年9月由于缺少面包发生街头骚动，肖默特宣传反对富人，他认为，动物般的需要与本能的原则应该是合乎自然的社会的基础。维尼奥德反对社会的平等，似乎只有法律的平等是可能的。1793年3月，为了确立"真正的平等，即财富的平等"，组成巴黎派作为社会福利的中心会议。罗伯斯庇尔的《人权宣言》（在1794年4月21日宣读）的第37条：土地的主宰——人类，宇宙的立法者——自然。罗伯斯庇尔未发表的文件谈到无长裤党人反对市民（资产阶级）的组织与武装，一切内部危险来源于过激的无长裤党人。伊萨博写信致罗伯斯庇尔，拥护穷人的即无长裤党人的统治，因为他们构成人世间的多数。

克罗茨纳赫笔记第四册索引

[原编者说明][①] 在本册笔记的结尾有一个由马克思本人写作的提要式的索引。马克思开始是把个别的提要概括在下述主要概念之下：等级差别、出身、财产、官职、自由、农奴制。然后又把所有这些标题勾

---

① 方括号内的文字是译者加的。——译者注

划掉，把提要分成数栏，加上如下标题：第一栏，等级差别，第二栏制度与行政，第三与第四栏无标题，第五栏被撕下。我们用被摘录著作的页码替代马克思指出的笔记的页次。在这过程中使用了这样的缩略语：Sch＝施密特，《法国史》第一卷；ChaA＝夏托布里安，《1830年以来的法国概况》；ChP＝夏托布里安，《新建议》；L＝朗西佐勒，《论七月议会的起源、性质和结局》；W＝瓦克斯穆特，《革命时代的法国史》。（精确的标题、版本参见如上）。

I，等级差别。

公社［Sch，334］①。联合会与统治［L 10］。市政权等等［L 90、91］。资产阶级［WII 169］。

II，宪法与行政。

采邑制［Sch 242、243、245、246、247、249］。宫廷官吏［Sch 556、557］。官吏的薪俸［ChA 40］。国家、国王、官吏［L 70、WI 6、9］。议会［WI 54］。报刊［WI 23、24、581、582］。人权［WI 592—594］。1791年宪法［WI 594］。

III，

代表会议［L 1］。宪法［L 15、81、85］。

IV，

正统派［ChA 6］。选举［ChA 22，L 50、101—103、WI 500、203］。代表集团［ChP 14、L 99、100］。人民主权［L 101、102、103、164、165、WI 121—122］。下议院［ChP 32］。贵族［Sch 553—554、ChP 33］。英国宪法［L 3］。

V，

取消终身年金［WI 575—576］。

列奥波特·兰克，《宗教改革时期的德国史》。三卷（德文版）。柏林，敦克尔和胡布洛特，1839—1840年。第二卷，IV，483页。

A，克罗茨纳赫笔记第四卷，1页，有7段中等的摘录。

---

① 方括号内的文字是译者加的。——译者注

B，略。

C，1522 年—1523 年在纽伦堡帝国议会上，对商品涨价普遍不满，人们在大商行的垄断活动中寻找涨价的原因。由于物价过于昂贵而攻击商人和城市。在农民战争时期关于财产与等级平等的学说。托玛斯、闵采尔反对诸侯统治，主张一切生灵的自由（在《论犹太人问题》中应用了这个材料[①]）和"平民"的统治。在 1526 年一项全国制度中要求，把城墙和要塞作为人的差别的象征加以摧毁。

《历史—政治杂志》，由列奥波特·兰克发行。两卷（德文版）。汉堡，佩特斯出版社，1832—1836 年。第一卷，VI、824 页。

A，克罗茨纳赫笔记第四册，7 页，有 55 段一般长短的摘录。

B，

[a] [L·兰克]，《论法国的复辟时期》。（余略，下同）

[b] [L·兰克]，《德国与法国》。

[c] [L·兰克]，《评 1830 年宪章》。

[d] [L·兰克]，《论 1831 年最后几月里的一些法国传单》。

[e] 萨维尼，《普鲁士的城市制度》。

[f] [列奥波特·兰克]《1875 年的议会》。

[g] 萨维尼，《德国的大学的制度与评价》。

[h] [布隆茨利]，《1830 年苏黎世邦在发展中的革命》。

C，

[a] 波旁王朝的使命是把旧国家基本法律支配的法国，同对革命创造物表示容忍的欧洲协调起来。旧法国的基础是王权同贵族、高级市政官员、僧侣以及省、市镇的地方权利协调一致。中间等级在革命中的胜利。参议院的宪章：反对复位的国王废除路德维希十八世所采取没收政策，确保革命所确定的所有权；参议院变成贵族议院，国王的行政权力，宪章自身中矛盾，例如承认国王的合法性，但不承认旧贵族的权利

[①] 参见《马克思恩格斯全集》第 1 卷，北京：人民出版社 1956 年版，第 449 页。——译者注

与财产，这便成为各种社会成分的人的争论对象。（马克思在摘录这一著作的第41页第28—32行时，做了如下重要的、也是在全部克罗茨纳赫摘录笔记中最长的注释。原编者未把它编入本卷下册这个介绍克罗茨纳赫笔记的材料中，而是应用于本卷上册的导言中。现全文翻译如后。——译者注）"注释。在路易十八统治下，立宪制度是国王的恩赐（国王强令颁发的宪章），在路德维希·菲力浦统治下，国王是立宪制度的恩赐（强令实行的王政）。我们完全可以指出：下一次革命总是主体变成谓语，谓语变成主体，决定者与被决定者互易其位。这不仅仅是涉及革命方面。国王制定法律（旧的君主政体），法律造就国王（新的君主政体）。立宪政体也是这样，反动政体还是这样。长子继承权是国家的法律。国家要求长子继承法。因而黑格尔把国家观念的因素①弄成主体，并把旧的国家的存在弄成谓语，而在历史的现实中事况则与此相反，国家观念永远是国家存在的谓语；他通过这种做法只是讲明了时代的普遍性质，即时代的政治的神学。他的哲学—宗教的泛神论的情况亦是如此。非理性的一切形式通过这种做法成为了理性的形式。但是在宗教中原则上是把理性当作决定性东西，在国家中是把国家观念当作决定性东西。这种形而上学是反思的形而上学的表述，是旧世界的形而上学的表述，这种旧世界是作为新世界观的客观实在。②走回头路的拿破仑维护由革命造成的财产关系。由于实行无等级的选举制，拿破仑便同大财产所有者敌对起来，后者成为了波旁王朝的盟友。"

[b] 民族的独立性是指它的特征的发展和它的精神禀性的发展。

[c] 一种制度是各种强力之间的妥协。一种强力的胜利就意味着这种制度的破坏。1830年宪章与1815年宪法主要的一致性：摒弃强令颁发的宪章，承认国教，废除任何形式的等级，议会有立法的首创权。

[d] 摘录既引自传单本身，也引自兰克的解释。统治是意志，君

---

① 因素之前划出两个词：普遍的、所谓的。——原文编者注
② 译自《马克思恩格斯全集》第一卷下册，法兰克福1927年版第LXXIV。原编者指出，这一注释表明，马克思在克罗茨纳赫所进行的政治—历史研究，是与写作《黑格尔法哲学批判》同时进行的。——译者注

侯的官吏是对个人与财产的维持。社会的人是既在国家面前也在上帝面前具有平等权利和义务的上帝之子。对中央集权制的颂扬。旧的王政对于诗人没有激发的力量。保皇主义的情感是一种宗教的形式。对于人民革命要求的恐惧而产生的所谓的合法主义,即人民主权与神权的结合。在七月革命后,在世袭的王政制度同内阁大臣对议会的负责制之间产生的矛盾。查理十世在解决这个问题上遭到了失败。在革命中巴黎充当着整个法国的代表。人民主权——无政府状况,多数人的主权——合法性,难道多数派绝无差错?如果不是,那么它就会成为暴君。议会中的多数总是人民的多数,这不取决于选举制度。现存选举法的敌对者——革命党和保皇党都否认这种选举制度,前者希望给小资产者以政治权利,后者则想给农村居民以政治权利。群众的代表还起来反对反映贵族利益的法律内容,并要求上层阶级予以解释。在废弃王朝法定权限和承认民族主权的原则之后,还要废除一切选举限制。有限制的委任书是对代议制保障的否定,这种保障存在于各种强力的相互作用之中。

[e] 集议机构一切协商的目的在于取得一致,而这种一致只有在集议机构成员有确实平等的前提下才能达到。在对公民按等级分类、而不是按居住区进行选举的情况下,这种前提才能实现。

[f] 法国的下议院没有代表性。在农业地区僧侣的影响取决于他们的地产。

[g] 德意志民族的分裂状况不允许通过某一部分的无理要求而加以扩大。

[h] 城乡的对立给革命做了准备。

约翰·林加德,《罗马人第一次入侵以来的英国史》(德文版) E. A. V. 扎利斯译自英文版,七卷,美因河畔的法兰克福,W. L. 韦舍出版社,1827—1828 年,XXIV,446 页,X,428 页。X,506 页。X,383 页。X,407 页。IX,428 页。IX,430 页。

A,克罗茨纳赫笔记第四册,16 页,共 160 段大部分不长不短的摘录。

B,略。

C, 诺曼人侵占的后果: 压迫土著人, 诺曼人掠夺土地, 实行骑士领地制, 领地所有者对国王承担义务。法律规定继承权。盎格尔-撒克逊的制度基本上依然保留。国王的收入。在亨利希一世统治下政府颁发了特许状。在亨利希一世死后, 出现的贫困和风尚的粗野化。在亨利希二世统治下, 司法制度的重新调整, 实行对人的严厉统治。在无土地的约翰统治下新的特许状(大宪章)。在亨利希三世统治下大宪章两次修改。通过贵族限制国王的权力。英国的议会起初只是由国王直接的领地所有者组成。1213年实行了州郡代表制, 即郡选议员。在亨利希三世统治下, 低级僧侣的代表和城镇的代表进入议会。市民阶层和城市的重要性不断增强, 自爱德华一世以来它们的代表通常被召见。未经议会同意不得征收任何捐税。任命违警裁判官员, 禁止建立领地和禁止割让永久性的产业。在爱德华二世统治下议会的影响更加增强, 在他的继承人爱德华三世统治下, 由于经常不断的战争所造成的巨大的国债, 这种影响越加增强。贵族分为三类: 男爵、武士和法官; 下议院议员分两类: 伯爵的骑士和城镇的代表。骑士与城市代表之间的合作。表决权——下议院的主要武器。在以后的行政过程中下议院的重要性与权威性日益增强。在亨利希八世统治下议会的软弱无力和唯命是从。

E.G.盖耶尔,《瑞士史》(德文版)。译者: 施文·P.莱弗莱尔。(《欧洲各国史》用A.H.L.赫伦和F.A.乌克尔特出版。) 三卷。汉堡, 佩特斯出版社, 1832—1836年。第一卷, XII, 312页。第三卷, 428页。

A, 克罗茨纳赫笔记第9册, $11\frac{1}{2}$页, 有58段有长有短的摘录。

B, 略。

C, 第一卷: 斯堪的纳维亚种族的宗教制度和政治制度。第一个统治者叫迪阿, 多纳尔(Diar, Drothnar), 同时对上帝、教士和法官也用这个称呼。这种制度的基础是家庭、黑腊德①和行政区。黑腊德——国

---

① 即Härd的译音, 意即百家村, 属保安性质的居民组织。——译者注

王——贵族。乌尔萨拉国王——最高国王，共同祭典的主持人。瑞典——选举制王国。行政区法官是由人民选举的行政区首脑。国王宣誓忠于旧的法律。奥达尔农民基于土地与和平世代相传。生活、婚姻和财产处于家庭的保护之下。凶杀复仇。司法制度。法律是自由人的法律。奴隶是无权的。城市的地位是微不足道的。在福尔昆人中国王与贵族权力的提高。两个特权等级的形成。在争夺王位斗争中贵族的优势。贵族议会剥夺人民的立法权利。贵族变为功勋贵族和宫廷贵族。提供马匹服役可免税，对农民来说也是这样。骑士的尊严。由行政区法官口头流传的法律，检阅与修改乌布尔德法律。行政区法官成为国王的官吏。国王屈从于议会（1369）。卡尔马条约①的商定。

第三卷：瑞典成为世袭制王国。古斯塔夫·瓦萨施、查理九世、古斯塔夫·阿多尔夫对贵族的态度。军事编制成为帝国的建制。常备军。建立"骑士之家"。贵族的世袭。官僚统治取代贵族统治，官僚等级制度，行政机构。1649年的丹麦情况：贵族统治，国王无力，市民不满。在克丽施迪娜女王统治下的财政困难。国王的田产与租金转让给贵族，从而引起奥达农民的骚动。"非贵族等级"的要求：退还国王的田产，反对贵族的自由，反贫困和反对剥削农民，等等。奥克逊施特耶拉站在贵族一边。

J.C.浦菲斯特，《德国史》（德文版），根据原始资料。（《欧洲各国史》，由 A.H.L.赫伦和 F.A.乌克尔特出版）。五卷，汉堡，佩特斯出版社，1829—1935年。前言 IV，XIII，538页。XXI，672页。XXII，669页。XXI，661页。XXXII，688页。附录，74页。

A，克罗茨纳赫笔记第五册，21页。

B，原略。

C，几乎完全按制度的发展史连续不断的编年摘录，直至十七世纪末。

---

① 卡尔马（Kalmar）瑞典的城市，1397年丹麦、瑞典、挪威三国建立联盟，至1523年解散。——译者注

第一卷：上古的制度：整的说来，土地所有制总是德国制度的基础。最初的防卫制度由扈从制所代替，民众大会成为社会生活中心，民众大会的任务。自由民与非自由民的对立。在西日耳曼王权制与采邑制的产生。在自由民与非自由民中实行的杀人赔偿金、宗教会议、行政区、部落和共同体的划分。财产形式：自由人的地产，国王的财产，集体财产。法兰克王国制度：国王的地位及其官吏。公法压制了家族法。夏季民众大会和征集入伍权。查理大帝统治下的制度：查理是一切功勋人员的最高领主。法律由帝国议会决定和各行政区赞同方才生效。创立共同的帝国法律。公爵、公使、特使。由于频繁的战争自由民等级的缩减。

第二卷：封建制度时期。法兰克议会和萨克森议会；康拉德选举。公爵权力的产生。在亨利希一世统治下设立诸侯，在奥托一世统治下选帝侯的产生。萨克森国王在任命公爵职位方面的门阀政策。由职位关系过渡到领地的联系。与教会的关系。宫廷会议取代帝国会议。萨利安王朝：1037年关于采邑继承权的法令。内阁各部。城市的特别是莱茵河流域城市的兴起。城市法，同业公会、行会制度、固定征税的试行。霍亨斯陶芬王朝：颁布城市法，采邑所有权，决斗权。骑士等级的兴起和城市的昌盛。制定国内治安法。城市联盟，城市议会。十三世纪中叶骑士等级的衰落。

第三卷：国家主权时期：国王选举过渡到选帝侯。汉撒同盟的建立。修改国内治安法。国王与领地诸侯之间的斗争。城市的调解。选帝侯联盟的建立。黄金诏书。在城市里旧家族同行会之间的斗争。汉撒同盟的发展。城市同盟的兴盛。城市与诸侯的斗争。城市越来越多地赢得自由。城市学校的创办。征收"污秽的分尼"。斯瓦本联盟的建立。在市民阶层中的竞争狂。

第四卷：完全是逐年的从宗教改革时期迄至十七世纪末德国史的概况。

尤斯图斯·默瑟尔，《爱国主义的幻想》（德文版）。由他的女儿I.W.J.V.娃特出版，第四修订版，用歌德先生关于默瑟尔及其著作的言论加以充实（这些言论引自《歌德生平》第三卷）。四分册，柏林，尼科莱书店，1820年，XVI、372页，X、358，VII、376页。

A，克罗茨纳赫笔记第五册，4页，有36段不长不短的摘录。

B，略。

C，在上古时期的制度里只保障人身自由，这就是说，自由只同人本身相联系，后来国家为了有利于物质的自由而限制人身的自由，物质自由是同土地相联系。依附制与奴隶制之间的区别：依附制在罗马人那里只是私法关系，在德意志人那里是国家法关系。依附制并不排斥荣誉与尊严。与此相反，奴隶制、农奴制同骑士的荣誉与尊严是不相容的。依附农获得工资（恩赐地），自由人基于同主人的信任关系而获得领地（分封地）。在萨克森人中有的人三分之二是农奴，三分之一是奴隶。依附制是从兵役中产生的。农奴被置于"绝境"。自由是相对的概念。真正的财产只存在于免税的情况下或自然状况中。真正财产的本质是狩猎权和投票权，拥有这种权利的人是真正的所有者，不仅仅是财产的所有者。以后便产生了邦议会特权阶层代表。世袭贵族特权的政治地位在美国人那里得不到承认。

C.G.朱弗诺，《继承权的原则和法国与英国的贵族》；《历史论丛》，柏林，尼科莱书店，1832年，145页。

A，克罗茨纳赫笔记第五册，四页，有29段大部分较短的摘录。

B，略。

C，在英国与法国领地制的不同发展。在英国是军事组织，国王是头号领地所有者。英国的制度是君主政体的贵族统治，它的基础是等级和较小范围的法人集团。旨在决议王国经费的由国王的陪臣即贵族组成的会议，由于吸收低级贵族和城市参加，便产生了英国的议会。

在法国，领地制不是由国王作为政权形式来实行，而是由贵族强加于国王与人民的。其结果是：城市与国王结成联盟来反对贵族，而法国的贵族不像英国的贵族那样组织起来。

在整个欧洲，领地制是通过罗马法产生的，在英国由于绝对强权的学说而否定了罗马法。国王、贵族和人民是英国政治生活中的三个集团。由于长子继承权,使得英国的贵族和与之相联系的政治基本原则保留下来。

政治自由是国民拥有参与制定支配着国民本身的法律的权利。平民的自由在于财产权和人身安全权。君主制的原则、贵族制的原则、民主制的原则形成了政治的三位一体。贵族政权的必要前提是:地产和继承权。

人民宪法必然是政治制度的基础。

英国的代议制建立在地产的基础之上。地产的巩固是立宪君主制的基础。

七月革命法律上的成果是:人民获得立法的首创权,取消了等级选举,废除了贵族的继承权,限制了国王和贵族的特权。废除贵族的继承权是把他们作为制度、作为永恒原则加以消灭。法国贵族对于选举制议会的法令只是仍有再审权利。等级、人民宪法是自由的基础。用平等的原则来消除等级就是消除自由。城市是君主政权中的共和政治的部分。

托马斯·汉密尔顿(上校),《北美合众国的人与风俗习惯》。L. 霍伊特据英文三版翻译。曼海姆,霍夫出版社,1834年。Ⅳ,442页。

A,克罗茨纳赫笔记第五册,$7\frac{1}{2}$页,有51段部分短的、部分长的摘录。

B,略。

C,第一卷:在美国法官的地位。联邦主义者反对无财产者的选举权。黑人的地位:形式上是自由的,但他们仍然被当作贱民对待,必须反对白人对他们的偏见。富人的无理要求,尽管法律规定一切公民平等。玛门与买卖人是美国人的偶像。① 代表大会是南北方相对立的利益的斗争场所。新英格兰个别州的制度,特别是弗吉尼亚州的制度。一般

---

① 玛门市"Mam men"一词的译音,意指金钱、财富,此处有财神之意,参见《马克思恩格斯全集》第1卷,北京:人民出版社1956年版,第447页。——译者注

美国人的自满与自负。平民战胜了产业主和金钱,① 平民唯一地成为强力和官职的源泉,一切行政机关都适应平民需要。在选举代表时,每个人的利益起了很大作用。在纽约资本主义社会分化为两部分:劳动者和不必劳动者。手工业者联合起来的目的:废除对教育的垄断,一切市民平等受教育;还有部分地平均分配财产:农业法,在完全民主的条件下,直接选举就有改变国家的危险,这种危险目前在美国还不存在,因为它的公民大多数是有产者。金融贵族在美国的影响。对于政治生涯来说科学教育没有很大的意义。

第二卷:法官的薪俸低微。联邦宪法的产生。议会的召开;选举众议院议员与参议院议员的条件,选举取决于选民。总统的选举和地位。部长同总统和议会的关系。对官吏的不信任。议会各委员会的工作。演说家在议会中和在社会生活中的重大意义。议会的任务。参议员;较少的数目取决于有产者,联邦政府的代表;各州在参议院中的对立仍然是很大的。官吏依赖于"老百姓";一切官员都努力争取重新当选。白人轻蔑地认为,奴隶进行简单劳动。

尼古洛·马基雅维利,《君主论》②。由约·齐格莱尔翻译。卡尔斯鲁埃,格罗斯出版社,1832年。XIV,394页。(下略)

A,克罗茨纳赫笔记第五册,3页,有20段短的和不长不短的摘录。

B,略。

马克思用该书第一册第57章的标题结束这些摘录:人民豪迈地集会,个人是软弱无力的。

(法文部分曾宪森译、德文部分熊子云译)

---

① 参见《马克思恩格斯全集》第1卷,北京:人民出版社1956年版,第425页。——译者注

② 书名采用《马克思生平事业年表》(三联书店中文版第731页)的译法。按本卷现用书名应为《论国家或对泰特斯·利文头十本书的研究》。——译者注

五、〔苏〕H.C.鲁缅采娃：关于克罗茨纳赫笔记[①]

《马克思恩格斯全集》国际版第 4 部分第 2 卷收入了卡尔·马克思和弗里德里希·恩格斯 1843 年至 1845 年初这一时期的摘录。

本卷的第一部分发表了马克思 1843 年 7 月至 8 月在克罗茨纳赫和他于 1843 年 10 月至 1845 年 1 月旅居巴黎期间所作的笔记。本卷的第二部分发表了恩格斯关于阿·艾利生所著《人口原理及其和人类幸福的关系》一书概要的片断，这些片断显然产生于 1843 年底与 1844 年夏之间。

本卷收入的各篇著作产生于马克思和恩格斯向唯物主义和共产主义过渡，并开始制定无产阶级世界观的时期。在此期间马克思和恩格斯奠定了唯物主义历史观的基础，并为建立马克思主义的经济学说和科学共产主义理论创造了重要的前提。

本卷收入的材料可以使我们具体地了解，马克思是怎样建立唯物主义和共产主义的观点的；哪些科学理论研究帮助他在对以往社会思想的巨大成就进行批判的检验、对世界历史的成果（包括他所目击的资本主义的发展）以及对人民群众的革命斗争经验进行概括的基础上建立起一个崭新的学说。马克思是在他当时已经达到的认识的基础上完成这一巨大的研究工作的。起初——在克罗茨纳赫——他所持的观点还是革命民主主义的观点，后来——在巴黎——他就已经从无产阶级的立场出发了。这就决定了他对那些需要进行探讨的问题的态度。恩格斯所提供的概要也可作为研究恩格斯的革命世界观的形成的补充资料。

本卷一开头是 1843 年夏季在克罗茨纳赫写的五本笔记，包括关于法国史、尤其是关于法国大革命过程的摘要，关于英国、德国、瑞典、波兰、威尼斯共和国以及美国史的摘要。克罗茨纳赫笔记的意义首先在于，它照亮了马克思走向唯物主义历史观的一段行程。

---

① 该文选自《马列主义研究资料》1983 年第 6 辑，《马列主义研究资料》编辑部编，刘漠云、李俊聪译，北京：人民出版社 1983 年版，第 73—88 页。译自 MEGA² IV/2. Dietz Verlag Berlin 1981.S.11-26。

马克思早在波恩大学和柏林大学学习期间就已经开始研究历史。1843年夏天他感到深刻掌握历史领域里的知识的必要性已经显得尤为重要和突出。根据他在《莱茵报》工作的理论和实践经验，他着手对黑格尔关于国家和法的学说，实质上就是对黑格尔的整个唯心主义的社会发展观点，进行批判性的检验，并揭示历史过程的真正动力。

黑格尔关于市民社会和国家的观点是马克思批判的一个重点。为了令人信服地驳倒黑格尔的构想（其基础是关于国家——所谓最高的、起决定作用的社会生活形式——与市民社会——物质生活关系的总体——之间的关系的唯心主义观念），马克思收集了丰富的事实材料，依据这些材料，就可以阐明现代国家的起源，就可以从不同时代和不同国度的形形色色的国家形式的背后揭示出国家的真正本质。

《克罗茨纳赫笔记》包括二十四部作品的摘要，其中有国家学说的经典作家（马基雅维利、孟德斯鸠、卢梭）的作品。在这些著作中从理论上探讨了关于国家的起源和发展的问题。《克罗茨纳赫笔记》也包括了摘自属于上一世纪不同学派的德国、法国和其他国家的历史学家们的著作的札记（我们将在阐述整个《克罗茨纳赫笔记》和它的各个分册产生和传播的情况时对这些作者进行深入的评论）。从年代上来看，这些笔记包括二十五个多世纪的世界历史事件，从公元前六百年起到十九世纪三十年代为止。《克罗茨纳赫笔记》所包括的材料表明，马克思并非简单地把经验的事实堆积在一起，而是以一种完全确定的观点对不同国家和不同时期的历史进行了研究和对比。这使他有可能从每个单独的国家的发展特点中认识历史过程的总趋势和规律性。关于他所持有的立场我们可以根据他不同的书籍中摘录的材料的内容和对这些材料的选择以及他的评论来判断。不过，在《克罗茨纳赫笔记》中马克思自己提出意见和评论的地方只有少数几处，这几处地方是：第一本笔记中类似主题索引的一些标题，第二本笔记中做了摘要的那些书的摘录的梗概，第四本笔记中的一篇短"评"（这篇短"评"从内容上看很像马克思的《黑格尔法哲学批判》的手稿），第二本笔记的《主题索引》（它是在上面提到的梗概的基础上编成的）以及第四本笔记的索引。

乍看起来关于历史的摘要的题材范围显得相当庞杂。但是马克思摘抄下来的那些材料是有针对性的，那就是为了解决他向自己提出的那个主要的理论课题，即：阐明国家和市民社会的相互关系。至于对这个问题的阐明是本着哪些方针进行的，这首先可以根据上面提到的《主题索引》看出来。虽然只是在第二本笔记和第四本笔记中才有《主题索引》，但我们也可以用它们来衡量其余三本《克罗茨纳赫笔记》。姑且不谈这些《索引》的局限性，它们表明马克思对他摘录下来的材料进行了系统的整理，他是从曾经使他特别感兴趣的问题的角度来进行这种系统的整理的。同时，这些《索引》还证明马克思正日益转向唯物史观。从这些《索引》中我们可以看出有三类问题是马克思特别关注的。

在第二本笔记的《索引》中占据中心地位的是《所有制及其后果》这个标题，它勾画出了一个重要的研究领域的轮廓：所有制的产生及其在人类历史的不同时代——古代社会、封建社会和马克思所生活的时代——的发展，所有制的各种形式，所有制关系和政治关系的联系，所有制关系对国家和整个社会制度的影响。

关于最重要的欧洲国家封建社会史的摘要在《克罗茨纳赫笔记》中占有相当大的篇幅：法国（第 9—83 页和 146—152 页），德国（第 175—176 页和 223—255 页），英国（第 135—142 页和 187—204 页），瑞典（第 205—217 页），波兰（第 104—105 页）和威尼斯共和国（第 88—89 页）。①

在这些摘要中引人注目的首先是，马克思对政治史——国王的废立和朝代的更迭、外部冲突、战争，等等——的关心只限于政治史如何对社会经济、社会政治和法的过程产生一定影响。在《克罗茨纳赫笔记》中，这些过程是马克思的主要注意对象。

在第一本笔记和第二本笔记的开头（在这两个地方，马克思从德国历史学家克里斯托夫·哥特洛布·亨利希的著作《法国史》中详细地

---

① 本文中提到的页码是指《马克思恩格斯全集》国际版第 4 部分第 2 卷的页码。——译者注

摘录了与十六世纪末之前的法国政治史有关的事实），我们就已经可以从摘录的有关政治史的事实中清楚地看出马克思对封建社会的形成过程、对封建占有的不同形式、对封建国家及其最重要的设施的形成，以及对不同的法律关系和法律机构有着特殊的兴趣。因此在第一本笔记中对卡洛林王朝历史的研究同直接指出封建主义国家的军事制度和所有制关系之间的直接关联融汇在一起了。

在其他几本（第三、第四和第五本）笔记中我们也同样可以感觉到马克思为弄清各种所有制形式和社会关系的历史性质而做的努力。他摘录了德国历史学家约翰·马丁·拉彭贝尔格和恩斯特·亚历山大·施密特关于中世纪英国史和法国史的论著，摘录了英国历史学家约翰·林加尔特关于英国史（十六世纪中叶以前）、瑞典历史学家埃里克·古斯塔夫·盖耶尔关于瑞典史（十七世纪中叶以前）以及德国历史学家约翰·克里斯蒂安·普菲斯特尔关于德国史（十七世纪末以前）的论著。他仔细地探讨和记下了那些谈到公有制转变为私有制、谈到封建占有和封建所有制结构的各种形式以及封建社会中孕育着的新的资本主义关系的萌芽形式的形成的地方。

马克思是把封建所有制的结构和封建所有制的各种形式与所有制对社会结构和社会政治设施的影响联系起来进行研究的。在摘录恩斯特·亚历山大·施密特的《法国史》时，马克思特别注意作者关于"采邑制度"变成了封建社会的"政治生活形式"这一思想。他在第二本笔记中从吉伦特党人雅克·夏尔·巴约的论战性著作《对斯塔尔男爵夫人遗著的批判性分析》中摘录了认为封建制度是建立在地产基础上的等级制度的总的评价。同时还记下了下面这个地方："封建制度构成了多头专制主义，它的一个因素就是对大多数人进行奴役。"马克思把这段评语连同"多头专制主义"的提法一并纳入关于这些摘录的梗概中。

同样使马克思很感兴趣而且与上面提到的那类问题密切相关的第二类问题，是关于阶级的形成、阶级和等级的特权的性质以及封建等级转化为市民社会的阶级结构的问题。第四本笔记的索引的第一部分的总题目就是"等级差异"，此外在第二本笔记的索引中马克思用了如下一些小标题：《贵族》、《革命前三个等级的关系》、《关于特权的形成》、《特权的各种不同学说的融合》、《市民等级》、《公社中享有特权的人的关系》。

在研究一系列欧洲国家封建主义发展的情形时，马克思仔细地观察了封建社会的最重要的阶级、阶层和中间阶层的概况，它们组成一个金字塔。国王坐在金字塔的尖顶上，他原来是以"三重身份"出现的："对于他的侍从，他是**侍从的主人**；对于自由人，他是**头人**；……后来，他是**最高采邑主**"。他是"王国头号地主"。这个金字塔的基础是人数众多的无权的农奴阶级，自由的、独立的土地占有者的中间阶层在封建制度向前发展和巩固的过程中越来越多地同无权的农奴阶级融合在一起。高踞于这个阶级之上的是世俗的和僧侣的贵族等级，构成贵族等级的"基础……"的是"俸禄或采邑制度"。"采邑主的威望和影响"又"取决于领地的大小"。

马克思在研究封建的社会结构的发展时特别注意以下两方面的问题：一是对人民群众不断加剧的压迫；二是封建社会内孕育着的新的资本主义制度的萌芽。马克思首先以法国为例探讨了中世纪城市的形成和发展、资产阶级的产生以及资产阶级为争取自己的权利同封建主进行的斗争。马克思以下面的话概括了中世纪城市发展初期的状况："城市和农村都受到奴役，尤其是法国北部的城市。"但是，在菲力浦二世——奥古斯都时代市民等级的意义已日益增大——成为"采邑主和非自由人……这两个阶级之间的中间等级，它依仗业已获得的和享有的权利已经有资格同强权和专横分庭抗礼。取代城市中的居民（其地位往往像农奴一样低下）的是市民，他们多半由于他们自己，由于他们的勇气和臂膀的力量或者他们通过劳动挣得的金钱而使自己的自由和已经享有的权利得到公认"。这个等级唤起了"发明创造精神"，促使了"工商业"的较为迅速的发展。

马克思注意到城市自治公社的成立，特别是在法国的成立，这是新兴的资产阶级发挥经济和政治积极性的结果。他从施密特的《法国史》一书中摘录了这样一段，那里指出，在公社中市民的共同利益以及维护这种利益的必要性，导致人们"**初次论证管理艺术**"。

　　同时，马克思也注意到了处于上升时期的资产阶级所进行的争取自己的权利的斗争的不彻底性。在对亨利希的书所做的摘要中马克思描绘第三等级提出的1484年在图尔举行三级会议的要求时，用了一个值得注意的评语："自由主义空谈"。

　　当马克思对林加尔特的书做摘要时，他断定，在中世纪的英国也发生着同样的过程。他从这本书中摘录了有关城市发展和城市经济力量增长的资料以及关于国王在反对大封建主的斗争中为了王权的利益而支持这些发展的材料。同时，凡是极端重要的地方马克思都画了一条线表示强调，他尤其强调林加尔特的这样一种思想，即在中世纪的英国，市民等级和骑士等级之间没有不可逾越的鸿沟，它们之间是互相融合的。对于这一事实，马克思做拉彭贝尔格的《英国史》一书摘要时也给予了注意，该书认为，在盎格鲁撒克逊时期，一个**富商**（他在这个字下面画了一条横线）可能成为一个贵族。马克思记下了在十三至十四世纪的瑞典"通过服役获得的贵族自由"也"把乡绅等级中最富有的成员越来越多地夺走了"，因而在这里还存在的那部分自由土地所有者等级使贵族的队伍增长起来了。

　　马克思从各种著作中摘录了有关中世纪贵族的状况和权利以及城市上等阶层的论述，其中最使他感兴趣的是特权的形成，即这些阶级的政治权利的根源。马克思认为，在封建社会中"每个等级、每种职业的特殊荣誉和尊严都是和那个等级、那种职业"相符合的。同时，他也注意到，极少数人——掌管国家事务的大土地所有者——享有最大的特权。在第二本笔记中从法国历史学家和拿破仑帝国国务活动家皮埃尔·达吕的《威尼斯共和国》中摘录下来的东西首先就是有关这类特权的形成的论述。这位作者认为，"力量"和"超群出众的才能"并不是社会特权的根源。马克思把他的摘录做了如下的概括："在这里财富就是封号"，并且不是简单的财富，而首先是地产。同样在对拉彭贝尔格的《英国史》一书做摘要时，马克思认为，"大乡绅的尊严与地产的大小是分不开的"。在第四本笔记中他从林加尔特的书中摘录了1215年自由大宪章的某些条文，这些条文表明，封建主的特权是受到保护而不受王室侵犯的。马克思还探讨了封建主为维护和扩大这些特权而进行的斗争。他得出这样的结论：贵族的特权地位的巩固丝毫也不能缓和一个人数众多的阶级、即农奴阶级的完全无权的地位。

马克思论证了对劳动大众进行奴役的发展过程和劳动大众状况的严重恶化。因此，他在自己的第四本笔记中从林加尔特的书中摘录了下面这段引文："宫廷出游＝一队敌军开来：一场由国王的扈从酿成的灾难。他们闯入佃户和农民的房舍，把他们的一切生活费用都强加给后者，他们未能消费完的东西一律付之一炬或毁掉。住户们眼见自己的粮食、牲畜被抢走，目睹妻子和女儿惨遭污辱，如果他们敢于表示不满，他们的房屋就会被焚毁，他们就会被残害，被处死。"

马克思在他的摘录中仔细地记下了劳动群众为反对日益加重的封建枷锁而进行的斗争中的一些重要环节。因此，在他对亨利希的著作所做的摘要（第一、二两本笔记）中，就注意了亚尔毕派和韦尔登派运动，并从这个运动中看到中世纪的阶级斗争采取了宗教的形式（异教学说）。马克思详细摘录了关于扎克雷起义——十四世纪中叶法国的一次农民战争——以及关于1358年和1382年巴黎市民起义的资料。接着是从一位德国历史学家利奥波德·冯·兰克的著作中所做的摘要，这本书阐述了德国历史上的一个重大事件——1524—1525年的宗教改革运动和农民战争。在做摘要时马克思记下了贫苦农民阵营的领袖和思想家托马斯·闵采尔的思想："他宣称把宇宙万物，包括水里的鱼、空中的鸟、地上的植物变成财产的做法是不能容忍的：宇宙万物也必须获得自由。"闵采尔要求，"权力应当交还给人民大众"。

马克思在索引中列举的第三类问题是国家法的问题，立法权和执行权的问题，与专制主义的产生相联的官僚制度及其形成问题，官吏同王权之间的相互关系问题，王室特权问题，代议制和人民主权问题。

在第二本笔记的《主题索引》中反映这些题目的标题有：《议会》，《官僚制度·官吏》，《制宪议会》，《君主立宪》，《政府权力》。小标题当中特别值得指出的有：《立法权》，《法律》，《人民主权》，《代表会议和人民主权的关系》、《权力的划分》。在第四本笔记的索引中重新列举了这些标题和小标题，并做了一些补充，例如：《宪法与管理》、《众议院》、《下院》、《上院》、"Souveraineté du peuple"（《民族主权》）、《代议制宪法》。涉及国家法问题的标题和小标题如此之多，这证明在当时马克思的思考中国家法的问题占有多么重要的地位，而这个问题首先同他批判地分析黑格尔的《法哲学原理》有关。

对法国史、英国史和德国史的研究，使马克思弄清了代议制及其机构的形成和性质，它们的根源一直可以追溯到中世纪。他考察了中世纪的等级代表制设施，这些设施在某种程度上是资产阶级国家的代议制的历史先驱。马克思在他的第一本笔记（亨利希著作摘要）中就是这样仔细地研究了法国三级会议的产生、组成和发挥职能的方式的。在第三本笔记（英国政治家和辉格党领袖约翰·罗素的英国宪法史摘要）和第四本笔记（约翰·林加尔特的英国史摘要）中，马克思试图根据英国议会的形成和发展的历史做出关于议会的性质及其在国家生活中的作用、关于欧洲最古老的议会制度的作用机制的结论。于是他从林加尔特的书中摘录了"自1265年以来参加议会的各郡代表是资产阶级议会代表制的萌芽形式"这句话，并在这句话的边上画了一条线以示强调。

马克思的几本笔记表明，他通过自己的研究愈来愈认识到欧洲进步国家中存在的议会制度的局限性，并把议会制看作是拥有大量财产的社会阶层的政治统治的一种形式。

在摘录罗素的书时，马克思特别记下了以下事实，即在英国存在着反民主的"腐朽的市镇"①制度，十八世纪末八十四个这类市镇的所有者把一百五十七名代表送进了英国议会。他援引了罗素的论断，当人民和政府的观点不一致的时候，"下院"总是"更多地"倾向于"政府一边，而不是人民一边"。

马克思对有关七月王朝时代法国历史的著作做了内容广泛的摘录。他从德国保守派记者卡尔·威廉·兰齐勒的一本著作的附录和法国反

---

① 指居民减少而仍然保持着选举议员权利的市镇。——译者注

动作家兼政治家弗朗斯瓦-勒奈·德·沙多勃利昂的两本著作中摘录了那些批判代表制的地方，尽管这种批判是由反对君主立宪的保皇党敌人提出的，但它还是揭露了这种国家整体的根本缺陷。

在研究美国历史时马克思碰到了资产阶级共和国的局限性。他从英国保守派作者托马斯·汉密尔顿的著作《美国人和美国风俗习惯》中摘录了有关这个问题的重要材料。此外，他还记下了一系列证明美国存在着深刻的社会冲突的事实，而这个国家当时被认为是民主国家和议会制的楷模。

对马克思就代表制问题所做的分散在五本笔记中的摘录进行分析的结果表明，他对这个问题也像对其他社会政治现象一样，是采取具体历史的态度的。他根据历史材料断定，这种政体是在王权反对封建主的斗争、城市和市民等级的影响日益增长的条件下，在新兴资产阶级联合王权反对封建主的条件下产生和发展起来的。按照一种抽象唯心主义的看法，代表制国家是人民主权、三权分立等普遍原则的体现。这种看法在当时对马克思来说就已是格格不入的。在代表制的进一步发展中，立宪制成为一种国家政体，力图掌握政权，或者已经取得统治权的资产阶级便利用这种政体来反对君主专制。同时，马克思所收集的材料证明：这种政体绝不是人民主权的表现，现代代表制只是资产阶级的政治利益和物质利益的表现。

1843年9月，五本《克罗茨纳赫笔记》完成以后，马克思在一封从克罗茨纳赫写给阿尔诺德·卢格的信中已经明确地表述了这样一种思想：代表制是私有制统治的政治表现，也就是同封建等级制相对立的资产阶级社会关系的反映。

根据广泛的历史材料对三个彼此紧密联系着的重大问题——所有制、阶级和国家法关系的问题——所进行的研究为马克思在《黑格尔法哲学批判》手稿中阐述的下述思想奠定了基础："在我们一直研究其构成的政治国家中，**无依赖性，独立性就是以不可让渡的地产**为自己顶点的**私有财产**"（手稿第126页）以及"这样一来，国家制度在这里就成了私有财产的国家制度"（手稿第 128 页）。①

　　法国大革命的历史在《克罗茨纳赫笔记》中占有特殊的地位，这场革命的经验对马克思世界观的形成产生了巨大的影响。马克思专心致志地研究这个题目是完全可以理解的，因为十八世纪末法国资产阶级革命在很大程度上决定了青年马克思世界观形成时期的社会背景和思想背景。青年黑格尔派中有不少人试图重新唤起人们对第一次法国大革命的英雄们的尊敬与怀念。此外，马克思在他探索历史上各式各样的社会过程的努力中，也不可能忽视法国大革命的世界历史意义。他在克罗茨纳赫做过提要的著作，大多数都在一定程度上涉及这场大革命，涉及它的前提、它的进程以及它的结果。摆在我们面前的摘要使我们看到，当马克思试图搞清楚所有制关系同政治机关之间的关系的时候，他从法国大革命的经验中吸取了什么东西。

　　马克思做过提要的有关法国革命的著作有：卡尔·弗里德里希·恩斯特·路德维希著《最近五十年的历史》，雅克·夏尔·巴约著《对斯塔尔男爵夫人遗著的批判性分析》（载于第二本笔记），以及威廉·瓦克斯穆特著《革命时代法国史》（载于第四本笔记）。在马克思研究过的其他著作中特别有兰齐措勒的小册子《论七月事件的原因、性质及其后果》，沙多勃利昂的两本著作和列奥波特·冯·兰克的保守的《历史—政治杂志》上发表的一系列文章。对上述著作在第四本笔记中也做了摘要，这些著作从各个不同的侧面研究了法国革命对法国和欧洲后来的发展的影响。

　　马克思根据路德维希和瓦克斯穆特的著作研究了在大革命年代里各种事件的进程，特别是研究了立法问题。根据兰齐措勒、沙多勃利昂和兰克的著作，分析了督政府、拿破仑帝国和复辟时代的统治。瓦克斯穆特的内容丰富的著作也被广泛地用来研究其中所包含的大革命时代的各种文献，如一些著名政治家（罗伯斯庇尔、德穆兰、孔多塞等）的演说和制宪议会的决议，例如 1789 年 8 月 4 日关于废除封建徭役的重要

---

① 《马克思恩格斯全集》第 1 卷，北京：人民出版社 1956 年版，第 378、380 页。

决议，人权与公民权宣言和 1791 年宪法。此外，瓦克斯穆特的著作中所提到的文献书目也引起了马克思的兴趣。在这以后，他列了一张有关法国大革命史的文章、著作、文献和回忆录的目录表，共计一百多种。马克思根据恩斯特·亚历山大·施密特的著作编了一份内容广泛的有关法国史的书目也大约有一百本，其中包括资产阶级历史学家如基佐、米希勒和梯也尔等人的经典著作。这份书目中提到的某些书后来补充了马克思的私人藏书。

在第二本笔记的《主题索引》中，马克思列举了一系列特别与法国革命史有关的标题，例如：《封建制度的结构》，《革命前三个等级的关系》，《所有制及其后果》，《僧侣财产的没收和国家债权人的满足》，《最大限度和恐怖制度》及其他。这些包括在《主题索引》中的马克思的摘要的内容标题同样地表明了他为探索阶级利益和财产之间的联系所做的努力。

他首先关心的是，经济事实在革命之前和革命时期发生的社会冲突中的作用。马克思特别指出，资产阶级在同专制主义的斗争中根本不认为封建财产是不可侵犯的，然而它却宣称它自己的财产是神圣不可侵犯的。鉴于这一事实，马克思从路德维希的著作中摘录了好几段论述制宪议会在 1789 年 8 月 4 日夜——路德维希称之为"私有财产的巴托罗缪之夜"——通过的决议的话。马克思在他的第二本笔记的《主题索引》中还把路德维希的这个说法当作一个小标题。

马克思也特别注意国民议会 1789 年 11 月 2 日关于没收教会财产的决议。他对这个决议做了如下评价："没收僧侣财产主要是为了防止国家破产，为了满足国家债权人的要求……（这里有一个很大的矛盾：一种私有财产的不可侵犯是以另一种私有财产为牺牲的）。"马克思认为，废除封建所有制和批准资产阶级所有制是法国革命的一个主要目的。

与革命时期的财产问题密切相关的平等问题也引起了马克思的注意。他在第二本笔记的《主题索引》中列举了这样一些标题：《财产·所有者与共同体的关系……平等和财产》，从而说明了参加革命的各种派别的平等观同它们对待财产的这种或那种形式的态度之间有什么直接联系。法国资产阶级革命宣告，在法律面前人人平等。作为佐证，马克思在第四本笔记上从瓦克斯穆特的著作中摘录了人权和公民权宣言第一条，并在"权利平等"这几个字下面画了一条横线。正如马克思从摘录中所看到的那样，贫民大众和反映他们利益的激进派别所要求的却是另一种平等，即得到财产分配的保障的真正社会平等。这种要求超出了以资产阶级所有制为基础的法制范围。马克思就1793年9月4日在巴黎发生的"反对**财富贵族**"（着重号是马克思加的）的人民骚动做了摘要。他很注意同年3月"忿激派"所提出的"财产完全平等（die loi agraire），即把一切富人都变成穷人"的建议，以及为了"建立真正的平等，即财产的平等"在巴黎公社的领导下自立为"公共福利的集中中心的篡权企图"。

马克思注意到了下述事实，即对平等的解释成了法国大革命时期尖锐的党派斗争的内容。他记下了吉伦特派的领袖之一皮埃尔·维克图尔尼安·弗尼奥的演说。演说清楚地表明，最温和的资产阶级的代表们已经懂得，平民对真正平等的要求对他们说来多么危险，他们力图把平等的含义局限于纯法律的观点："平等对于社会的人来说，只不过是法的平等。"

马克思特别仔细地研究了雅各宾派、首先是罗伯斯庇尔对这个问题所持的立场。罗伯斯庇尔曾发表演说反对资产阶级的自私自利，说它不愿考虑广大群众的利益。马克思在他的演说下面画了一条横线。他还摘录了罗伯斯庇尔的下述论断："内部危险来自资产者，为了战胜这种危险必须把民众联合起来。"同时马克思也强调指出雅各宾派的资产阶级局限性，特别标出1793年雅各宾派在其中占领导地位的国民公会对上述"忿激派"的建议的态度。国民公会不支持这个努力，反而通过一个关于对提出类似建议的人处以"死刑"的决议。

这部分摘录特别明显地表明，马克思通过自己的研究越来越明确地认识到资产阶级革命的局限性，它不能保障真正的普遍平等，不能建立一个符合人的尊严的社会。

马克思在他的《论犹太人问题》中第一次以展开的形式表述了这

一结论,在那里,关于"政治"解放与"人类"解放(这个问题包含着资产阶级革命和无产阶级革命之间的根本区别的萌芽)之间相互关系问题的提出和解决,在很大程度上是以《克罗茨纳赫笔记》中所包含的那些历史材料,首先是对法国革命的分析为根据的。

马克思还通过像人民主权和代表制这些资产阶级法的根本概念的表面性质认识了资产阶级革命的局限性。在这里特别受到马克思注意的又是财产关系和政治关系之间的联系。他在第二本笔记的《主题索引》中是这样来表述这一主题的:《财产同主奴地位的联系》和《作为选举资格的条件的财产》。在概括关于路德维希的著作的摘要时马克思写道:《财产在制宪议会中的代表权》。他做这个概括时依据的是那个提到1789年制宪议会的社会成分的地方,这就是"地产和商业资产的代表"占议员的三分之一。

马克思就人民主权问题所做的摘录也很有特色。他在编写路德维希的著作的提要时,注意力集中在谈到"贵族和僧侣集团"企图影响立法议会代表的选举,并且企图利用提到人民的主权这一点来打掩护的地方。为了拯救被国民公会判处死刑的路易十六的性命,还向人民发出了呼吁。这一点也在提要中记下来了。雅各宾派把公安委员会和安全委员会这样的革命权力机关置于国民公会之上,他们认为这是"**最好的做法**",以此为自己的行为辩护。马克思由此得出结论说,人民主权的概念是一个形式,在历史的进程中含有千差万别的内容,反革命势力经常蛊惑人心地利用这一概念。同时这一概念也被革命政权当作思想武器,正如马克思所领会的那样,在紧急关头革命政权必须在自己的行动上表现出最大的决心,并把捍卫革命成果和继续发展革命置于一切之上。

在研究法国革命史的过程中,马克思日益接近于得出下述结论:在每次革命中都有某个阶级出来担当革命的领袖和指导,这个阶级首先谋求它本身的特殊利益,而它们在一定程度上也同时反映了人民的普遍利益。马克思对这个问题的关注从下述情况中也可以看出,即他从卢梭的《社会契约论》中就一切人的意志(Volonté de tous)和普遍意志(Volonté generale)的关系——一致还是不一致——做了摘录,"普遍意志和共同利益有关"，而"一切人的意志则和私人利益有关，它只是个别意志的总和"。摘录中有几个地方证实了这样一种可能性，即甚至在一个按民主原则组织起来的社会里，一切人的意志和普遍的意志并不相符。马克思从法国在革命进程中建立的宪法体制以及英国和美国的代议制的例子中认识到，有产阶级的利益同广大人民群众的利益之间的这种不一致，是现代社会的特点之一，正在转化为越来越尖锐的深刻矛盾。

马克思根据历史经验深信，每一个阶层和阶级都是从它们自己的利益的立场出发来对待公共事务的。与此相连，在他面前出现了这样一个问题：是否有某个阶级，它的"个别利益"在未来的革命中会同"普遍意志"相一致？这个问题的答案不久他就找到了。他在为《德法年鉴》撰写的《〈黑格尔法哲学批判〉导言》中论证说，只有无产阶级才能成为这样的阶级。在这里，也像在《论犹太人问题》中一样，马克思居住在克罗茨纳赫的几个月中所进行的真正巨大的思想研究工作得到了逻辑的完成。由于这种研究和对历史经验、特别是对群众的革命斗争经验的深入分析，马克思克服了哲学唯心主义并彻底转向了唯物主义，由一个彻底的革命民主主义者成为一个共产主义者，一个工人阶级的思想家。以上提到的马克思的著作概括了他的生平和事业的一个重要时期。用列宁的话来说，在这些著作中"马克思已作为一个革命家出现，主张'对现存的一切进行无情的批判'，尤其是'武器的批判'；他诉**诸群众，诉诸无产阶级**"[①]。

由此可见，对世界史，特别是对法国大革命史的研究对马克思来说具有重大意义，使他能够采取唯物主义立场，并从这个立场出发弄清历史发展的动力，首先是私有制在社会生活中的作用和它对政治机关的发展、对各个阶级和社会集团的政治的影响，以及人民群众和阶级斗争的历史作用。对世界史的分析对马克思的共产主义观点的形成具有重要的意义。马克思研究了近几个世纪人类社会的发展，深信资产阶级不能实现它通过法国大革命所宣告的人人自由平等的原则；他揭露了资产阶级

[①] 《列宁全集》第 21 卷，北京：人民出版社 1959 年版，第 29 页。

国家的阶级性质，并得出结论说，必须为建立一个克服现存社会的根本矛盾和消灭人压迫人现象的新的社会制度而斗争。

（原载《马克思恩格斯全集》国际版第4部分第2卷第11—26页）

（刘漠云　李俊聪译）

附录 II　延伸阅读书目

一、关于法国革命史

《克罗茨纳赫笔记》中涉及的 23 部著作反映出了马克思对法国革命史的深入研究，有关法国革命的主题十分丰富，比如整个革命的发展过程，革命中具体措施实施对于各国的影响，革命的纲领性文件分析，革命在历史中的现实意义和深远影响等方面，因此，对法国革命史的经典著述的研读是十分重要的，这样能够更好的理解《克罗茨纳赫笔记》。

〔苏〕曼佛列德：《十八世纪末叶的法国资产阶级革命》，方兆瑅译，北京：生活·读书·新知三联书店 1955 年版。

〔法〕米涅：《法国革命史：从 1789 年到 1814 年》，北京编译社译，北京外国语学院法语系校，北京：商务印书馆 1977 年版。

〔法〕安托万·巴纳夫：《法国革命引论》，王令愉译，王养冲校，上海：华东师范大学出版社 1989 年版。

〔法〕让·饶勒斯：《社会主义史——法国革命》，陈祚敏译，北京：商务印书馆 1989 年版。

〔法〕托克维尔：《旧制度与大革命》，冯棠译，北京：商务印书馆 1992 年版。

〔德〕费希特：《论法国革命》，李理译，贵阳：贵州人民出版社 2001 年版。

〔法〕基佐：《欧洲文明史》，程洪逵译，北京：商务印书馆 2005 年版。

〔俄〕克鲁泡特金：《法国大革命史》，杨人楩译，上海：华东师范大学出版社 2006 年版。

〔法〕勒费弗尔：《法国革命史》，顾良、孟湄、张慧君译，北京：商务印书馆 2010 年版。

〔英〕柏克：《法国革命论》，何兆武、彭刚译，北京：商务印书馆 2010 年版。

〔法〕马迪厄：《法国革命史》，杨人楩译，北京：商务印书馆 2011 年版。

〔法〕达尼埃尔·莫尔内：《法国革命的思想起源：1715—1787》，黄艳红译，上海：上海三联书店 2011 年版。

〔英〕阿克顿：《法国大革命讲稿》，姚中秋译，北京：商务印书馆 2012 年版。

二、已有的国外同类成果

目前，专门研究《克罗茨纳赫笔记》的专著还很缺乏，仅有的一些研究成果散见在解读马克思整体思想的著作之中，它们依据笔记从不同层面和不同角度去把握马克思的思想发展，从经济学、历史学和哲学多个视角诠释《克罗茨纳赫笔记》，这类著述值得深入阅读。

〔法〕科尔纽：《马克思恩格斯传》第一卷，刘丕坤、王以铸、杨静远译，持平校，北京：生活·读书·新知三联书店 1963 年版。

《马克思早期思想研究》，秦水等译，北京：生活·读书·新知三联书店 1963 年版。

〔苏〕彼·费多谢耶夫等著：《卡尔·马克思》，孙家衡等译，北京：生活·读书·新知三联书店 1980 年版。

〔苏〕巴加图利亚：《马克思的第一个伟大发现——唯物史观的形

成和发展》，陆忍译，北京：中国人民大学出版社1981年版。

〔苏〕斯捷潘诺娃：《马克思传略》，关益、李荫寰译，北京：中国社会科学出版社1982年版。

〔苏〕拉宾：《马克思的青年时代》，南京大学外文系俄罗斯语言文学教研室翻译组译，北京：生活·读书·新知三联书店1982年版。

《马克思恩格斯早期哲学思想研究》，沈真编，北京：中国社会科学出版社1982年版。

《马克思早期思想研究译文集》，熊子云、张向东译，重庆：重庆出版社1983年版。

〔德〕阿·伊·马雷什：《马克思主义政治经济学的形成》，刘品大、马健行等译，成都：四川人民出版社1983年版。

〔苏〕纳尔斯基、波格丹诺夫、约夫楚克等编写：《十九世纪的马克思主义哲学》（上），金顺福、贾泽林等译，北京：中国社会科学出版社1984年版。

〔英〕戴维·麦克莱伦：《马克思传》（第4版），王珍译，北京：中国人民大学出版社2008年版。

〔法〕吕贝尔：《吕贝尔马克思学文集》（上），曾枝盛、郑吉伟译，北京：北京师范大学出版社2009年版。

三、我国学者的研究成果

马延斌：《历史科学研究在马克思主义形成过程中的重要作用》，载《马克思主义研究》1985年第4期。

陈先达、张康之、黄行编：《马克思恩格斯哲学思想研究总览》，天津：天津教育出版社1989年版。

张一兵：《回到马克思》，南京：江苏人民出版社1999年版。

张一兵：《青年马克思的第一次思想转变与〈克罗茨纳赫笔记〉》，载《求是学刊》1999年第3期。

张亮：《走向"历史的"唯物主义——马克思 1843 年间思想发展的内在逻辑》，载《甘肃社会科学》1999 年第 6 期。

陶富源：《马克思哲学世界观第一次转变的开端——重读〈黑格尔法哲学批判〉》，载《高校理论战线》2006 年第 12 期。

郭丽兰：《马克思民主观理论来源初探——以〈克罗茨纳赫笔记〉》为例，载《江汉论坛》2010 年第 2 期。

陈浩：《〈克罗茨纳赫笔记〉与三种社会形态理论》，载《北京航空航天大学学报》（社会科学版）2012 年第 1 期。

王代月：《早期马克思政治立场转变中的赫斯因素研究》，载《马克思主义与现实》2012 年第 2 期。

张钟朴：《资本论》创作史系列讲座之一——从《克罗茨纳赫笔记》到《伦敦笔记》，载《马克思主义与现实》2012 年第 5 期。

鲁克俭：《马克思早期文本中的几个文献学问题》，载《杭州师范大学学报》（社会科学版）2013 年 6 期。

刘军：《"市民社会决定国家"命题的提出与确立》，载《北京大学学报》（哲学社会科学版）2014 年第 2 期。

张海玉、贾晓光：《马克思与〈克罗茨纳赫笔记〉》，载《长春理工大学学报》（社会科学版）2014 年第 6 期。

四、关于《克罗茨纳赫笔记》与马克思经典著作之间的内在关联

马克思在克罗茨纳赫时期思想开始发生变化，从他这一时期的著作中可以看出这个变化的存在和特点，《克罗茨纳赫笔记》的创作是马克思为了研究而进行的准备工作，所以，笔记与克罗茨纳赫时期前后所创作的著作是紧密地联系在一起的。克罗茨纳赫时期马克思主要撰写了三部著作，即《黑格尔法哲学》手稿，《论犹太人问题》、《〈黑格尔法哲学批判〉导言》，集中讨论了政治哲学中的一些问题，他凭借自己的独

有的哲学方式分析了问题的实质,目的是为了解决在《莱茵报》时期的困惑,但是马克思没有单纯地在哲学领域中去解释现实的问题的形成的原因,而是进行了历史性的研究去寻求现实问题的秘密。这样的研究为他思想的转变提供的前提和基础,所以,需要同时阅读这三部主要著作,从哲学视角转向历史学视角去研究历史唯物主义的形成史,从而探讨马克思思想转变的内在因素。目前,这些著作在《马克思恩格斯全集》历史考证版(MEGA²)中已经出版,这是目前为止研究马克思思想的最全面、最权威的参考文献。

„Zur Kritik der Hegelschen Rechtsphilosophie", Gesamtausgabe (MEGA). Abt. 1: Werk, Artikel, Entwüfe. Bd. 2: Karl Marx: Werke · Artikrl Entwürfe (März 1843 bis August 1844), Berlin: DietzVerlag 1982, S. 3–137.

Index zum Manuskript „Zur Kritik der Hegelschen Rechtsphilosophie", Gesamtausgabe (MEGA). Abt. 1: Werk, Artikel, Entwüfe. Bd. 2: Karl Marx: Werke · Artikrl Entwürfe (März 1843 bis August 1844), Berlin: DietzVerlag 1982, S. 138.

„Zur Judenfrage", Gesamtausgabe (MEGA). Abt. 1: Werk, Artikel, Entwüfe. Bd. 2: Karl Marx: Werke · Artikrl Entwürfe (März 1843 bis August 1844), Berlin: DietzVerlag 1982, S. 141–169.

„Zur Kritik der Hegelschen Rechtsphilosophie. Einleitung", Gesamtausgabe (MEGA). Abt. 1: Werk, Artikel, Entwüfe. Bd. 2: Karl Marx: Werke Artikrl Entwürfe (März 1843 bis August 1844), Berlin: DietzVerlag 1982, S. 170–183.

图书在版编目（CIP）数据

马克思《克罗茨纳赫笔记》研究读本／王旭东，姜海波编著．—北京：中央编译出版社，2016.11

（马克思主义经典著作研究读本／杨金海，李惠斌主编）

ISBN 978-7-5117-3151-7

Ⅰ.①马… Ⅱ.①王… ②姜… Ⅲ.①《克罗茨纳赫笔记》-马克思著作研究 Ⅳ.①A811.24

中国版本图书馆 CIP 数据核字（2016）第 253859 号

马克思《克罗茨纳赫笔记》研究读本

出 版 人：	葛海彦
责任编辑：	薛迎春
责任印制：	尹　珺
出版发行：	中央编译出版社
地　　址：	北京西城区车公庄大街乙 5 号鸿儒大厦 B 座（100044）
电　　话：	（010）52612345（总编室）　（010）52612335（编辑室）
	（010）52612316（发行部）　（010）52612317（网络销售）
	（010）52612346（馆配部）　（010）55626985（读者服务部）
传　　真：	（010）66515838
经　　销：	全国新华书店
印　　刷：	北京汇林印务有限公司
开　　本：	720 毫米×1020 毫米　1/16
字　　数：	287 千字
印　　张：	20
版　　次：	2016 年 11 月第 1 版第 1 次印刷
定　　价：	70.00 元
网　　址：	www.cctphome.com　　邮　箱：cctp@cctphome.com
新浪微博：	@中央编译出版社　　微　信：中央编译出版社（ID：cctphome）
淘宝店铺：	中央编译出版社直销店（http：//shop108367160.taobao.com）　（010）52612349

本社常年法律顾问：北京嘉润律师事务所律师　李敬伟　问小牛
凡有印装质量问题，本社负责调换。电话：（010）55626985